本书系国家社会科学基金项目：16世纪英国工商业国家干预研究（项目编号：11XSS002）结项成果

治理的世界史丛书
张勇安 | 主编

有形之手
16世纪英国工商业领域的国家治理

The Tangible Hand:
State Governance in Industry and Commerce during 16th-Century England

柴彬 著

中国社会科学出版社

图书在版编目（CIP）数据

有形之手：16世纪英国工商业领域的国家治理 / 柴彬著 .—北京：中国社会科学出版社，2024.5

（治理的世界史丛书）

ISBN 978-7-5227-3252-7

Ⅰ.①有… Ⅱ.①柴… Ⅲ.①工商企业—经济史—研究—英国—16世纪 Ⅳ.①F279.561.9

中国国家版本馆CIP数据核字（2024）第052093号

出 版 人	赵剑英
责任编辑	耿晓明
责任校对	李 莉
责任印制	李寡寡

出　　版	中国社会科学出版社
社　　址	北京鼓楼西大街甲158号
邮　　编	100720
网　　址	http://www.csspw.cn
发 行 部	010-84083685
门 市 部	010-84029450
经　　销	新华书店及其他书店
印　　刷	北京明恒达印务有限公司
装　　订	廊坊市广阳区广增装订厂
版　　次	2024年5月第1版
印　　次	2024年5月第1次印刷
开　　本	710×1000　1/16
印　　张	15.5
字　　数	265千字
定　　价	89.00元

凡购买中国社会科学出版社图书，如有质量问题请与本社营销中心联系调换
电话：010-84083683
版权所有　侵权必究

总　序
走向国际的中国世界史与新文科

当不确定性成为最大的确定性，整个世界放慢了步伐，人员往来、商品贸易、物流交通等跨区域、跨境的流动都一度被迫全面或部分地中断。现实物质世界的变化无疑给学术研究带来诸多困扰，不可否认，"慢生活"必然放缓历史知识生产的节奏。但在迈阿密大学历史学教授玛丽·林德曼（Mary Lindemann）看来，在经历剧变之时，"或许我们也应该抓住良机来反思如何进行历史研究（the doing of history），尤其是思考慢下来给研究、写作和教学能够带来什么益处"。毫无疑问，全球历史学家获得了一个对历史学研究、写作与教学进行"精耕细作"的契机，而中国的世界史学界，面对新文科建设热潮则有了更多期许，那就是如何进一步拓展与国际学术界共情共建共融的可能，思考世界史研究如何更好地与国际学术界对话交流。

跨国语境与国族本位的互动

历史知识生产正随着其推广者的大众化和需求的普及化而变得更加多元，如呈现形式各有侧重、内容选择参差不齐、需求导向左右供应等，这些状况显然同"新文科"建设主张的学术引领背道而驰。历史知识生产的形式、内容和导向，都对位于"知识金字塔"塔尖的历史学家/研究者的知识生产的能力、层级、水准提出了更多更高的要求，因为这些知识的流布与传承最终决定着国民的整体素养，甚至是国家的综合实力。

　　于历史学家而言，究其一生的研究，无疑都是探寻"那个高贵的梦想"——求"真"，进而通过"真"来传递世间的"善"和"美"，换言之，正是通过智识的学习而实现其德育和美育的功能。因此，不难发现，历史学作为马克思眼中"唯一的一门科学"，历经数千年，从原初的宏大叙事模式，到精细化的研究领域的分野，再到因受到哲学、文学、社会科学以及自然科学的影响而遭遇的诸如语言学转向、空间转向（Spatial Turn）、文化转向、情感转向、图像转向、物质转向（Material Turn）等不同解释范式，不可否认，这些求变求新之举对于历史研究、教学和写作均产生了强烈冲击，但是，尚无法打破学者之间的地理隔绝与国籍障碍，也难以推动不同国家的历史学家围绕共同议题展开深层次的有效对话与交流。

　　2006年12月，《美国历史评论》刊出"跨国史"对话专栏，有来自不同领域/学科的6位跨国史研究实践者参加，旨在探讨跨国史作为一种方法的广泛的可能性和特殊性。事实上，跨国史不再是新事物，但它似乎确实是一种连续被表征为比较史、国际史、世界史和全球史的方法的"最新化身"。诚然，这些方法之间存在重要区别，但它们的共同特点是希望打破民族国家或单一民族国家作为分析的范畴，尤其是要避开西方曾经以种族中心主义为特征的历史写作。不仅如此，跨国史研究还将进一步推动国际学界对"全球南方"（Global South）的关注，来自"全球南方"的研究者们有望以平等身份与来自"全球北方"的研究者平等对话，甚至翻身做学术研究的"主人"。南非约翰内斯堡金山大学非洲文化教授伊莎贝尔·霍夫迈尔（Isabel Hofmeyr）就指出，"跨国史"为理解全球南方复杂的联系、网络和参与者开辟了更广泛的分析的可能性。跨国方法的关键主张是对运动、流动和流通的核心关注，在其看来，历史过程不仅是在不同地方进行的，而且是在不同的地点、场所和地区之间的运动中构建起来的。这些主张和认识无疑为不同国家的世界史研究在更大范围和更多元主题上的推进提供了良机，同时契合了当下新文科建设对跨越传统研究路径和解释模式的必然要求。

总序 走向国际的中国世界史与新文科

中国的世界史研究者不仅要关注这些新的研究趋向，更需要多多地参与这些史学的实践过程。近代以来，中国国势的衰败不仅是国家经济、军力、政治等物质和技术层面的顿挫，更为关键的则体现在人文社会科学领域的全面退化。西方强盛的话语和学术霸权桎梏了中国学术，使其不能更好地服务于我们对世界的正确认知，更无法影响世界事务的进程。正因如此，跨国史研究可以考虑真正将中国纳入考查的范围，"以我为主"推动国际学术界打破"东方 VS 西方""殖民 VS 帝国""中心 VS 外围"等认识世界、观察世界、理解世界的"二分法"。因为这些根深蒂固的研究路径常常内嵌于我们研究的预设之中，主导着对于历史文献的解读、利用与书写。尽管我们要竭力突破这种学术上的"西方中心主义"或"以例外论为特征的国家范式"，却可能正在接近或已经跨入西方学者发明的另一个"帝国地理学"的框架之中。因此，中国学者有理由更加积极而主动地"在中国发现历史"的同时，注重能动地利用跨国史等研究方法，发现中国历史的"世界意义""全球价值""国际主义""跨国影响"。

与此同时，中国的世界史学者有必要也有能力来推动国际学术界跨国史研究的"亚洲转向"和"中国转向"。受限于各种主客观条件，国际学术界的跨国史研究甚至全球史研究还总是把跨国或全球视为"遥远的背景"或简单的陪衬。近年来，随着中国学术界与国际学术界的交流与合作的深化，国际学术界的研究者正在悄悄发生变化，如英国惠康基金会资助重大国际合作项目，其研究主题越来越重视亚洲地区、社会主义国家以及中国在国际/全球卫生史上的角色和作用。剑桥大学白玫（Mary Brazelton）新近的研究就是这方面的尝试，她试图通过 20 世纪中国参与全球卫生事务的四个重大事件来揭示：与医学史流行的叙述相反，整个 20 世纪，中国和中国历史参与者在这一领域发挥了关键作用。尽管如此，我们仍有理由警惕，这些研究能否真正地规避其惯性的殖民史学和后殖民史学的路径依赖。

从学理意义上讲，中国不仅是中国人之中国，在更多意义上是世界/全球/国际/跨国之中国。中国在区域、全球视阈中的角色和作用，必须置于"开放"语境中才可以更好地理解。我们注意到，越来越多的中国学者开始尝试推进这一领域的研究,葛兆光先生《宅兹中国:重建有关"中国"的历史论述》等一系列著作,试图从周边的反应来观察"历史中国";沈志华教授近年努力推动的中国与周边国家关系研究,虽主要着力于冷战时期双边关系,但带动了越来越多的年轻学者加入,不断拓展冷战国际史的研究;徐国琦教授已经出版的《中国人与美国人:一部共有的历史》《亚洲和第一次世界大战:一部共有的历史》,加上正在写作中的一部,合为"共有的历史"三部曲,同样是将中国置于中美关系、中国与世界互动、中国与全球互融中来理解"中国意义"的成功实践。

国际对话与学术中国建设

对于中国学术界而言,必须思考如何向世界展现一个真实而立体的中国。若能将"道路自信、理论自信、制度自信、文化自信"升华为学术表达,构建出"四个自信"的学术体系、话语体系,通过与国际学术界的学术碰撞、交流与对话,推进国际学界共商共建共享的"学术人类命运共同体",必将增进世界各国之间的理解与战略互信,共同贡献于全人类的福祉。对此,中国的世界史研究者大有可为。

现在,中国世界史领域的重要学术期刊/集刊正越来越多地从译介西方史学的著述转向首发国际学者的最新著述,尤其是新近创办的重要学术集刊,非常注重跨学科的交流对话,强调多国学者围绕同一主题展开讨论,设置专刊推进国内外学者的学术对话和交流。国家社科基金中华学术外译项目更是大力支持中国学术著作的译介工作,通过遴选重要的学术著作(尽管目前仍多局限于中国问题相关的选题),译介为外国语言,极大地推动了国际学术界对中国学术的认识与理解。中国历史研究院等单位创办了多份外文学术期刊,直接向国际学术界推介中国史学成果,如《中国近代史研究》(Journal of Modern Chinese History)、《世界历史研究》(World History Studies)等。中国学术界的主动而为,正在推动中外学术的深度、有质量的交流与对话。

与此同时,虽然因为全球经济下行的压力影响,中国研究和中国历史研究的教席岗位有一定减少，但国际学术界对中国研究的关注和热情并没有减弱，尤其是近年来，国际学术机构和学者越来越强调同中国学术界开展交流与合作，更加注重吸收中国学者参与相关的学术活动和学术平台建设。如重要的国际学术期刊越来越注重刊发中国学者或者是涉及中国问题的学术成果，甚至定期或不定期地组织以中国学者为主的专刊或专栏。这既离不开华裔学者的推动，又同中国学者学术素养的国际化密切相关。比如 *Journal of Cold War Studies*、*Diplomatic History*、*Chinese Studies in History* 等杂志刊发中国学者的论文，美国长岛大学夏亚峰教授、罗文大学王晴佳教授就贡献良多。重要的国际学术会议甚至冷门绝学如国际埃及学大会也越来越多地愿意邀请中国学者参会，中国学者的声音可以被更多的国外同行听到。

不仅如此，还有更多的中国学者应邀担任国际重要学术组织或机构的执行委员会委员，担任国际著名史学期刊的编委、同行评审人，尤其是在新兴交叉学科的期刊中，中国学者的影响力日益提升。中国学者正在积极作为、深度参与国际学术，这些现象正体现了新文科所倡导的发展趋向，即国内外学术界更为有效地展开对话。

同样值得关注的是，国内外学术界的机制性合作正日趋多元。如2012年中国美国史研究会与美国历史学家协会（OAH）达成双向交流合作机制，深化了双边学术交流互动；英国惠康基金会资助的"共享未来：中英医学人文项目"，自2016年以来每年从中国高校选派3~6名研究生赴英国思克莱德大学和曼彻斯特大学攻读科学、技术和医学史"双硕士项目"，英国高校则每年从全球遴选3名青年研究员到上海大学、复旦大学或上海社会科学院从事为期一年的访问研究。这些制度性的建设正受到越来越多的关注，其对于推动相关领域学术研究、加强国际学术对话进而建设学术中国的价值和意义不言而喻。

当然，这些工作目前仍有深化的空间，对话的效果还有待评估，重大课题的联合研究、长期跟踪研究尚显不足，应邀担任国际重要学术组织职务、国际重要学术期刊主编的中国学者人数还相对有限。特别是对于"提炼标识性概念，打造易于为国际社会所理解和接受的新概念、新范畴、新表述，引导国际学术界展开研究和讨论"，还有许多工作要做。但必须强调的是,强化国际学术对话应该而且能够成为世界史学科乃至学术中国建设的重要方向。

中国学术如何进一步走向世界

新文科建设为世界史学术研究、写作和教学提供新的发展机遇,但必须清醒地认识到,道阻且长,时不我待。政策的制定者、执行者、实践者需要更加务实地练好"内功"。作为天然具有"国际范"的世界史学科,需要在同国际学术界的不断对话和碰撞中,生发出具有生命力的学术火花,进而形成燎原之势,真正构建出具有中国特色、中国风格、中国气派的世界史学科体系、学术体系和话语体系。以下三方面工作尤其值得重视:

第一,重视制度建设,加快打造高水准、多层次、国际化的学科体系和学术平台。积极对接国际学术前沿,瞄准国际社会发展大势和国家战略需求,积极谋划和设置更加适应学术发展、社会需求、国家战略的学科方向和研究领域,而不应受限于现行的学科体系或框架。在学位设置上,更加关注"学术市场"的发展需求和岗位,按需定制。尽管近来国家层面已经在不同渠道推出"交叉学科",但这种过渡性措施尚不足以衔接新文科发展的需求。必须通过学科的解压甚至重组,才能盘活更多学术和市场资源,培养更多适应未来学科要求的领军人物,才有望形成引领国际学术发展新方向的中国学派。而作为系科设置调整和新兴学科领域扩张的配套工程,需要更加积极支持创办高水准国际化的多语种的学术期刊,创设学术议题,引领学术讨论,培育学术话语的影响力;还应适时创设国际学术研究协会等,搭建国际性学术网络。通过这些机制性制度性的建设,中国学术走向世界才可能由设想变成现实。

第二,强化对全职国际化师资队伍建设的支持力度和政策倾斜。尽管越来越多的海外高校选择在中国创办校区/分校或推进联合办学,但其培养多局限于"通识"教育层次,而缺少成规模的研究型人才培养体系,若转型为中国高校又缺少政策支持,故这一渠道的国际师资队伍建设虽然成效显著,但缺少归化的长效机制。国内高校近年来几乎都把国际化战略作为学校发展的重要引擎，积极推进师资、科研、人才培养的国际化，但速度和成效却不尽如人意，尤其是师资国际化多体现为"海归"师资数量的增加和长期出国人员比例的提升，而真正的"洋教授"却存在着数量不多和质量不高的问题，成熟的国际与国内师资"一体化融合式联建团队"更不多见。因此，有必要通过调整永居或归化政策、提供同等国民待遇、加强校园多元文化建设等方式和渠道，支持国际化师资引进和建设，真正聚天下英才而用之。以此而论，世界史、外国语言文学等高度国际化的学科或可先行尝试。

第三，坚持立德树人，拓展国际化人才培养新渠道。谁赢得青年，谁就赢得未来。高校教育作为育人的主渠道之一，只有赢得青年，才能立于不败之地。这里的青年一代不仅包括中国青年学生，中国高校还应放眼世界，将全球优秀青年作为育人对象。高校需要推进中国学生与国际学生的融合式培养，这是国际通行的教育模式，而在我们这里尚未普遍推行。目前我们对国际学生多是单独管理和单独培养，实际上难以实现优势资源的互补共赢，只有打通招生关、培养关、管理关等，实现融合培养，才能真正提升国际学生的质量和水平。与此同时，还需要整合优质的教育资源，推进国际视野、中国特色、当地元素三结合的课程体系、研究领域、学科方向建设；培养具有全球视野、了解中国特色、又能够适应其本国/本土需求的创新性卓越人才，让这些国际"学术青年"成为中国学派、中国学术网络的重要传承者、宣传者、传播者、拓展者。

总之，只有练好"内功"，才能真正对世界发挥正向效能，更好地展现中国学术的实力。这便是我们编撰这套"治理的世界史系列丛书"的初心和努力目标。是为序。

2024 年 3 月

序

柴彬先生给我发来他的书稿，请我写个序，我这才得知他的大作《有形之手：16世纪英国工商业领域国家治理》即将出版。这是他的第一部专著，我恭喜他"十年磨一剑"的作品面世。我的学术兴趣也在近代早期的欧洲史，本书的主题正对我的路子，我就先读为快了。读过书稿，就有一些收获和感想要写出来，仅此而已。

2003年，柴彬考入中国社会科学院研究生院，师从郭方教授学习英国史。从那时起，我们就相识了，可以说是老朋友。他一直专注于都铎王朝（1485—1603）的历史，都铎时期的经济社会史则是他长期坚持的专业方向。这本书是在作者完成国家社科基金项目"16世纪英国工商业国家干预研究"的基础上形成的，项目从2011年做起，迄今成书，十年有余，可见其中凝聚了他多年的思考和认识。

都铎王朝存在的时间完整覆盖了16世纪，说16世纪的英国，也就是指都铎王朝统治下的英国。都铎王朝统治英国的时间不算长，但在英国历史上非常重要，被认为是英国君主专制历史上的黄金时期。同时，都铎时期又被看成是英国从封建主义向资本主义过渡的时期，从那时起，英国逐渐走上了近代化道路。结合英国后来所获得的世界霸权来看，我们可以理解都铎王朝的历史不仅仅是英国历史上的一个重要阶段，它还具有了世界历史性的意义。都铎王朝的各位君主如何进行统治，特别是君主们在工商业领域如何进行国家治理，是一个值得深入探究的问题，柴彬先生充分意识到这个问题所包含的学术价值和现实意义，他说他的研究就是要"揭示英国实现近代之'大国崛起'的深层原因",我深以为然。

16世纪,英国民族国家意识正在形成,专制王权得到加强,封建主义趋向解体,资本主义开始成长;同时,欧洲人通过航海贸易和殖民扩张,建立了世界性的联系,世界市场初步出现,贸易、殖民与战争交织,国家之间的竞争变得更加激烈。在这样一个时代和世界,经济与政治是无法分离开来的,在很大程度上,经济发展需要得到权力的庇护。都铎王朝积极行使了它的权力,采取重商主义政策,对工商业进行治理。柴彬先生说,"工商业的国家治理政策实质上是英国重商主义政策体系的核心内容。其目标包括,通过国家实施一系列治理政策,借助法律手段来规范市场活动,维护资本主义发展。并确立竞争规则,避免过度竞争,建立平等和合法的竞争环境要实现竞争的有序化","英国政府凭借金融贸易保护、工业扶植、国家治理为一体的重商主义,依靠国家政权对经济活动持续的扶持和治理,为后来的工业化打下了坚实的基础"。这样一个认识来源于柴彬对英国原始法律文献的解读,也符合英国的历史事实。历史证明,都铎王朝的重商主义政策是成功的。英国自16世纪40年代开始并在1575年和1620年之间,发生了一次工业大扩张,以至于经济史家内夫指出:"在英国有过两次工业革命,而非一次"。通过都铎王朝的经济政策,英国商人队伍迅速扩大,商人财富和投资能力大大提高。随着商人阶级经济实力的增长,他们在国家经济和政治生活中的影响也逐步增大,不仅成为国家的财政支柱,而且对国家的立法和决策产生影响。通过都铎王朝几代君主的努力,英国从中世纪末期的一个欧洲边缘小国,逐步走进了世界舞台的中心。

都铎王朝通过法律和政策,插手工商业,可以说事无巨细,从大的方面来说,为了开拓世界市场,国王派遣使节与外国建立贸易关系,授予公司特许权,发布航海条例,建立海军,扩张殖民地,甚至不惜发动战争。从小的方面来说,王室的政策对于劳动者的工资、劳动时间、物价、呢绒的规格等都做了详细的规定,甚至对英国人冬天要戴用什么料子做成的帽子、用什么布料裹尸等,都一一提出了要求。由此可见都铎王朝介入经济活动之细微和广泛。

然而,这些政策措施也容易引起人们的不满,都铎王朝的重商主义

序

政策常常被指为"干预"市场经济活动而遭到批评,对于亚当·斯密以后的那些坚持自由放任的市场经济理念的人来说,来自"有形之手"的任何形式的干预,都是不可接受的。所以,长期以来,国内外关于16世纪英国工商业政策的影响及其后果的评价,形成了两种对立的看法。

那么,究竟如何认识和评价16世纪英国政府对于经济活动的作用呢?

柴彬先生在书中做了比较充分的阐述,而且观点鲜明,我们从这本书的名称就可以看到作者的态度,就是承认有一只"有形之手",但他用"治理"一词替代了人们常用的动词"干预"。

显然,"治理"是一个更具积极意义的词汇,意味着王朝政府有意识和有目的而为之,而不是胡来。例如关于粮食进出口管控措施,不仅仅关系到价格和贸易问题,更重要的是为了维护社会秩序。英国在1846年废除了"谷物法",这一事件是工业资产阶级经过长期斗争以后所取得的一个重大胜利。由此,资本被宣布为最高权力。这个事件对人们印象深刻,以致历史上发布的有关谷物价格的法令,往往会被理解为保守的、妨碍自由贸易的规定。事实上,从中世纪晚期以来,英国政府屡屡伸出"有形之手",颁布法令,对粮食市场进行监管。都铎政府在1549年、1550年、1551年、1556年、1588年都颁布过粮食限价法令,出台这些法令是由当时的经济社会条件所决定的。柴彬对此的评论是:"在粮食贸易上,通过王国政府的行政治理,强化了粮食市场管理,打击了囤积等不法行为,维持了正常的粮食流通秩序,保证了城市的粮食供应,维护了社会稳定。特别是16世纪政府利用价格杠杆实施粮食进出口管制的政策,有利于国家调节粮食生产者和消费者之间的平衡关系,维护了有序的国家粮食产销秩序。"在这里,他依然使用了"治理""管理",而不是用"干预",我以为这是符合历史情形的。

柴彬先生对16世纪英国工商业政策采取这样一个态度,是基于对历史的尊重。历史研究容易掺入研究者个人主观因素,这在进行历史评论的时候尤其如此,影响到历史评价的客观性。要想避免主观倾向的渗透,最好把历史事物放在它之所以发生的条件下去认识,而不是用后来的尺度去衡量历史上的人与事。都铎王朝的工商业治理政策，看上去事无巨细都有关照，政府介入无处不在。但是，考虑到中世纪晚期的英格兰是一个弱小、落后和偏居欧洲一隅的岛国，而国际贸易和世界市场上的竞争又是那么激烈，国与国之间常常处在战争状态，英格兰商人要在世界市场上争得一席之地，没有国家做后盾，难有作为。都铎王朝的重商主义立法和政策，首先体现专制统治的要求，这是不可否认的。但是，这些立法和政策在很大程度上也是英国国家利益和工商业不同利益集团的利益的反映，例如要求用毛织物做裹尸布，现在看来有点不可思议，但在那时，这个政策背后的考量是多方面的：毛纺织业是国家要竭力扶持的民族工业，是王室财政收入的重要来源，也是羊毛生产者和商人的利益所系。可见，仅仅是关于一块裹尸布的规定，就包含了多种意图。而关于要求教徒在"四旬斋"吃鱼的规定，则关系到英国的渔业、航行业、造船业、海军建设，是吃肉还是吃鱼，关系国运，后来的时代难以想象这样的关系。制作船用麻绳的原材料大麻，是当时英国的战略物资，王室专门发布法令，规定大麻种植面积，今天看来也是不可思议的事情。关于赋予贸易公司垄断权，放在今天市场经济的条件下，无疑要遭到反对，但在16世纪，从事海外贸易，虽然利润高，但投资大、风险高，不是普通商人可为，政府赋予公司特权，表明政府承担了为从事海外冒险贸易的商人撑腰的责任，这在国际竞争十分激烈的情况下是商人所迫切需要的。总之，在当时的历史条件下，都铎王朝的工商业治理政策体现了各种利益的需求，这是我们不可忽视的历史背景，柴彬在书中说得清楚："在每项王室公告背后都隐藏着各地区和各种利益团体的各种动机，王室公告实际上是各地区和各种利益集团角逐的对象。"在此基础上，我以为还应该加上王权和民族国家的利益。

都铎王朝的工商业治理政策既是专制统治的需要，也是工商业发展的需要，更是正在崛起的民族国家的需要，专制王权执行了各方意志，顺应时代潮流，代表了历史的进步。等到英国工商业发展起来，资产阶级力量已经壮大，历史条件改变了，新的时代要求更加自由的贸易，专制王权继续授予垄断特权和事无巨细地介入经济活动就变得不合时宜，原先的"治理"就变成了"干预"。不过，那是后来的事情。

序

柴彬先生对都铎王朝时期的工商业政策总体上做出了积极的评价，也指出了这些政策的局限性，就是封建保守性、矛盾性和落后性，"这些局限性是由16世纪英国专制政权的本质所决定的"。不过，都铎王朝工商业治理政策的"局限性"问题，是值得继续探讨的问题。我认为，在都铎王朝统治时期，专制王权代表了正在形成中的民族国家的利益，代表了历史的进步，它在工商业治理方面所采取的政策措施为实现国富民强、为英国的崛起奠定了基础，这是都铎王朝工商业治理政策的主流。都铎王朝的专制王权很好地履行了历史赋予它的构建英国民族国家、庇护英国资本主义成长的使命。专制主义逐渐走向反动，那是17世纪斯图亚特王朝统治时期才发生的事情。

中国依然处在社会转型时期，对英国和西欧近代早期的经济社会史的研究，具有洋为中用的意义，一直是我国世界史研究的热门，相关的作品有不少。但是，像柴彬先生那样全面系统地研究16世纪（即都铎王朝统治时期）的工商业治理问题，是国内第一份。再次恭喜著作的出版。同时，也因为是第一份，我们期待今后有更多的关于都铎王朝史研究的作品问世。

俞金尧
中国社会科学院大学/中国社会科学院世界历史研究所
2022年12月2日

目　　录

绪　论 ……………………………………………………… (1)
　　一　引言 ………………………………………………… (1)
　　二　学术前史 …………………………………………… (5)
　　三　主要内容介绍及补充说明 ………………………… (31)

第一章　16 世纪英国政治经济概况 ……………………… (33)
　　第一节　专制王权之下的政治生态 …………………… (33)
　　第二节　重商氛围下的经济面貌 ……………………… (40)

第二章　工商业领域国家治理的强化 …………………… (53)
　　第一节　国家治理强化与相关立法的上升 …………… (53)
　　第二节　工商业立法上升之因 ………………………… (58)

第三章　国家治理工业领域相关立法考察 ……………… (79)
　　第一节　传统工业领域的立法 ………………………… (79)
　　第二节　工业相关问题立法 …………………………… (92)

第四章　国家治理贸易领域相关立法考察 ……………… (108)
　　第一节　国内贸易立法 ………………………………… (108)
　　第二节　对外贸易立法 ………………………………… (121)

第五章　国家治理工商业相关立法执行问题 …………(134)
第一节　工商业立法的行政执行 ………………………(134)
第二节　工商业立法的司法执行 ………………………(148)
第三节　工商业立法的执行难问题及其原因 …………(156)

第六章　工商业领域国家治理之影响及其评价 …………(166)
第一节　工商业领域国家治理的积极意义 ……………(166)
第二节　工商业领域国家治理的局限性 ………………(176)

结　语 ………………………………………………………(191)

参考文献 ……………………………………………………(204)

后　记 ………………………………………………………(228)

绪　　论

一　引言

本书旨在通过回顾世界历史上第一个工业化国家——英国在其近代前夕的都铎时期对工商业经济实行政府治理的史实，揭示英国实现近代之"大国崛起"的深层原因。

英国能够成为近代首先称霸世界的工商业强国，其发迹史可以追溯到近代早期的都铎王朝时期（1485—1603），尤其是 16 世纪伊丽莎白女王当政时期（1558—1603）。英国从农本经济向重商主义市场经济的转型，从传统农业社会向近代资本主义社会的过渡，都是在这一世纪实现的，以至于都铎时期常被人们称为"英国历史上真正的黄金时代"[①]。

作为英国从中世纪王国走向近代民族国家的重要节点，16 世纪发生的一系列根本性变化在英国历史上占有重要地位。宗教改革、政府改革、经济增长以及频繁的战争引人注目。跌宕多变的社会经济变革使得英国政府对经济生活，特别是工商业领域进行了大量而频繁的治理。

关于 16 世纪英国工商业治理政策的影响及其后果评价问题，国外学界形成了两种对立的看法。

---

① ［英］肯尼思·O. 摩根：《牛津英国通史》，王觉非等译，商务印书馆 1993 年版，第 239 页。

代表性的肯定观点，如英国著名经济学家亚当·斯密认为，"自伊丽莎白即位以来，英国立法，都特别注意工商业的利益；事实上，欧洲没有一个国家，即荷兰也不例外，其法律一般地说，能这样有利于此种产业。所以，英国工商业就在这整个时期内不断地向前发展起来"[1]。而英国经济史家陶尼则对其观点做了发展，他说，从亨利七世起，英国政府就一直非常重视商业的发展，对商业和工业提供各种优惠条件进行扶植。[2] 显然，两者都肯定了都铎王朝高度重视并支持工商业的立法导向。而英国经济史家琼·瑟斯克等人在《经济政策与计划：英国近代早期消费社会的形成》[3]一书中指出，近代早期英国政府的诸多经济政策与计划促进了一种具有英国特色的消费主导型社会的形成和发展。

而与之形成鲜明对比的是，美国经济史家道格拉斯·诺思与罗伯斯·托马斯则在他们所合著的《西方世界的兴起》中基本否定了都铎政府的经济政策，因为"都铎王朝就所有权所进行的交易不能认为不是机会主义的。它反对圈地，支持垄断，不承认扩大市场可以得到的增益。它四处追逐岁入，而不顾对经济效率有什么影响"[4]。另美国经济史家J. U. 内夫的名著《1540—1640年法国与英国的工业和政府》[5]，在考察了这一时期英国工业立法及其执行、工业监管的影响、王室参与工业的影响、王室财政政策的影响诸问题之后，也得出了宪政主义在英国兴起，工业与经济方面的种种变革在造成英国民众与英国政府间的不相容状态上起了重要作用的结论。

那么，究竟如何认识和评价16世纪英国工商业领域国家治理这

---

[1] ［英］亚当·斯密：《国民财富的性质和原因的研究》上卷，郭大力等译，商务印书馆2014年版，第399页。

[2] R. H. Tawney, *The Agrarian Problem in the Sixteenth Century*, New York: Longmans, Green & Co., 1912, p. 18.

[3] Joan Thirsk, *Economic Policy and Projects: The Development of a Consumer Society in Early Modern England*, Oxford: Clarendon Press, 1978.

[4] ［美］道格拉斯·诺思、罗伯斯·托马斯：《西方世界的兴起》，厉以平等译，华夏出版社1999年版，第182页。

[5] John U. Nef, *Industry and Government in France and England, 1540 – 1640*, New York: Cornell University Press, 1964, pp. 149 – 151.

绪 论

一历史现象呢？解决这一问题的抓手和突破口何在呢？

英国经济史家沃尔克曾指出："中世纪时，贸易和工业是以地方为基础组织的，由自治市、基尔特和庄园权力实行控制。17世纪，由于经济生活趋于建立在全国统一基础上，因而，中央政府接替了以前交给乡镇和自治市当局的责任。伊丽莎白时代是重建时代，这里，产生了大量的和有效的立法。法律要做的是什么？对于这个问题一个简要的回答是，它试图使就业、制造方式、价格水平和海外贸易秩序化。"[1] 现代经济史家汉斯·豪斯赫尔也认为："国家通过立法来保护这些工场手工业部门，在国王专制主义的短暂时期内是通过颁布通令的途径，同时以及后来则完全是通过国会条令。"[2] 看来，从16世纪英国工商业立法着手是一条可行路径。

嗣后通过实际考察都铎英国工商业立法，我们可以看到，在都铎时期，立法作为一种重要的经济治理手段得到了充分运用，这一时期的工商业立法活动非常活跃。而议会法令与王室公告[3]是两种主要立法形式，其中仅颁布的议会法令就多达250个左右。[4] 而工商业方面的王室公告更是数目可观。王室公告是英国的一种成文法，其同另一种更为重要的成文法——议会法令，是都铎时期的英国政府对经济领域，尤其是工商业领域进行国家治理和宏观调控的两大立法工具。

"法律是一种政治措施，是一种政治。"[5] 议会法令以及由英国国王依据其特权所颁布的一种重要的成文法——王室公告，两者共同所构成的经济立法体系，集中体现了都铎政府的经济政策，尤其是工商业政策。

---

[1] J. Walker, *British Economic and Social History, 1700-1980*, Plymouth: Macdonald and Evans, 1981, p.108.

[2] [德] 汉斯·豪斯赫尔：《近代经济史：从十四世纪末至十九世纪下半叶》，王庆余等译，商务印书馆1987年版，第241页。

[3] 王室公告（Royal Proclamation），为一种盖有国玺的，对公众所关心的事项的一种正式宣告，例如解散议会、宣战等等。参见 [英] 戴维·M. 沃克《牛津法律大辞典》，李双元等译，法律出版社2003年版，第910页。

[4] P. Ramsey, *Tudor Economic Problems*, London: Victor Gollancz Ltd., 1963, p.146.

[5] [苏] 列宁：《列宁全集》第28卷，人民出版社2017年版，第140页。

为此，笔者不揣浅陋，拟从经济法制史，特别是从工商业立法的角度对此进行解读，所依据的主要资料为英国原始法律文献——都铎时期工商业方面的议会法令与王室公告，力求史论结合，以都铎时期的工商业立法为主要研究对象，通过考察工商业立法与工商业发展间的互动关系，着重探究这些立法出台的社会经济背景、过程及其后果，从而揭示它们对都铎时期的工商业和经济社会发展，以及都铎专制制度所产生的作用和影响，以实证地说明都铎政府这一政治主体角色对当时经济社会生活的影响及其后果，并进而揭示都铎君主专制政权的特点和本质，最终形成一个系统研究性成果。

本书的学术研究价值与学术创新意义体现在以下若干方面：

首先，其是国内系统解读16世纪英国工商业立法及其所体现的工商业治理政策的首项研究成果。英国是世界历史上第一个工业化国家，而英国之所以能够率先实现工业化，则与工业革命之前，尤其是16世纪英国政府的工商业治理政策密不可分。当时英国政府凭借融贸易保护、工业扶植、国家治理为一体的重商主义，依靠国家政权对经济活动持续的扶持和治理，为后来的工业化打下了坚实的基础。工商业的国家治理政策实质上是英国重商主义政策体系的核心内容。其目标包括，通过国家实施一系列治理政策，借助法律手段来规范市场活动，维护资本主义发展。并确立竞争规则，避免过度竞争，建立平等和合法的竞争环境。总之是要实现竞争的有序化。从一定意义上说，正是16世纪以来长期而严厉的工商业保护和治理才导致了英国的工业革命和工业化，促使英国成为整个18世纪世界经济的领头羊，大洋的霸主，现代工业的诞生地[①]，19世纪的"世界工厂"。通过考察本成果所涉及的问题，可以使我们看清英国的近代工业化与工业革命同国家治理间的关系，发现英国实现近代之"大国崛起"的深层原因，同时对于更为深刻和全面地理解英国走向现代化的历史进程也具有重要意义。

[①] ［法］G. 勒纳尔、G. 乌勒西：《近代欧洲的生活与劳作（从15—18世纪）》，杨军译，上海三联书店2012年版，第49页。

其次，该书是国内首部立足于英国原始法律文献，从新视角实证地重新认识英国近代重商主义政策的研究成果。都铎时期的经济政策深受重商主义政策的影响。关于重商政策的评价，历来褒贬纷纭，但都一致认为重商主义政策对于都铎时期的经济社会发展产生了重要影响。而都铎工商业治理政策则是构成这种重商政策的核心内容；同时，都铎工商业议会法令、王室公告又是都铎工商业治理政策的直观反映。所以通过对都铎原始法律文献——工商业相关立法的解读，可以更好地理解都铎工商业治理政策、经济政策乃至重商主义政策，深化对它们在英国近代崛起过程中作用的认识。

再次，本书所要研究的问题，对探讨社会主义市场经济条件下，如何运用立法手段来规范和优化政府对经济生活的治理，以及构建法治型经济社会等问题，也有着一定的现实借鉴意义。我国时下正在构建系统更加完备、更加成熟定型的高水平社会主义市场经济体制，社会也处于从传统社会向现代社会转型的关键时期，如何在经济和社会的转变过程中，用法制的手段来规范和调整各种经济关系，最大限度地减轻经济和社会震荡，实现经济和社会的和谐发展，是一个重大的现实和历史课题。虽然各国国情和时代背景迥异，一国的发展道路不一定对别的国家适用，但对他国的经验进行学习和借鉴，吸取其有益成分为我所用，则是十分必要的。从这个角度讲，研究这一问题具有较强的现实意义。

总之，本书所探讨问题不仅有重要的学术价值，还有着较强的现实借鉴意义。

二 学术前史

(一) 国外研究现状

鉴于16世纪工商业的国家治理问题是英国自近代以来的经济史、社会史、政治史、法律史诸领域中一个殊为重要的问题，故自20世纪上半叶以来，其就成为欧美国家经济史家、社会史家、政治史家和法律史家的研究热点而备受关注。

在 16 世纪都铎政治史研究方面，埃尔顿的《都铎与斯图亚特政治与政府之研究》①、《都铎政府革命》②、克里斯托夫·科尔曼等人的《革命再评价：都铎政府与行政方面历史中的若干修正》③、尼尔的《伊丽莎白一世及其议会，1584—1601》④、莫里斯的《都铎政府》⑤，等，有助于我们了解都铎时期英国政治生活的特征、政治运作方式等情况。另威廉斯的《都铎政制》⑥ 帮助我们认识了 16 世纪英国政治上层建筑的特征、性质等问题，并了解都铎政治总体政策与其经济方略间的互动关系。而布拉迪克在《近代早期英国的国家形成，约 1550—1700》⑦ 中揭示，近代早期的英国是父权制国家、财政—军事国家、认信国家（confessional state）与王朝国家，则为我们认识都铎国家的本质提供了参考。

在 16 世纪都铎法律史领域，英国宪政史家基尔爵士的《近代英国宪政史》一书考察了都铎式"新君主制"的主要特征，即集中权力于君王支配之下；封建贵族与天主教会的独立被摧毁。君主不停地扩大其活动范围；王家的控制被广泛地扩展到国家整体的社会与经济事务之上，这些事务被置于日益细微的监督之下；由于国家生活的各个方面都为政府的诸项活动提供了新工具，政府机器得到了彻底检修与现代化；中央政府的权威在地方当局的地盘上被坚决予以确认。⑧ 波拉德的《近代史诸要素》也辟专章关注了近代历史发展进程中的新君主制问题。作者指出，新君主制在近代英国的缔造中

---

① G. R. Elton, *Studies in Tudor and Stuart Politics and Government*, Cambridge: Cambridge University Press, 1974 - 1983.

② G. R. Elton, *The Tudor Revolution in Government: Administrative Changes Under Henry VIII*, Cambridge: Cambridge University Press, 1953.

③ Christopher Coleman; David Starkey eds., *Revolution Reassessed: Revisions in the History of Tudor Government and Administration*, Oxford: Clarendon, 1986.

④ J. E. Neale, *Elizabeth I and Her Parliaments 1584 - 1601*, London: Jonathan Cape, 1957.

⑤ T. A. Morris, *Tudor Government*, London: Routledge, 1999.

⑥ Penry Williams, *The Tudor Regime*, Oxford: Oxford University Press, 1979.

⑦ Michael j. Braddick, *State Formation in Early Modern England, c. 1550 - 1700*, Cambridge: Cambridge University Press, 2000.

⑧ David Lindsay Keir, *The Constitutional History of Modern Britain, 1485 - 1937*, London: Adam and Charles Black, 1950, pp. 3 - 4.

绪　论

扮演了一种巨大而不可或缺的角色。① 这些都增进了我们对都铎君主制的了解和认识。而英国历史学家佩里·安德森的名著《绝对主义国家的系谱》则将都铎英国置于近代欧洲地缘政治的宏大背景下而与西班牙、法国等"绝对主义国家"加以比较研究，并认为，在16世纪初期的英国，都铎王朝为绝对主义奠定了充满希望的基础。② 此外，法律史方面的突出特色是结合相关立法进行实证性研究，如英国法律史家霍尔德沃斯的《英国法律史》③，基于议会法令着重考察了当时英国政府的工商业立法及其实施。而普拉克赖特的《普通法简史》④ 也在梳理英国普通法历史的过程中对都铎国家工商业治理政策有所触及。另小W. H. 杜纳姆的文章《王权与法治：都铎悖论》⑤ 系统探讨了所谓的"都铎悖论"问题，基本厘清了都铎时期王权与法治之间剪不断理还乱的关系，并使得该命题成为都铎史研究中一个历久弥新的学术话题。

在16世纪英国社会经济史领域，有着研究者们立足具体史实或是宏观长时段式的总体考察，或是截取某段时期为标本的专题剖析。如坎宁安的《英国工商业的成长》、利普森的《英国经济史》、克拉潘的《简明不列颠经济史：从最早时期到一七五〇年》、乔治·昂温的《16和17世纪的工业组织》⑥ 等专著，从英国工商业经济发展历程的历史视角考察了16世纪英国政府治理工商业的举措及其影响；赫克歇的

---

① A. F. Pollard, *Factors in Modern History*, London: Constable & Company Ltd., 1932, p. 71.

② [英] 佩里·安德森：《绝对主义国家的系谱》，刘北成等译，上海人民出版社2001年版，第119页。

③ W. S. Holdsworth, *A History of Law*, Vol. 4, London: Methuen & Co. Ltd., 1924.

④ T. E. T. A. Plucknett, *A Concise History of Common Law*, London: Butterworth & Co. Ltd., 1940.

⑤ William Huse Dunham Jr., "Regal Power and the Rule of Law: A Tudor Paradox", *The Journal of British Studies*, No. 2 (May, 1964).

⑥ W. Cunningham, *The Growth of English Industry and Commerce*, Vol. 2, Cambridge: Cambridge University Press, 1921; E. Lipson, *The Economic History of England*, Vol. 3, London: Adam and Charles Black, 1943; [英] 约翰·克拉潘：《简明不列颠经济史：从最早时期到一七五〇年》，范定九等译，上海译文出版社1980年版；George Unwin, *Industrial Organization in the Sixteenth and Seventeenth Century*, Oxford: The Clarendon Press, 1904.

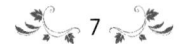

《重商主义》①在重商制度的理论前提下关注了英国的工商业领域国家治理问题；科尔曼的《1450—1750年的英格兰经济》②等著作，劳伦斯·斯通的《16世纪的英国国家控制》③等文章重点讨论了英国政府16世纪的经济治理政策。关于政府在经济活动中的角色定位，《英格兰的前工业经济，1500—1750》④的作者L.A.克拉克森认为，政府作为监管者，控制着土地、资本等要素市场，控制着产品市场（采取了价格控制、制定生产标准以及监督销售三种形式），控制着海外贸易。而克拉克森的名文《16、17世纪的英国经济政策：皮革业之案例》则指出，"英国经济史上尚未解决的问题之一，即16、17世纪期间政府控制经济政策的程度，"⑤等等。

关于16世纪英国经济社会的总体面貌，多卷本史学巨著《新编剑桥世界近代史》的第三卷《反宗教改革运动和价格革命》（1559—1610)⑥、道格拉斯·诺思的名著《经济史上的结构和变革》⑦、阿萨·勃里格斯的《英国社会史》⑧、彼德·拉姆齐的《都铎经济问题》⑨、D.C.科尔曼的《1450—1750年的英格兰经济》⑩、约翰·克拉潘的《简明不列颠经济史：从最早时期到一七五〇年》⑪、钱伯斯

---

① Eli F. Heckscher, *Mercantilism*, London: George Allen and Unwin Ltd., 1935.
② Coleman, D. C., *The Economy of England 1450—1750*, Oxford: Oxford University Press, 1977.
③ Lawrence Stone, "State Control in Sixteenth-Century England", *Economic History Review*, No. 2. Vol. 17, 1947, p. 110.
④ L. A. Clarkson, *The Pre-Industrial Economy in England*, 1500 – 1750, New York: Schocken Books, 1972.
⑤ L. A. Clarkson, "English Economic Policy in the Sixteenth and Seventeenth Centuries: The Case of the Leather Industry", *Bulletin of the Institute of Historical Research*, Vol. 38, No. 98, 1965, p. 149.
⑥ [英] G. R. 波特：《新编剑桥世界近代史》第三卷，中国社会科学院世界历史研究所组译，中国社会科学出版社1988年版。
⑦ [美] 道格拉斯·C. 诺思：《经济史上的结构和变革》。
⑧ [英] 阿萨·勃里格斯：《英国社会史》，陈叔平等译，中国人民大学出版社1991年版。
⑨ Peter Ramsey, *Tudor Economic Problems*, London: Victor Gollancz, 1963.
⑩ D. C. Coleman, *The Economy of England 1450—1750*.
⑪ [英] 约翰·克拉潘：《简明不列颠经济史：从最早时期到一七五〇年》。

绪 论

的《前工业化英国的人口、经济与社会》①、里格利等的《自家庭重建以来的英国人口史：1580—1837》② 等都从不同角度勾画了都铎时期的经济社会图景，丰富了我们关于都铎时期经济社会史的认识，并为进一步探究都铎工商业领域国家治理提供了背景材料。此外，费尔南·布罗代尔的著作《15 至 18 世纪的物质文明、经济和资本主义》③，以总体史的视角考察了英国 16 世纪的社会经济成长及其资本主义的发展历程。值得一提的是英国历史学家克里斯托弗·戴尔的《转型的时代：中世纪晚期英国的经济与社会》④，作者通过将中世纪晚期作为转型时代进行长时段考察，认为中世纪晚期（1350—1520）英国在政治、经济、社会、文化等领域发生了重大的结构性变化，这种变迁一直持续到整个现代早期（16—18 世纪），这种新中世纪观令人耳目一新。

关于 16 世纪英国的工业发展状况，西比尔·M. 杰克的《都铎与斯图亚特时期英国的贸易与工业》⑤ 一书考察了炼铁工业、火药制造等小规模工业、造船业、渔业、服装工业等较小的工业、消费工业等的概况。而美国著名经济学家约翰·内夫的《英国煤矿工业的兴起》⑥ 一书则重点关注了 1500—1700 年期间英国煤矿业的发展状况，作者将煤与工业主义联系起来，并得出了当时英国在煤业发生了一次"早期工业革命"的结论。此外，内夫在其另一著作《法国与英国的工业与政府，1540—1640》中指出，"在英国有过两次工业革命，并

---

① J. D. Chambers, *Population, Economy and Society in Pre-Industrial England*, London: Oxford University Press, 1972.

② E. A. Wrigley, R. S. Davies, J. E. Oeppen, and R. S. Schofield, *English Population History from Family Reconstruction: 1580 – 1837*, Cambridge, New York: Cambridge University Press, 1997.

③ [法]费尔南·布罗代尔：《15 至 18 世纪的物质文明、经济和资本主义》第 2 卷，顾良等译，生活·读书·新知三联书店 1993 年版。

④ [英]克里斯托弗·戴尔：《转型的时代：中世纪晚期英国的经济与社会》，莫玉梅译，社会科学文献出版社 2010 年版。

⑤ Sybil M. Jack, *Trade and Industry in Tudor and Stuart England*, London: George Allen & Unwin Ltd., 1977.

⑥ J. U. Nef, *The Rise of the British Coal Industry*, London: G. Routledge & Sons Ltd., Vol. 2, 1932.

非一次。第一次发生在1536年与1539年的众多修道院解散之后的百年内。"① 这两种新颖观点都曾引起了学界轰动。关于近代早期工业化的特征,查尔斯·蒂利认为,16—17世纪的欧洲许多地区都经历了早期工业化,其特征是包括家庭在内的小制造作坊的增长以及把制造作坊和远方市场相联系的小商人的增长。②

关于16世纪英国乡村工业问题,弗克斯、布特林主编的《1500—1900年乡村的变化:论乡村英国》③ 等著作,瑟斯克的"乡村工业"④ 等文章,都有所涉及。有关该时期乡村工业获得发展的原因问题,有学者指出,在乡村兴办工业是为了避免城市行会强加的高工资。⑤

行会在16世纪英国工业领域仍然扮演着基本组织单位与管理单元的角色。经济史家乔治·昂温的《伦敦的行会与公会》,讨论了当时伦敦市内行会的方方面面,并揭示了当时工业领域中资本的力量日益增强的现象,即所有工作都应当在一位独立的资本家的指导下进行⑥。乔治·昂温的另一著作《16和17世纪的工业组织》辟专章关注了伊丽莎白时期英国的公会。作者指出,16世纪后半期,手工业行会在逐渐适应于更为广泛并更为复杂的环境方面的种种需求,他对这一过程的结果——诸伦敦制服公会等工业组织的结构及活动等细节——进行了细致的考察,并得出了如是结论:在伦敦公会中,工业利益与商业利益相互制衡,但是后者总体上有着一种决定性的优势。

---

① J. U. Nef, *Industry and Government in France and England*, *1540 - 1640*, New York: Cornell University Press, 1964, p. 1.

② [美] 查尔斯·蒂利:《强制、资本和欧洲国家(公元990—1992年)》,魏洪钟译,上海人民出版社2007年版,第54页。

③ H. S. A. Fox and R. A. Butlin, eds., *Change in the Countryside: Essay on Rural England*, *1500 - 1900*, London: Institute of British Geographers, 1979.

④ Joan Thirsk, "Industries in the Countryside", in F. J. Fisher ed. *Essays in the Economic and social History of Tudor and Stuart England*, *The Journal of Modern History*, New York: Cambridge University Press, 1961.

⑤ M. M. Postan eds., *The Cambridge Economic History of Europe*, Vol. 2, Cambridge: Cambridge University Press, 1952, p. 244.

⑥ George Unwin, *The Gilds and Companies of London*, London: Frank Cass & Co. Ltd., 1963, p. 266.

至16世纪末,工业资本的利益正在取代曾经久已作为呢绒贸易中心的众多城镇中的商业资本的利益。①

关于16世纪劳工工资问题,罗杰斯的名著《六个世纪的劳作与工资:英国劳动史》②,以计量史学的研究手法纵向考察了包括都铎时期在内的漫长岁月中不同时期、地区等情形下的工资标准,其成果直观而令人信服。由明钦顿所编的《前工业时期英国的工资管制》③和凯尔索尔所著的《学徒法令之下的工资管制》④两部著作是迄今为止最为系统全面地研究劳工工资治理问题的成果,颇具参考价值。英国经济史家麦克阿瑟曾收集到大量有关16世纪伦敦工资治理的珍贵资料。他依据这些资料写成的有名的《16世纪的工资管制》⑤一文基本上反映了当时伦敦工资治理的情况,从而为研究伊丽莎白女王时期的工资治理问题提供了有说服力的佐证。休因斯的文章《治安法官管制工资》则通过研究认为,总体而言,治安法官确定的工资标准与实际支付的工资标准之间存在着一种密切的契合关系。⑥

关于16世纪英国学徒制问题,英国史家戴维斯的著作《英国学徒制的实施:实用商业主义的研究(1563—1642)》⑦深入探讨了伊丽莎白工匠法令所确立的学徒制的实施与重商主义间的关系。

毛纺织业是英国近代早期最重要的民族工业。赫伯特·希顿的名著《约克郡的羊毛与精纺毛料工业》通过对当时英国毛纺织业的主要中心之一约克郡的个案考察,阐明了都铎国家监管呢绒业的主要指

---

① George Unwin, *Industrial Organization in the Sixteenth and Seventeenth Century*, Oxford: The Clarendon Press, 1904, p. 123.

② James E. Thorold Rogers, *Six Centuries of Work and Wages*, *The History of English Labour*, London: George Allen & Unwin Ltd., 1884.

③ W. E. Minchinton, *Wage Regulation in Pre-industrial England*, Newton Abbot: David & Charles, 1972.

④ R. K. Kelsall, *Wage Regulation under the Statute of Artificers*, London: Methuen, 1938.

⑤ Ellen A. McArthur, "The Regulation of Wages in the Sixteenth Century", *The English Historical Review*, Vol. 15, No. 59 (Jul., 1900).

⑥ W. A. S. Hewins, "The Regulation of Wages by the Justices of the Peace", *The Economic Journal*, Vol. 8, No. 31. Sep., 1898, p. 346.

⑦ Margaret Gay Davies, *The Enforcement of English Apprenticeship: Study in Applied Mercantilism 1563–1642*, Cambridge, Massachusetts: Harvard University Press, 1974.

导思想，即首先使英国布料保持既高难且统一的质量标准，并维护英国织物在国内外的美誉；其次出于财政上的考虑而从收入的角度来看待布料。① 经济史家拉姆齐的《16 与 17 世纪威尔特郡的羊毛工业》一书则选取在当时整个英格兰西部宽幅绒加工区最具典型性的威尔特郡羊毛工业为研究对象，微观考察了 16、17 世纪该郡羊毛工业的地点、结构等问题。作者指出，呢绒商是纺织工业的枢轴。② 上述两著作堪称将工业经济史与地方史研究相结合的佳作。

关于 16 世纪渔业问题，值得一提的是所谓的"政治性的四旬斋"运动。为了恢复和刺激渔业的发展，英国近代早期甚至连基督教传统的宗教斋戒"四旬斋"都被笼罩上了政治的外衣来为英国国家利益服务。"政治性的四旬斋"运动即是在这种时代背景下出世的。坎宁安的《英国工商业的成长》、利普森的《英国经济史》、赫克歇的《重商主义》、巴克的《重商主义之政治》③ 均曾考察过该运动。

关于 16 世纪都铎时期专营特许状问题，作为工业专利制度的最早采用国之一和现代专利法的诞生国④，英国现代专利制度的出现要溯源至都铎时期的专营特许状。普赖斯的《英国专营特许权》⑤ 一书曾辟专章讨论了伊丽莎白女王与斯图亚特王朝首君詹姆士一世时向其宠臣颁发的专营特许状，参考价值甚高。而唐纳德的《伊丽莎白时期的专营权：自 1565—1604 年皇家矿物与电池公司的历史》⑥、《伊丽莎白时期的黄铜：皇家矿山公司的历史》⑦ 两著作则通过对 16 世纪

---

① Herbert Heaton, *The Yorkshire Woollen and Worsted Industries*, Oxford: The Clarendon Press, 1920, p. 124.

② G. D. Ramsay, *The Wiltshire Woollen Industry in the Sixteenth and Seventeenth Centuries*, Oxford: Oxford University Press, 1943.

③ Philip W. Buck, *The Politics of Mercantilism*, New York: Henry Holt and Company, 1942.

④ 专利制度是近代早期欧洲大陆较普遍的一种做法，德意志、意大利等国家较早采用了该制度。但因英国首先颁布了现代意义上的专利法而被视为现代专利制度的发源国。

⑤ William Hyde Price, *The English Patents of Monopoly*, Cambridge & Harvard University Press, 1913.

⑥ M. B. Donald, *Elizabethan Monopolies: The History of the Company of Mineral and Battery Works from 1565 to 1604*, Edinburgh and London: Oliver And Boyd Ltd., 1961.

⑦ M. B. Donald, *Elizabethan Copper: The History of the Company of Mines Royal 1568-1605*, London: Pergamon Press Limited, 1955.

绪 论

末英国皇家矿物与电池公司以及皇家矿山公司的个案研究，考察了伊丽莎白女王时期所实行的工业专营权政策。①

上述内容梳理了16世纪英国工业领域所涉及问题的研究状况，下面简要回顾研究该时期英国商业与贸易史问题的学术史历程。

关于16世纪英国的基本经济国策"重商主义"，有必要先予以说明，今天人们熟知的重商主义实际上经历了早期重商主义（影响约14、15世纪至16世纪中叶）和晚期重商主义（影响约16世纪下半叶到17世纪中叶）两个发展阶段。都铎时期恰好处于这两个阶段中间，故而兼具两阶段的特征。

由于早期重商主义者把货币看作国家财富的唯一形态，认为所有的购买都会使货币减少，所有的销售都能使货币增加，主张尽量少买或不买，又被称为重金主义或货币主义。在英国早期重商主义的代表作《英吉利王国公共福利对话集》中，呼吁尽量将货币保留在英国而不使其流向国外，并提出了保持和增加英国货币，积累货币财富的相关措施和主张。②

晚期重商主义也被称为贸易差额论或重工主义，其认为，一个国家只有保持对外贸易处于顺差，其财富才能增加。晚期重商主义重要的代表有英国的托马斯·孟。其代表作为《英国得自对外贸易的财富》③，该书首先提出了贸易差额论的观点。在"现代经济学之父"亚当·斯密的《国民财富的性质和原因的研究》这一名著中，作者针对重商主义的有名论调，即中央集权国家对经济的强力治理是国家致富的重要保证，予以了驳斥和批判，并通过对经济的自然进程的肯定（他认为国家的治理对此只能起阻碍和破坏作用），缴了重商主义者的械。④ 英国经济史家约翰·克拉潘则列举了被亚当·斯密所痛斥

---

① Edward Hughes, *Studies in Administration and Finance 1558–1825*, Manchester: Manchester University Press, 1934, p. 31.
② ［英］伊丽莎白·拉蒙德编：《论英国本土的公共福利》，马清槐译，商务印书馆1989年版，第75—76、95—96页。
③ ［英］托马斯·孟：《英国得自对外贸易的财富》，袁南宇译，商务印书馆1965年版。
④ ［德］汉斯·豪斯赫尔：《近代经济史：从十四世纪末至十九世纪下半叶》，第276页。

的"重商制度"的两种谬论,即所有的艺术和工艺都不产生新财富;六便士的银币从专门意义上讲都为财富。① 而查尔斯·达维南特的《论英国的公共收入与贸易》②、埃里克·罗尔的《经济思想史》③、卡洛·M.奇波拉主编的《欧洲经济史》④、汉斯·豪斯赫尔的《近代经济史:从14世纪末至19世纪下半叶》⑤ 等或从"局内"的英国国民的或是"局外"的外国人的角度探讨了重商主义政策的目的、实质问题。此外,费希尔的名文《16世纪英国的商业趋势与政策》⑥ 也颇具参考价值。鲍登的名著《都铎与斯图亚特时期英国的羊毛贸易》则深刻地剖析了都铎政府在经济事务方面大量立法的共同特征,即保守主义与在监管呢绒工业上表现最为显著的失败性。⑦

关于16世纪商业经济秩序的统一问题,霍尔特的《大宪章》⑧、罗杰斯的《英国农业与价格史》⑨ 等著作则从政治史或经济史的角度关注了英国度量衡问题及其国家统一问题。货币重铸与统一问题是都铎时期社会经济生活中的一个重要话题。查利斯的《都铎铸币》⑩ 再现了都铎货币重铸的始末并指明了其实质及其影响。

关于16世纪的物价及其国家治理问题,罗杰斯的《英国农业与价格史》、乌斯怀特的《都铎和斯图亚特早期的英国通货膨胀》⑪、彼

---

① [英]约翰·克拉潘:《简明不列颠经济史:从最早时期到一七五〇年》,第384页。
② [英]查尔斯·达维南特:《论英国的公共收入与贸易》,朱泱等译,商务印书馆1995年版。
③ [英]埃里克·罗尔:《经济思想史》,陆元诚译,商务印书馆1981年版。
④ [意]卡洛·M.奇波拉主编:《欧洲经济史》第2卷,贝昱等译,商务印书馆1988年版。
⑤ [德]汉斯·豪斯赫尔:《近代经济史:从十四世纪末至十九世纪下半叶》。
⑥ F. J. Fisher, "Commercial Trends and Policy in Sixteenth-Century England", *Economic History Review*, Vol. 10, No. 2, 1940.
⑦ Peter J. Bowden, *The Wool Trade in Tudor and Stuart England*, London: Macmillan & Co Ltd., 1962, p. 118.
⑧ J. C. Holt, *Magna Carta*, Cambridge: Cambridge University Press, 1965.
⑨ James E. Thorold Rogers, *A History of Agriculture and Prices in England*, Oxford: Oxford University Press, 1963.
⑩ C. E Challis, *The Tudor Coinage*, Manchester: Manchester University Press, New York: Barnes & Noble Books, 1978.
⑪ R. B. Outhwaite, *Inflation in Tudor and Early Stuart England*, London: Macmillan & Co Ltd., 1969.

德·拉姆齐的《16世纪英国价格革命》①、维贝的《16与17世纪价格革命史》② 等著作从经济社会史角度研究了近代早期英国物价问题。关于英国物价飞涨的原因，经济史家费希尔的著作《大浪潮：价格革命与历史的韵律》指出，价格革命的主要原动力是人口增长的复兴，进而对物质资源施加了沉重压力。③ 内夫则认为，16世纪前半期的价格上涨是由货币贬值所导致的。④ 此外，费希尔的文章《都铎英国时期的流感与通胀》⑤、布伦纳的文章《16世纪早期英国的物价上涨》⑥、《1551—1660年间英国的物价上涨》⑦ 也有一定的参考价值。

关于英国自中世纪晚期至近代早期的商业投机及其国家治理问题，乌斯怀特的《都铎和斯图亚特早期的英国通货膨胀》⑧、查特斯的《1500—1700年英国国内贸易》⑨、格拉斯的《英国谷物市场的演化》⑩、芬伯格的《英格兰与威尔士的农业史》⑪ 等著作，分别从货币、国内贸易、农业贸易的视角考察了近代早期英国的商业投机与国

---

① P. Ramsey, *The Price Revolution in Sixteenth century England*, London: Methuen & Co Ltd., 1971.

② G. Wiebe, *A History of the Price Revolution in Sixteenth and Seventeenth Centuries*, Leipzig: Duncker & Humblot, 1895.

③ David Hackett Fischer, *The Great Wave: Price Revolutions and the Rhythm of History*, Oxford: Oxford University Press, 1996, p. 72.

④ J. U. Nef, "Prices and Industrial Capitalism in France and England, 1540 - 1640", in E. M. Carus-Wilson, *Essays in Economic History*, London: Edward Arnold (Publishers) Ltd., 1954, p. 134.

⑤ F, J. Fisher, "Influenza and Inflation in Tudor England", *Economic History Review.*, 2nd ser., XVIII (1965), pp. 120 - 129.

⑥ Y. S. Brenner, "The Inflation of Prices in Early Sixteenth-Century England", *Economic History Review.*, 2nd ser., XIV (1961 - 1962).

⑦ Y. S. Brenner, "The Inflation of Prices in England, 1551 - 1660", *Economic History Review.*, 2nd ser., XV (1962 - 1963).

⑧ R. B. Outhwaite, *Inflation in Tudor and Early Stuart England*.

⑨ J. A. Chartres, *Internal trade in England, 1500 - 1700*, London: The Macmillan Press Ltd., 1977.

⑩ W. S. B. Gras, *The Evolution of the English Corn Market*, Cambridge: Harvard University Press, 1926.

⑪ H. P. R. Finberg eds., *The Agrarian History of England and Wales*, Vol. 4, Cambridge: Cambridge University Press, 1972.

家治理问题。此外,英国史家约翰·布鲁尔和约翰·斯泰尔斯编著的《难以统御的民众》①、贝雷斯福德的《公共告密者、刑事法律与经济管制》②、温德尔·赫布拉克的《抢先批购、囤积居奇与居中转售》③等论著从法律史或犯罪史的角度探讨了该问题。而自由贸易思想的"鼻祖"亚当·斯密的传世名著《国民财富的性质和原因的研究》④一书,一针见血地指出了国家治理商业投机行为的逆时代性,认为其是粗暴干涉交易自由的做法,是违背现代一切交易自由原则的,是与当时英国经济发展的趋势背道而驰的。

关于 16 世纪英国对外贸易问题,迪茨的《英国公共财政,1558—1641》⑤、威兰等人的《都铎关税税率一览表》⑥提供了翔实而可靠的大量直观数据,令人印象深刻。格拉斯的《早期英国关税制度:13 世纪到 16 世纪关税相关制度和经济史的档案研究》⑦基于对有关档案资料的整理分析,探讨了关税起源问题,认为关税源于国王利用其特权控制贸易来为其谋利。

关于在英国自中世纪已降直至近代早期经济史中占有重要地位的贸易中心城镇与贸易中心城镇商人公司⑧,经济史家阿什利指出,斯

---

① John Brewer & John Styles, *An Ungovernable People*, London: Hutchinson, 1980.

② M. W. Beresford, "The Common Informer, the Penal Statutes and Economic Regulation", *The Economic History Review*, New Series, Vol. 10, No. 2 (1957).

③ Wendell Herbruck, "Forestalling, Regrating and Engrossing", *Michigan Law Review*, Volume 27, No. 4., Feberuary, 1929.

④ [英] 亚当·斯密:《国民财富的性质和原因的研究》下卷,王亚南译,商务印书馆 2014 年版。

⑤ Frederick C. Dietz, *English Public Finance, 1558 - 1641*, New York: Frank Cass & Co. Ltd., 1964.

⑥ T. S. Willan ed., *A Tudor Book of Rates*, Manchester: Manchester University Press, 1962.

⑦ N. S. B. Gras, *The Early English Customs System: A Documentary Study of the Institutional and Economic History of the Customs from the Thirteenth to the Sixteenth Century*, Cambridge, U. S. A.: Harvard University Press, 1918.

⑧ 英格兰贸易中心城镇商人公司系一伦敦同业公会,1319 年依据王室特许状组建。其为英格兰最古老的商业公司之一。该公司不受任何一个英格兰城市或自治市节制。其在 14—16 世纪英格兰商业生活中占有重要地位,因为其自 1314 年起通过加莱以及后来的布鲁日控制了面向欧洲大陆的羊毛出口。

绪 论

泰普的目的,是使商人密切地会合,买卖易于管理和监督;以便更容易征收;该制度有独创性。① 鲍登的著作《都铎与斯图亚特时期英国的羊毛贸易》② 辟专章考察了近代早期英国国家利用贸易中心城镇等手段控制监督羊毛贸易的详细情况,并回顾和解析了贸易中心城镇由盛转衰的历史缘由。里奇的《贸易中心城镇商人公司条例集》③ 则借助于兼具官方性与权威性的贸易中心城镇商人公司条例汇编,以实证的研究手法再现了英格兰首个规约公司——贸易中心城镇商人公司从事羊毛、皮毛等主要商品出口的实际情形。

关于近代早期的英国海外贸易问题,在经济史家拉尔夫·戴维斯的《1500—1700年的英国海外贸易》之中,作者认为,在工业革命的数世纪中,英国的海外贸易经历了三次扩张浪潮。在作者所描绘的1475—1550年首次扩张波中,宽幅布料与某些其他类型的羊毛布料的销售量在传统的中欧市场开始迅速增长,由于这些市场正在变得日益兴旺。④ 关于对外贸易的影响与意义,霍尔德内斯指出外贸确实在前工业化时期经济中扮演了一种不相称地巨大的作用。⑤ 而英国经济学家威兰的《伊丽莎白时期对外贸易研究》⑥ 一书,从对外贸易中的代理人(factor)或代理商(agent)、无证照商人与贸易中心城镇商人、诸人主教辖区港口的对外贸易等角度,全面展示了伊丽莎白时期英国对外贸易的面貌。此外,拉姆齐的《崛起世纪里的英国海外贸易》⑦、斯

---

① [英] W. J. 阿什利:《英国经济史及学说》,郑学稼译,幼狮文化事业公司1974年版,第118页。

② P. J. Bowden, *The Wool Trade in Tudor and Stuart England*.

③ E. E. Rich, *The Ordinance Book of the Merchants of the Staple*, Cambridge: Cambridge University Press, 1937.

④ Ralph Davis, *English Overseas Trade, 1500 – 1700*, Macmillan: The Macmillan Press Ltd., 1973, p. 7.

⑤ B. A. Holderness, *Preindustrial England Economy and Society, 1500 – 1750*, London: Dent, 1976, p. 116.

⑥ T. S. Willan, *Studies in Elizabethan Foreign Trade*, Manchester: Manchester University Press, 1959.

⑦ G. D. Ramsay, *English Overseas Trade in the Centuries of Emergence: Studies in Some Modern Origins of the English-Speaking World*, New York: St Martin' Press, 1957.

通的文章《伊丽莎白时期的对外贸易》①等也值得关注。

在16世纪英国海外贸易发展史中,特许公司曾扮演了重要的角色。乔治·考斯顿的《早期规约公司:公元1296—1858》②一书纵向考察了近六百年中英国规约公司的发展轨迹。

关于16世纪英国工商业国家治理政策措施的执行问题,涉及都铎时期的枢密院、治安法官等机构或官员群体。

都铎时期是一个大变革时代,在这一时期,英国由中世纪封建社会转型为近代资本主义社会。为因应社会经济形势的发展,英国进行了被史学家埃尔顿所称的"政府革命",即自中央至地方的行政司法体制及其职能的重大变革。在此过程中,原为国王个人御用机构的咨议院被逐步改造成了实际上的中央政府——枢密院。埃尔顿在其名著《都铎政府革命》③中,以翔实丰赡的史料再现了都铎时期顺应国内形势要求自上而下推行的"行政革命"运动。普尔曼的《15世纪70年代伊丽莎白时期的枢密院》④一书选取特定时期考察了枢密院的职能、运作及影响等问题。作者既肯定了枢密院执行职能中监督与管理的积极面,也指出了枢密院执行职能中治理司法、财政事务缺陷等消极面。彭克的文章《枢密院与伊丽莎白时期经济管理的精神,1558—1603》⑤,通过考察枢密院在食品供给、工业与国内贸易、对外贸易等方面的具体职能体现,深入剖析了伊丽莎白时期英国国民经济管理的指导理念及其实质问题。

在都铎"政府革命"中,地方行政司法体系改革以加强和扩大治安法官的职权为重点。治安法官最初仅为基层司法监察官员,但在都

---

① Lawrence Stone, "Elizabethan Overseas Trade", *Economic History Review*, New Series, Vol. 2, No. 1, 1949, pp. 30 – 58.

② George Cawston, A. H. Keane, *Early Chartered Companies*:*A. D. 1296 – 1858*, London and New York:Edward Arnold, 1896.

③ G. R. Elton, *The Tudor Revolution in Government*:*Administrative Changes Under Henry Ⅷ*, Cambridge:Cambridge University Press, 1953.

④ Michael Barraclough Pulman, *The Elizabethan Privy Council in the Fifteen-Seventies*, Berkeley and Los Angeles:California University Press, 1971.

⑤ Vincent Ponko, "The Privy Council and The Spirit of Elizabethan Economic Management, 1558 – 1603", *Transactions of the American Philosophical Society*, Vol. 58, No. 4, 1968, pp. 5 – 61.

铎时期,其却在英国各地的政治、经济和社会领域中发挥了显著而独特的作用。对此,埃丝特·莫伊尔的《治安法官》①这一有关英国治安法官问题的系统性专著,分时段宏观地考察了自14世纪至20世纪治安法官职位权能的历史。另伯特伦·奥斯本的《1361—1848年的治安法官》②一书则在考察治安法官近500年嬗变史的基础上,指出都铎时期是治安法官的规模大扩张与大发展的时代。而明格的《乡绅：一个统治阶级的兴衰》③、费利西蒂·希尔与克莱夫·霍姆斯的《英格兰与威尔士的乡绅,1500—1700》④、加雷思·琼斯的《乡绅与伊丽莎白政府》⑤等著作,R. H. 托尼的名文《乡绅的兴起》⑥等文章,从不同视角查究了治安法官的主要社会来源——乡绅阶层,探讨了其在16世纪的兴起问题、其担任治安法官职位的个人及社会因素考量、其与治安法官共同对英国近代社会的多元深刻影响。

关于16世纪都铎史的相关原始资料,主要有K. 鲍威尔、C. 库克：《英国历史实录（1485—1603）》⑦、C. H. 威廉姆斯的《英国历史文献（1485—1558）》⑧、米切尔的《英国历史数据集》⑨。

16世纪都铎经济史方面的原始文献,有R. H. 托尼和E. 鲍尔编著的三卷本《都铎经济文献》⑩、费希尔等编著的《自1000—1760年

---

① Esther Moir, *The Justice of The Peace*, Middlesex: Penguin Books Ltd., 1969.

② Bertram Osborne, *Justices of the Peace 1361 – 1848*, Dorset: The Sedgehill Press, 1960.

③ G. E. Mingay, *The Gentry, The Rise and Fall of a Ruling Class*, London: Longman Group Ltd., 1976.

④ Felicity Heal & Clive Holmes, *The Gentry in England and Wales, 1500 – 1700*, Houndmills: The Macmillan Press Ltd., 1994.

⑤ Gareth Jones, *The Gentry and the Elizabethan State*, Swansea: The Christopher Davies (Publishers) Ltd., 1977.

⑥ R. H. Tawney, "The Rise of the Gentry, 1558 – 1640", *The Economic History Review*, Vol. 11, No. I, 1941, in E. M. Carus-Wilson, *Essays in Economic History*, London: Edward Arnold (Publishers) Ltd., 1954.

⑦ Ken Powell and Chris Cook, *English Historical Facts, 1485 – 1603*, London: Macmillan Press, 1977.

⑧ C. H. Williams, *English Historical Documents 1485 – 1558*, London: Routledge, 1967.

⑨ B. R. Mitchell, *British Historical Statistics*, Cambridge: Cambridge University Press, 1988.

⑩ R. H. Tawney and Eileen. Power eds., *Tudor Economic Documents: Being Select Documents Illustrating the Economic and Social History of Tudor England*, London: Longmans, Green And Co, 1924.

的英国经济史文献》①、布兰德等的《英国经济史文献选编》②、凯夫与库尔森的《中古经济史原始资料集》③ 等,这些论著为研究都铎经济社会史提供了参考价值很高的史料,尤其是《都铎经济文献》,迄今仍然是都铎时代英国社会和经济方面最为完备的文献汇编。④

在16世纪法律史研究方面,反映英国工商业议会立法的官方权威法律文献主要是《王国法令集》⑤,这部多卷本巨著因其翔实全面而被英美众多经济史家广泛引用。关于都铎工商业王室公告的原始文献为 P. L. 休斯与 J. F. 拉金的《都铎王室公告》⑥,它是目前最为完整的都铎王室公告汇编,也是本研究所依据的主要文献。此外,普罗瑟罗所编的《议会法令及其他宪法文献选编》⑦、埃尔顿编著的《都铎宪政:文件和注评》⑧、坦纳的《1485—1603年附有历史评论的都铎宪政文献》⑨ 等等也值得参考。

(二) 国内研究现状

在英国通史方面,在蒋孟引主编的《英国史》这部内容系统性强,论证严谨深入,史料丰富、独具个性的英国历史教材中,编者通过考察15世纪英国经济史值得注意的若干方面,得出了15世纪是英

---

① H. E. S. Fisher & A. R. J. Jurica, *Documents in English Economic History: England from 1000 to 1760*, London: G. Bell & Sons Ltd., 1977.

② A. E. Bland eds., *English Economic History Select Documents*, London: G. Bell and Sons Ltd., 1914.

③ Roy C. Cave & Herbert H. Coulson, *A Source Book for Medieval Economic History*, New York: Biblo and Tannen, 1965.

④ A. F. Kinney. & D. W. Swain eds., *Tudor England: An Encyclopedia*, New York: Taylor and Francis, 2001, p. 789.

⑤ *The Statutes of the Realm*, Buffalo, N. Y.: William S. Hein & Co., INC., 1993.

⑥ P. L. Hughes & J. F. Larkin, *Tudor Royal Proclamations*, New Haven and London: Yale University Press, 3Vols, 1964, 1969.

⑦ G. W. Prothero, *Select Statute and other Constitutional Documents*, Oxford: Clarendon Press, 1954.

⑧ G. R. Elton, *The Tudor Constitution: Documents and Commentary*, Cambridge: Cambridge University Press, 1960.

⑨ J. R. Tanner, *Tudor Constitutional Documents, A. D. 1485 – 1603 with An Historical Commentary*, Cambridge: Cambridge University Press, 1930.

国工商业和农业上升的世纪的结论，批驳了希尔顿等西方学者认为15世纪是普遍经济萧条停滞时代的论调。立足于马克思的资本主义时代始于16世纪的观点，蒋先生认为恰处这一新时代的早期之中的英国都铎王朝尽管仍是一个封建王朝，但客观上对资本主义积累起过重大作用。① 此外，钱乘旦等所著的《英国通史》，体系完整，脉络清晰。作者认为，都铎王朝最大的历史功绩就是其组建并巩固了民族国家，从而将英国推进到可以发动现代化的起点。② 另由钱乘旦等学者撰写的《英帝国史》（全8卷）③，反映了国内学界英帝国史研究的最新成就，提出了中国学者自己的诠释体系，在其第一卷《英帝国的启动》④ 中认为，都铎时期系英帝国的萌生期，英国民族国家开始形成，为海外扩张提供了制度保障。而英帝国的萌生是民族国家的派生物，都铎王朝则是英帝国的孕育者。另阎照祥在其《英国史》中评价道，都铎王朝既是英国从封建社会向资本主义社会过渡的时代，也是资本主义的胎动时期。这一时期里，资本主义生产方式已在工农业生产中占主导地位。商业发展空前迅速。究其原因在于都铎君主能主动维护英国资产阶级的利益。这体现出英国专制君主制是王权与新兴资产阶级利益的微妙结合物。⑤

全面了解16世纪欧洲政治、经济大背景，是深刻认识英国国内政治经济情况的前提和基础。朱孝远在其专著中针对历史学家格哈特所著的《旧欧洲：关于延续性的研究（1000—1800）》中所持的结论提出了自己的看法。格哈特认为1800年前的欧洲是旧文明，经济上是自然经济而非交换经济，政治秩序的建立是以自然血缘法统为基础，而不存在竞争与革命；中世纪晚期的商人并非社会变革的动力，朱孝远则认为：中央化和民主化的双重发展，奠定了近代欧洲国家的基础；近代资本、货币和商业化的汹涌浪潮，欧洲各地贸易市场的兴

---

① 蒋孟引主编：《英国史》，中国社会科学出版社1988年版，第270—272页。
② 钱乘旦、许洁明：《英国通史》，上海社会科学院出版社2002年版，第125页。
③ 钱乘旦等：《英帝国史》全8卷，江苏人民出版社2019年版。
④ 姜守明：《英帝国史·英帝国的启动》第1卷，江苏人民出版社2019年版。
⑤ 阎照祥：《英国史》，人民出版社2003年版，第132—137页。

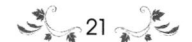

起，刺激了商业化的农业和手工业的崛起，这些经济上的调整给欧洲社会注入了活力。①

对16世纪英国政治史的了解是研究这一时期经济史的前提之一。国内关于都铎英国王权问题的研究成果主要有：刘新成所著《英国都铎王朝议会研究》②专论了都铎君主制性质和特征；郭方的专著《英国近代国家的形成》③考察了都铎国家的"政府革命"与政府机构的建设历程。孟广林所著《英国封建王权研究》④为探讨都铎式封建王权问题奠定了基础。程汉大在其《英国政治制度史》中指出，由于受制于议会、法律以及缺乏稳定而充足的财政来源、完备的官僚机器和常备军等条件，都铎王权应称之为有限专制君主制。⑤其观点与阎照祥的《论英国都铎专制君主制的有限性》一文⑥所见略同；程汉大主编的《英国法制史》辟专章讨论了都铎专制王权与法治间的关系，即所谓的"都铎悖论"问题，其认为英国都铎时期政治法律体制的独特结构决定了都铎王朝的统治方式同时呈现出明显的专制特性和一定的法治倾向的观点，⑦在一定程度上揭示了都铎王权与法律、专制与法治之间特殊而复杂的关系。他与于民合著的《在专制与法治之间——"都铎悖论"解析》⑧一文进一步阐发了此观点。

对16世纪英国法律史和社会史的了解有助于我们更好地认识当时的经济动态。张乃和的《英国文艺复兴时期的法律与社会》将整个英国文艺复兴发展史一分为四，其中在第二阶段（15世纪末至16世纪中叶），登上英国历史舞台的都铎王朝终结了长期战争与内乱，确立了王权至尊地位，形成了共同体和谐秩序观念，全面开启了文艺

---

① 朱孝远：《近代欧洲的兴起》，学林出版社1997年版，导言部分。
② 刘新成：《英国都铎王朝议会研究》，首都师范大学出版社1995年版。
③ 郭方：《英国近代国家的形成》，商务印书馆2007年版。
④ 孟广林：《英国封建王权论稿》，人民出版社2002年版。
⑤ 程汉大：《英国政治制度史》，中国社会科学出版社1995年版，"序言"第3页。
⑥ 阎照祥：《论英国都铎专制君主制的有限性》，《史学月刊》1999年第3期。
⑦ 程汉大主编：《英国法制史》，齐鲁书社2001年版，第265页。
⑧ 程汉大、于民：《在专制与法治之间——"都铎悖论"解析》，《世界历史》2002年第5期。

复兴。而第三阶段（16世纪中叶至16世纪末17世纪初）中，英国国家主导的价值理性最终确立，普通法开始复兴，议会下院地位上升，英国进入法律制度建构的新时期。① 王晋新的文章② 则分析了近代早期英国社会结构的变迁与重组问题。此外，刘景华主编的《走向重商时代：社会转折中的西欧商人和城市》③，在一定意义上再现了近代早期重商时代大背景下英国商人、乡村工业与城市市民的面貌。尹虹的《十六、十七世纪前期英国流民问题研究》④ 探讨了都铎和早期斯图亚特王朝时期英国流民问题形成的社会背景、具体状况与从王国法令到枢密院、地方城镇措施的政府对策。

关于16世纪英国经济史研究，比较而言，国内研究相对薄弱，相关成果主要是结合经济史文献来探讨工业革命前英国政府治理工商业的历史实践。戚国淦等的《撷英集：英国都铎史研究》⑤ 是20世纪90年代国内都铎史研究领域的一部代表性著作，其开创了国内都铎史研究的先河，其中多篇文章涉及都铎经济问题，至今仍具一定的参考价值。陈曦文的《英国十六世纪经济变革与政策研究》⑥ 通过16世纪英国的经济变革来考察政府政策，从政策层面分析了重商主义与英国16世纪的经济发展之间的关系，并关注了近代英国政府经济治理中的立法问题，初步考察了工业革命前的议会经济立法。王乃耀的《英国都铎时期经济研究》⑦ 关于都铎时期经济，特别是乡镇经济发展的观点，对于了解都铎时期英国经济的发展水平及其特征、乡镇经济与资本主义的兴起间关系等问题提供了新视角。陈曦文等合编的著作《英国社会转型时期经济发展研究（16—18世纪

---

① 张乃和主编：《英国文艺复兴时期的法律与社会》，黑龙江人民出版社2007年版，第4—5页。
② 王晋新：《近代早期英国社会结构的变迁与重组》，《东北师范大学学报》2002年第5期。
③ 刘景华主编：《走向重商时代：社会转折中的西欧商人和城市》，中国社会科学出版社2007年版。
④ 尹虹：《十六、十七世纪前期英国流民问题研究》，中国社会科学出版社2003年版。
⑤ 戚国淦、陈曦文：《撷英集：英国都铎史研究》，首都师范大学出版社1994年版。
⑥ 陈曦文：《英国十六世纪经济变革与政策研究》，首都师范大学出版社1995年版。
⑦ 王乃耀：《英国都铎时期经济研究》，首都师范大学出版社1997年版。

中叶)》①，探讨了16世纪至18世纪中叶这一英国从封建社会向资本主义社会过渡、从传统的农业社会向近代工业社会转变时期经济的发展和变革问题，认为经济的变革是社会转型的物质基础。徐浩的《中世纪西欧工商业研究》②为国内首部中世纪西欧工商业史专著，其考察了中世纪西欧的市场治理、借贷市场方面的高利贷禁令、工业管理等问题，对研究16世纪英国工商业国家治理问题有一定的借鉴意义。

关于16世纪英国商业史研究，张卫良的《英国社会的商业化历史进程1500—1750》③一书，通过考察1500—1750年期间英国交通网络的改善、市场结构的调整、海外市场的拓展、土地市场的扩大、农业经济的专业化、乡村工业的商业化、新兴城市的涌现、重商主义政策的强化、商人财富的增值和资本积累的加速等等商业化表象，将这一时期界定为英国的前工业阶段，并指出该时期内英国社会实现了从商业社会向工业社会的转型，推动英国在世界范围内率先走上了工业化道路。而赵秀荣的《1500—1700年英国商业与商人研究》④不仅论述了16—17世纪英国国内商品市场经济的发展、对外贸易的转型以及殖民地贸易的蓬勃兴起，还辟专章关注了商人问题，分析了商人的政治地位与权力、商人的社会生活与其阶级属性等问题，有助于了解都铎时期英国的商业发展情况及商人阶层的崛起问题。

关于16世纪英国宏观经济政策的特征，沈汉等在考察欧洲各国从封建社会向资本主义社会过渡时期的工商业政策时指出，该时期国家的经济职能主要有两方面，一是为经济活动提供必需的外部条件，一是采取积极的直接推动和参与工业和商业的措施。而英国政府则较少对工商业者的活动采取直接支持的政策，正如托马斯·孟在其著名的《英国得自对外贸易的财富》中所指出的，与其他国家相比，商

---

① 陈曦文、王乃耀主编：《英国社会转型时期经济发展研究（16—18世纪中叶）》，首都师范大学出版社2002年版。
② 徐浩：《中世纪西欧工商业研究》，生活·读书·新知三联书店2018年版。
③ 张卫良：《英国社会的商业化历史进程1500—1750》，人民出版社2004年版。
④ 赵秀荣：《1500—1700年英国商业与商人研究》，社会科学文献出版社2004年版。

人在英国受到的鼓励比较少。商人在英国的地位较低。通过将英国专制主义时期国家的工商业经济政策与法国、普鲁士等国相比较，作者认为，一般而言，英国国家对于资本主义商业的发展持支持态度，国家的活动限于为工商业发展创造若干外部条件和保护措施，对于工商业经济活动不像法国和普鲁士那样直接干预并由国家直接兴办大规模的工矿企业。[①] 而李云芳在《16世纪英国都铎政府经济政策综述》中则指出，作为一个封建政权，16世纪英国都铎政府的经济政策呈现出随意性、垄断性及矛盾性等特点。[②]

重商主义是16世纪英国的基本国策。张乃和考察英国重商主义的政策特征和思想特征后指出，英国重商主义政策，在政治上，重点是改革国家财政体制及其他行政管理体制；在经济上，实行以财政主导政策为中心的间接化国家宏观调控。[③] 李新宽的《国家与市场：英国重商主义时代的历史解读》[④] 考察了英国重商主义经济体制兴起的历史条件及其发展历程，认为英国重商主义经济体制的核心即国家治理体制，并通过重商主义经济体制与封建农本经济体制和资本主义自由经济体制的比较，确认了英国重商主义经济体制的历史地位和重要作用。林振草的文章《论英国都铎王朝的重商主义》指出，英国重商主义先以国家经济政策的面貌出现，而后成为一个完整的经济思想体系。其核心思想是在国家权力的治理之下大力发展对外贸易，达到贸易出超，使国家强盛。都铎王朝的重商主义以扶植本国产业为后盾，并且以大量重商主义著作为理论根据，因此，它比别的国家的重商主义显得更为成熟和完善，取得的成果也更为显著。[⑤] 此外，初明

[①] 沈汉、王建娥：《欧洲从封建社会向资本主义社会过渡研究：形态学的考察》，南京大学出版社1993年版，第287、292、305页。
[②] 李云芳：《16世纪英国都铎政府经济政策综述》，《广州师范学院学报》（社会科学版）1998年第10期。
[③] 张乃和：《16世纪英国早期重商主义特征的历史考察》，《史学集刊》1999年第1期。
[④] 李新宽：《国家与市场：英国重商主义时代的历史解读》，中央编译出版社2013年版。
[⑤] 林振草：《论英国都铎王朝的重商主义》，《贵州大学学报》（社会科学版）1995年第4期。

强、洪明、魏蕴华等人的文章①也有一定参考价值。

关于16世纪英国国家经济秩序的统一问题，首先要提及的是货币国家治理问题，辜燮高的《11—17世纪英国的钱币问题》②一文，在一定程度上再现了亨利八世（1509—1547）和爱德华六世（1547—1553）时屡次改铸含银量不足的银便士导致币制极端混乱和物价飞涨的乱象。笔者借助都铎王室公告等一手法律文本，重新解读了都铎货币国家治理问题③，并认为，通过币制改革，稳定了英国的币值，维护了国家信用，有利于打破封建经济割据，扫除封建经济壁垒，加强国内各地区间的交往与联系，实现全国经济的统一。其次，关于统一度量衡问题，笔者在文章《近代英国的度量衡国家统一化》④一文中，通过考察近代英国度量衡国家统一化的历程认为，自中古晚期尤其是近代早期以降，英国政府以法律为主要工具，逐步完成了全国度量衡制的统一化，推动英国在构建统一的民族经济秩序方面走在了西欧其他国家前面，为后来的长远经济发展奠定了坚实的基础。

16世纪是英国历史上一个经济立法大量涌现的时代，这体现出都铎政府对经济生活的治理呈现出日益加强的趋势，国内外学者们对此基本达成了共识，奇波拉的著作《欧洲经济史》⑤、刘新成的文章《都铎王朝的经济立法与英国近代议会民主制的起源》⑥等均可为证。

解决政府财政危机问题是16世纪英国工商业政策的核心和出发

---

① 初明强：《英国历史上的重商主义及其社会历史作用》，《历史教学》1987年第2期；洪明：《试析英国都铎王朝的重商政策》，《华中理工大学学报》（社会科学版）1995年第4期；魏蕴华、翟云瑞：《试析都铎王朝重商政策之利弊》，《辽宁师范大学学报》（社会科学版）1989年第5期。
② 辜燮高：《11—17世纪英国的钱币问题》，《南开大学学报》1956年第1期。
③ 柴彬：《论都铎英国的货币管制》，《史学集刊》2008年第4期。
④ 柴彬：《近代英国的度量衡国家统一化》，《首都师范大学学报》（社会科学版）2009年第4期。
⑤ [意]卡洛·M.奇波拉主编：《欧洲经济史》第1卷，徐璇译，商务印书馆1988年版，第267页。
⑥ 刘新成：《都铎王朝的经济立法与英国近代议会民主制的起源》，《历史研究》1992年第2期。

点。施诚的专著《中世纪英国财政史研究》①较为全面地考察了中古英国的财政、税收史，涉及财政税收机关的起源、运行与变化，政府各项收入的来历、演变，政府收入与支出和收支平衡等问题，为研究16世纪英国财政问题奠定了良好基础。张乃和的《16世纪英国财政政策研究》②提出，15世纪末至16世纪期间，英国逐渐由封建君主制向新型君主制转变，以王权为中心的民族国家开始兴起。这一时期英国财政政策的基调是，竭力追求王室财政独立，设法实现王室财政收支平衡乃至盈余。但由于王室财政管理手段落伍，最终财政政策收效甚微，并产生了影响深远的社会经济后果。王晋新的文章《近代早期英国国家财政体制散论》③则考察了近代早期英国国家财政体制的特征、变革转型等问题。

特许公司在英国16世纪对外贸易史中占有重要的地位。国内关于其的研究，较为系统的成果是王军的博士论文《16—18世纪英国特许公司研究》④，其以两个世纪间的英国特许公司，尤其是特许贸易公司为研究对象，回顾了特许公司的发展历程，揭示了其对近代早期英国社会变革与经济、政治转型的推动作用。另在何顺果的《特许公司——西方推行"重商政策"的急先锋》⑤一文中，把莫斯科公司定位为最早最具有代表性的股份公司，并将其作为特许公司的典范以说明英国的重商主义政策。而张乃和在《大发现时代中英海外贸易比较研究》⑥一书中提出，以伦敦商人为主的英国首家股份公司俄罗斯公司（或莫斯科公司）的成立，标志着英国从传统的贸易区向新贸易区进军的开端。

关于16世纪英国工业的总体状况，蒋孟引认为，16世纪英国资本主义工业的发展，是英国资本主义经济兴起的重要方面和阶段，但

---

① 施诚：《中世纪英国财政史研究》，商务印书馆2010年版。
② 张乃和：《16世纪英国财政政策研究》，《求是学刊》2000年第2期。
③ 王晋新：《近代早期英国国家财政体制散论》，《史学集刊》2003年第1期。
④ 王军：《16—18世纪英国特许公司研究》，博士学位论文，东北师范大学，2011年。
⑤ 何顺果：《特许公司——西方推行"重商政策"的急先锋》，《世界历史》2007年第1期。
⑥ 张乃和：《大发现时代中英海外贸易比较研究》，吉林人民出版社2002年版。

尚较为有限和初步。①

关于 16 世纪英国工业发展的驱动力问题，吴于廑主编的《十五十六世纪东西方历史初学集续编》② 一书通过考察 15、16 世纪世界历史重大转折时期农业与工业的关系、前工业化时期英国乡村工业的发展、世界市场形成后的国际贸易等问题，最后得出了如下结论：基于超越自给自足水平的农业，方有近代工业世界的孕育，才为近代工业化奠定了基石，而乡村工业与国内外贸易的发展，特别是海外国际贸易的发展，则是推进英国从农本经济向近代工业经济转化的引擎。

乡村工业是英国 16 世纪国内工业颇具特色的主要形式之一。刘景华在其《乡村工业发展：英国资本主义成长的主要道路》③ 一文中，大胆质疑了认为"圈地运动"是英国资本主义发展的主要途径这一传统说法，并在考察英国资本主义的早期发展历程后指出，英国资本主义成长的主要道路起步于乡村工业的兴起。薛惠宗的《十五—十七世纪英国乡村工商业的发展与其早期近代化》④ 一文，讨论了近代早期英国乡村工商业资本主义因素的发展及其近代化道路的问题。作者指出，乡村工商业是生产力发展到一定水平的必然产物，是工业化、城市化的必经之路。

关于国外移民在英国经济发展历程中的影响问题，陈勇的《十四至十七世纪英国的外来移民及历史作用》，刘景华的《外来移民和外国商人：英国崛起的外来因素》⑤ 两篇文章认为，英国的早期发展和崛起，与外来移民、外国商人及其资本这类外来因素的推动和促进是分不开的。具体而言，外来因素在经济落后阶段弥补了英国经济总量

---

① 蒋孟引：《蒋孟引文集》，南京大学出版社 1995 年版，第 138 页。
② 吴于廑主编：《十五十六世纪东西方历史初学集续编》，武汉大学出版社 1990 年版。
③ 刘景华：《乡村工业发展：英国资本主义成长的主要道路》，《历史研究》1993 年第 6 期。
④ 薛惠宗：《十五—十七世纪英国乡村工商业的发展与其早期近代化》，《世界历史》1987 年第 6 期。
⑤ 陈勇：《十四至十七世纪英国的外来移民及历史作用》，载吴于廑主编：《十五十六世纪东西方历史初学集》，武汉大学出版社 1985 年版；刘景华：《外来移民和外国商人：英国崛起的外来因素》，《历史研究》2010 年第 1 期。

弱小时的不足和困难；在经济发展进入欧洲前列时，为英国增加了推动力量。

渔业作为英国的传统产业，其兴衰与航海业、海军的发展密切相关。英国历史上的"食鱼日"政策则是观察上述问题的一个"窗口"。林琳的《英国都铎时期的"食鱼日"政策评述》[①]一文考察了英国都铎时期的所谓"食鱼日"政策。笔者通过《英国近代早期"政治性的四旬斋"运动探微》[②]一文探讨了"政治性的四旬斋"运动在英国近代早期的特定时代出台的相关背景、实施过程及其影响。其认为原本作为基督教的一种宗教斋戒仪式的四旬斋被赋予浓重的政治和经济色彩，是出于追逐富国强兵目标的重商主义国家战略的需要。

劳工工资治理问题是贯穿16世纪英国工业发展史的重要问题之一。王超华的专著《中世纪英格兰工资问题研究》[③]辟专章考察了中世纪英国工资立法与劳动力市场治理，为研究都铎时期劳工工资治理问题提供了有益借鉴。笔者通过研究指出，自中世纪的黑死病大流行时期起，英国政府针对劳工工资问题进行了长期的国家治理，其主要标志是1349年《劳工条例》和1351年《劳工法令》等法规的颁行。近代早期的都铎政府继承了前代做法并进一步强化了治理力度，通过著名的《学徒法令》及诸多王室公告的施行，都铎国家的工资治理虽取得了一定成效，但受制于若干主客观因素，其实际效果又是较为有限的。[④]

物价的国家治理问题是16世纪英国商业史中的核心问题之一。笔者的文章《英国近代早期的物价问题与国家管制》[⑤]指出，近代早期的英国曾经历了所谓的价格革命。当时英国物价飞涨，从而严重影响到社会经济秩序的稳定和广大民众的生活。都铎政府为此进行了长

---

① 林琳：《英国都铎时期的"食鱼日"政策评述》，《重庆科技学院学报》（社会科学版）2008年第5期。
② 柴彬：《英国近代早期"政治性的四旬斋"运动探微》，《世界历史》2011年第4期。
③ 王超华：《中世纪英格兰工资问题研究》，中国社会科学出版社2021年版。
④ 柴彬：《英国近代早期的劳工工资问题与国家管制》，《世界历史》2007年第6期。
⑤ 柴彬：《英国近代早期的物价问题与国家管制》，《世界历史》2009年第1期。

期而严厉的国家治理，并颁布了专门调节物价的法规，表现出不断强化治理力度的政策决心。

关于16世纪的英国商业投机及国家治理问题，笔者研究认为，近代早期，英国的囤积居奇等商业投机行为曾颇为猖獗盛行，令国家经济活动的秩序和国民的生活受到很大影响。英国政府为此以议会法令、王室公告等法律手段进行了长期的国家治理。治理商业投机是近代早期英国动用国家权力安定经济秩序的重要举措，亦是近代早期英国政府所奉行的重商主义对内政策的重要组成部分，还是维护始于中古时代的传统工商业道德的需要。这种治理客观上取得了一定成效。①

关于英国16世纪国家治理工商业的意义问题，有学者开始质疑长期流行的"自由放任说"及"自由贸易说"。如在朱寰主编的《工业文明兴起的新视野：亚欧诸国由中古向近代过渡比较研究》② 中指出，英国之所以能够率先迈入近代社会，主要得力于深刻而全面的经济变革、社会结构的变迁和重组、政权性质、形式的嬗变与功能的拓展、思想文化的传承与变革。其观点令人耳目一新。另如梅俊杰的专著《自由贸易的神话：英美富强之道考辨》③ 基于对众多史料的考察，为我们揭示了亚当·斯密的"自由贸易"理论逐渐被奉为佳臬并神话化的过程，同时还运用大量史实证明：英国在成为世界强国之前不折不扣地奉行了贸易保护政策，正是严格的贸易保护使其获得了巨大的产业优势，并最终成为"日不落帝国"。

目前就国内都铎经济史研究来说，在考察经济问题时，偏重于从商业和商人等视角入手，而对于中央、地方政府之类行政主体对经济社会生活的治理及影响问题的研究则显得重视不足。笔者在此方面进行了初步尝试，其《英国都铎时期经济社会视野中的枢密院》④ 一

---

① 柴彬：《英国近代早期的商业投机及其国家治理》，《历史教学》2014第16期。
② 朱寰主编：《工业文明兴起的新视野：亚欧诸国由中古向近代过渡比较研究》，商务印书馆2015年版。
③ 梅俊杰：《自由贸易的神话：英美富强之道考辨》，上海三联书店2008年版。
④ 柴彬：《英国都铎时期经济社会视野中的枢密院》，《宁夏大学学报》（人文社会科学版）2008年第3期。

文,通过考察在都铎政治舞台上地位仅次于议会的枢密院对当时经济社会的影响及其后果,以揭露都铎君主专制政权的特点及其实质。笔者另有论文《英国都铎时期经济社会视野中的治安法官》[①]指出,治安法官,原系英国自中世纪以来即有的一种地方基层司法官员,却被都铎时期特殊的国内时势赋予了新的角色和新的职能,使其派生出广泛而重要的管理经济社会事务的权力,治安法官和其所依赖的社会阶层——乡绅,在英国迈向近代国家过程中产生了重要而久远的影响。

在相关原始文献方面,巫宝三主编的《欧洲中世纪经济思想资料选辑》[②]、郭守田主编的《世界通史资料选辑》(中古部分)[③]提供了大量欧洲中世纪社会经济史方面的原始资料,有着较高的参考价值。

三 主要内容介绍及补充说明

(一) 主要内容介绍

本书主体部分共分为六章,下面简要介绍各章主要内容。

第一章 16世纪英国政治经济概况 为序章,概要交代了16世纪英国国内的政治经济状况,营造都铎国家治理工商业经济赖以发生的时代情境。首先还原了都铎专制王权强力控制之下英国朝野的政治生态,进而勾勒出重商主义经济氛围笼罩下的总体经济面貌。

第二章 工商业领域国家治理的强化 切入正题,概述都铎国家工商业立法体量增长与国家加强工商业经济治理间的密切联系。首节以工商业相关立法数量的直观上升为参照,说明国家治理日益强化的总体态势。次节初步探讨工商业相关立法规模日增的多元背景。

第三章 国家治理工业领域相关立法考察 结合英国都铎工业领域内的议会立法及王室公告等实际案例,再现都铎国家强化治理工

[①] 柴彬:《英国都铎时期经济社会视野中的治安法官》,《兰州学刊》2006年第1期。
[②] 巫宝三主编:《欧洲中世纪经济思想资料选辑》,傅举晋等编译,商务印书馆1998年版。
[③] 郭守田主编:《世界通史资料选辑》(中古部分),商务印书馆1981年版。

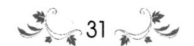

经济生活的历史场景。首节着重考察毛纺织业、渔业等英国传统民族工业部门内的相关立法，次节将关注视野扩及工业领域相关问题的立法，集中探讨国家对工业经济生活的治理问题。

第四章　国家治理贸易领域相关立法考察　结合都铎英国国内外贸易领域内的议会立法及王室公告等实际案例，复原都铎国家强化治理国内外贸易经济生活的历史情景。首节聚焦于物价、粮食贸易等国内贸易事务相关立法，次节结合汉萨同盟商人等案例集中关注对外贸易领域立法。

第五章　国家治理工商业相关立法执行问题　探讨都铎国家治理工商业经济相关立法的实际执行效果问题。首节考察了枢密院、郡守、治安法官等行政机构及官员对工商业立法的执行问题；次节关注了中央层面的财务署法庭和地方层面的季会法庭等司法机关执行工商业相关立法的具体情况；末节分析了导致工商业立法执行难的诸种主客观因素。

第六章　工商业领域国家治理之影响及其评价　整体考量和评价都铎国家治理工商业举措的当时及长远影响。首节梳理了都铎国家工商业治理所产生的种种积极效果；次节剖析了都铎国家工商业治理自身所无法克服的诸多时代局限。

（二）补充说明

结合近代英国历史特点和研究内容，本书将研究时段界定在1500—1600年，但在某些具体问题上适当向前后做以延伸。

本书所指的英国，主要指当时的英格兰地区，不涉及威尔士和苏格兰地区。

第一章

16世纪英国政治经济概况

第一节 专制王权之下的政治生态

16世纪的西欧各国处于一个大变革时期,它们纷纷从中世纪封建社会向近代资本主义社会过渡和转型。该时期的主要特征是,旧的封建制度日益衰落,而资本主义则迅速发展,正如英国著名史学家莫尔顿所描述的那样,封建特征和资本主义特征错综拥挤在一起,形成一个既非封建又非资本主义的整个世界。[①] 在西欧,长期的封建分裂状态普遍结束,众多统一的近代民族主义国家得以建立,中世纪的等级君主制被以国王集权主义为宗旨的专制君主制所取代。

当时,处于都铎王朝统治下的英国也经历着这一变革和转型期。但是,由于自身独特的政治文化传统和历史环境,英国几乎在各个方面都与其他西欧国家有所差异,体现出自己的鲜明特色。一方面,英国所建立的专制王权类似于大陆国家,英国王权在伊丽莎白一世时代更是空前强大,中央政府一定程度上有效控制着地方政府及其官员;但中世纪就已确立的"国王统辖下的地方自治"或曰半地方自治制度又保留和延续了下来,中央政府主要依靠(郡法庭)等地方公共机构和(治安法官)等公共官员来间接管理地方事务。

[①] [英]莫尔顿:《人民的英国史》,谢琏造等译,生活·读书·新知三联书店1958年版,第130页。

有形之手：16世纪英国工商业领域的国家治理

早在 1086 年，英国就由征服者威廉召集英格兰全体大小封建主于索尔兹伯里宣誓效忠王室，此即著名的索尔兹伯里誓约。英国所有各级领主便与英王发生了直接的主臣关系。① 所以有人说，诺曼征服使英国成为欧洲最集权的国家。威廉及其继承者位于税收与行政系统的顶端，超过了西欧的任何其他权力体。② 但 1215 年订立的《自由大宪章》导致国王的绝对权力被贵族们成功地加以了限制，各地封建主频频挑战和威胁王权，国王时常无法在国内实行统一有效的管理。而由于英国贵族大批丧命于 15 世纪后期的红白玫瑰战争，胜利的王室将他们的土地赠给驯服于自己的人们。封建制度的地方俗权以及贵族受到了沉重打击。③ 同时，由于镇压了私人军队，抑制了贵族的暴力，摧毁了一度展现英格兰大富豪的权力和自治的要塞城堡。因此，"在玫瑰战争所造成的无法状态、政治和行政混乱之后，坚强有力的'统治'既是必要的，又是得到人们支持的"④。王权由此变得异常强大起来。

不同于中世纪封建王国，近代国家要求形成既有权威又有效率的中央集权体制。为保证国家权力系统运作顺畅高效，政府机构及其职能在体制设计和实际操作上，既要高度统一整合，又要专权专行，职责分明。通过英国著名史学家埃尔顿所称的"政府革命"，英国在 16 世纪逐步实现了从中央到地方的行政司法结构及其职能的重大变革，促使英国走上了近代化民族统一国家的道路。

在 16 世纪欧洲大陆各国，职业化官僚已取代地方各级官员，前者作为朝廷命官，仅对以国王为首的中央行政机关负责，领享国王所赐予的薪俸，他们人员规模庞大，训练有素而专业化。而相比之下，英国则不仅在历史上长期缺乏系统完备的官僚系统，而且政府的规模

---

① 蒋孟引：《英国封建化过程的特征》，载蒋孟引《蒋孟引文集》，南京大学出版社 1995 年版。
② [美] 布莱恩·唐宁：《军事革命与政治变革：近代早期欧洲的民主与专制之起源》，赵信敏译，复旦大学出版社 2015 年版，第 184 页。
③ [法] G. 勒纳尔、G. 乌勒西：《近代欧洲的生活与劳作（从 15—18 世纪）》，第 2 页。
④ 丘日庆主编：《各国法律概况》，知识出版社 1981 年版，第 162 页。

历来也较小。在伊丽莎白一世时期，中央及地方领薪官员的总数仅有1000名左右，甚至于到17世纪初，"英国的中央政府可能还不如法国诺曼底一个省的政府规模大"①。

居于至高无上权威地位的国王，是中央权力中枢的核心，其施行权力时通过议会和枢密院，并需遵循和服从国家的法律制度。由中小贵族、乡绅、工商业主及律师等阶层构成的议会下院，对议会上院起着一定的制约平衡作用，后者被教俗界大贵族把持并实际上由国王决定其成员组成，这样就建立了由国王、议会上、下院一致决定国家重大决策的体制。议会掌管着立法，其拥有着国家最高立法权威的地位。"议会通过的法律的至高无上性更加明显了，它能解决王位继承问题，宣告皇室婚姻无效，取消皇家债务，解释宗教法令，改变教会的整个法律地位。它还能使国王的公告具有成文法律的效力。"② 枢密院负责行政，其由原来专为国王个人服务的宫廷机构改造发展而来，逐渐成为专司处理国家事务的中央政府；普通法法院负责司法事务。它们在王权下各司其职又互相协调与制衡，英国模式的"三权分立制"开始确立。

在司法领域，早在12—13世纪，王室法庭就开始取代庄园法庭，贵族与平民们偏好更为迅速与平等的普通法法院。③ 到了都铎时期，"新设立的法庭占领了司法部门的大部分领域，并且实行即决程序；诸如星法院、大法官法庭、小额债权法庭、监护法庭、增收法庭、北方立法会议、威尔士立法会议，以及稍后的高等专门法院等"④。这些特权法庭因办案的高效率而在其早期受到时人的推崇。

在地方上，由国王委任郡守、治安法官、教区职员之类地方官员，后者监督执行国王及枢密院的命令、议会法令、王室法院的裁

---

① Derek Hirst, *Authority and Conflict: England 1603 – 1658*, London: Edward Arnold, 1986, p. 27.
② 丘日庆主编：《各国法律概况》，第163页。
③ ［美］布莱恩·唐宁：《军事革命与政治变革：近代早期欧洲的民主与专制之起源》，第185页。
④ 丘日庆主编：《各国法律概况》，第162页。

决。其中尤为值得强调的是治安法官，作为国王权力在地方层面最主要的代理人，其担负着实施议会法令和国王王室公告的职责，是中央和地方间的联系纽带。其虽需接受枢密院的直接监督和指导，但又具有一定的自主独立性。因为他们属于既由地方民众推举产生且不食国家俸禄的无薪人士，在地方上享有很高的政治、经济地位和社会声望。教区职员和治安法官相似，既受上级政府的控制，亦有着相当的自主权，他们一般也是土生土长的当地人。从治安法官到教区职员的各级地方官员，既非职业官僚，也无中央供发薪金。他们都同所在当地有着千丝万缕的联系，在一定程度上代表和兼顾了地方层面的利益。这样就为英国近代国家政权运作体制的整合统一与分责分权奠定了基石，保证了国家政通令畅。是时的英国国内，"各处都在做着某种程度的统一工作，简化管理及领地的烦琐层次，目标在于促进王权的利益，而以那些想跟国王分享领土与权力的社会阶层为代价"①。这一切都标志着英国逐渐在成长为一个统一强大的近代民族国家。

与同时期的欧洲大陆国家相比，英国不仅由于其经济和政治组织的较早成熟化，已经走在了这些国家的前面；而且英国中央集权化的特点非常突出。尽管都铎国家缺乏庞大的常备军和组织完善的官僚机器，但是凭借被自己牢牢掌控的议会、枢密院、王室法庭和地方上的治安法官等等，都铎君主们却有效地行使着自己在立法、行政和司法各方面的专制统治。所以，有人说"都铎王朝的专制政体是一种最特别的专制政体，即得到许可的专制政体"②。

这种政体之所以存在，是因为都铎君主"以各阶级势力的暂时平衡为基础，由于此种平衡，他们得到强大而进步的各阶级的一致支持，尤其是商人和乡绅的支持。乡绅们甘愿充当治安法官。富豪们能使政府渡过最紧迫的财政危机"③。而这些进步阶级之所以甘愿支持都铎君主的专制统治，而且双方相互利用和支持，联手摧毁天主教会和封建旧贵族之类离心势力，合力促使都铎君主专制不断强化并日臻

---

① [法] G. 勒纳尔、G. 乌勒西：《近代欧洲的生活与劳作（从15—18世纪）》，第2页。
② [英] 莫尔顿：《人民的英国史》，第179页。
③ [英] 莫尔顿：《人民的英国史》，第179页。

第一章　16世纪英国政治经济概况

鼎盛，是因为这种统治能为他们营造一个和平安定的环境，有利于资产阶级和新贵族势力的扩张。

关于该时期英国王权和中央权威大大增强的态势，有人曾指出："16到17世纪这个伟大民族国家的最显著特征，是宫廷和中央政府的巨大拓展。其特征为：君主获得的财政和军事资源大为增加、王权的控制延伸到了边远地区、与君主权威的强化和拓展这一既得利益并行的自足自立官僚机构的发展、商业和娱乐向首都集中、奢华昂贵的王室生活的风靡兴盛。"[1]

而在宗教改革运动中，"曾是人们灵魂的守护者，教育事业的组织者，学问的大本营"的教会，在权威、特权、财产等方面都受到了威胁。英国国王宣布自己是国家教会的领袖，教会的财产都被没收，英国的教会逐渐走上了世俗化的道路。[2] 英国国家教会被改造成了纯粹的民族教会（圣公会）。通过宗教改革，祛除了来自教皇的外来宗教干涉势力，国王成为国家的最高首脑与宗教领袖，英国成为一个真正意义上的民族主权国家，赢得了独立自主权，绝对主义专制王权被牢固地确立起来了。

作为英国基督教会的一种基层组织，教区在宗教改革之前和之后的角色变换堪称英国宗教改革的缩影。教区本是英国中古时代起就已存在的一种教会基层组织，但在都铎时期的宗教改革之后，演变为地方基层行政单位，在当时的经济社会生活中，尤其是在解决流民问题和济贫事务管理上发挥了重要而不可替代的作用。通过对教区角色的嬗变历程作以历史检视，可以认识英国从中世纪王国向近代化国家转变过程中教会的角色和影响。

在16世纪宗教改革之前，作为西欧天主教世界的一个分支，英国教会接受来自教皇国的训令。中世纪英国教会等级森严，在其金字塔般的权力架构中，教皇与教廷居于顶端。往下依次为坎特伯雷教省与约克教省（Provinces of Canterbury and York）、20余个主教区（Dio-

---

[1] [英] 劳伦斯·斯通：《贵族的危机：1558—1641年》，于民等译，上海人民出版社2011年版，第184页。

[2] [法] G. 勒纳尔、G. 乌勒西：《近代欧洲的生活与劳作（从15—18世纪)》，第2页。

cese），以及数目更为众多的执事长辖区（Archdeaconry）及监理辖区（Rural Deanery）。当时全英格兰的大约8800个教区（Parish）处于最低端。① 在这种"金字塔"的内外，另有大量的修道院，它们隶属于各门派修会。

英国教会的上述金字塔式架构直至宗教改革之前基本上未有大的变化。宗教改革期间，亨利八世（1509—1547年在位）局部改变了教会的组织结构，具体措施主要是分批解散遍及英格兰各地的修道院。起初是于1536年解散了374个年收入不足20万英镑的小型修道院，然后在1538—1540年间又解散了186个"宏伟而庄严的修道院"，从而导致英格兰的修道制度基本绝迹。同时，若干新主教辖区被增设；教皇对英格兰教会的控制权被剥夺，国王和坎特伯雷大主教分享了这一权力。而"在伊丽莎白统治下，教会再次成为国家一体化的工具。根据法律——即1559年的第二个至尊法令——的规定，教会的统一与国家的统一不能被视为互相补充，而应被视为互为一体。伊丽莎白的诞辰日在1568年成为宗教圣日，皇家纹章陈列在每一座教堂里……1559年以后，参加国教会礼拜仪式是议会法令的强行规定，不参加国教会礼拜仪式者被处以罚金和监禁"②。

但上述措施仅仅触及英国教会的上层组织，教会的基本结构实际上并未变化，特别是教区这一教会的基层组织几乎原封不动地得到了保留，并延续到此后的数百年。

传统意义上的教区是指，一个设有教堂并由一个牧师主持的地区，是基督教主管教区的下属单位。③ 英国式教区绝大多数是由一个教士及其教区长或教区牧师组成的。所有教区居民，无论男女，皆拥有下列权利和义务，如出席在教堂举行的教区大会，选举教区执事，处理教区财产等宗教事宜。教区在法律地位上属于法人机构，可作为动产起诉和被起诉。

---

① R. N. Swanson, *Church and Society in Late Medieval England*, New York: Basil Blackwell, 1993, p. 4.
② ［英］阿萨·勃里格斯：《英国社会史》，第139、155页。
③ ［英］戴维·M. 沃克：《牛津法律大辞典》，第834页。

第一章 16世纪英国政治经济概况

宗教改革之前，教区大会作为教区的常设机构，鉴于其负责教区内所有大小事务，因而逐渐掌控了实际权力而职责重大。同时，由于有各级教会当局甚至还有庄园主的支持，因此教区大会办事效率颇高。但在宗教改革之后，由于权力被日益削弱，教区大会已形同虚设，其权力逐渐移交到小型教区会议手中，后者由教区执事、济贫员和公路巡视员组成。

自盎格鲁-撒克逊时代起，英国逐渐形成了由郡、百户区和村镇组成的地方政权系统。基层社会组织是各地的村镇，其设有经选举产生的村长和村镇会议，村镇会议的职能是负责处理村镇公共事务。百户区由若干村镇构成，因其一般辖有100户自由民而得名。百户长由郡守选任。郡由若干个百户区组成，郡守为郡的长官，其系地方最高行政首脑，由国王任命。

宗教改革之后，本为天主教会的一种基层组织且与世俗事务毫无关联的教区，逐渐取代了百户区和村镇，被改造为由郡政府控制下的基层政权组织，成为英国政治体系中的基本单位。不仅如此，其被都铎时期的诸多社会经济立法赋予了大量的权利和义务，从而在原来教会的基层组织之外被笼罩上了一件厚重的政治外衣。

同时，在都铎时期，一种统一的国民意识逐渐强化和深入人心。有人就认为："都铎时代的英格兰人与维多利亚时代的英格兰人一样都有着强烈的国民意识。"[①]

都铎时期的英国法律则是巩固国家、政府、秩序的有力工具。"王国法律以自然法为依据的信念，为整套体制增添了神圣不可侵犯的色彩。"[②]

与此同时，英语成为将英国人凝聚为一个语言共同体的纽带。诺曼征服后的英国，人们主要说英语与法语，这两种语言间的界限也是社会等级间的界限。诺曼法语成为上层和有身份者的标志。社会下层则坚持说英语。古英语受诺曼法语的影响而变化，一种新语言逐渐形

---

① ［英］阿萨·勃里格斯：《英国社会史》，第123页。
② ［英］阿萨·勃里格斯：《英国社会史》，第123—124页。

成。实际上早在 1362 年，英语在法律上就已获得承认，从此之后，共同语的成长便高踞于一切之上，在 1500 年左右已接近于现代英语的形式，大约在 1700 年之前相对固定下来。①

英国学者曾如是评论都铎时期英国的总体面貌："这个社会还是一个令人满意而且日趋繁荣的社会，它具有一种共同的法律，一种通用的圣经，一本国教的祈祷书，一种共同的语言和共同的文学。这使它形成了一个统一体。"② 这表明英国帝王的威力已凌驾于商业与工业以及裁判、财政与宗教之上了。

第二节　重商氛围下的经济面貌

中世纪逐渐消逝，民族经济抬头崛起，资本主义不断进步，新阶级开始出现，政府越来越多地对经济生活方方面面加以治理。上述图景勾勒出 16 世纪欧洲历史的演进轨迹。

都铎时期的英国历史亦是如此。政府一方面积极整合国家机器与各种政治资源，力图建立统一的政治新秩序，谋求长治久安；另一方面大力安定国内经济局势，追求国富民足。

16 世纪英国国内外贸易的发展刺激了工业生产的发展，特别是自 16 世纪 40 年代开始并在 1575 年和 1620 年之间速度最快的一次工业大扩张，以至于经济史家内夫指出："在英国有过两次工业革命，而非一次。"③

内夫曾将 1540—1640 年一个世纪期间英法两国工业资本主义的增长情况做以比较，在他所划分的四个时期中，1540 年至 16 世纪 60 年代，英国是以增长速度的加快为标志的。在亨利七世时期就已开始的呢绒产量的迅速增加，相伴随的是诸如啤酒、煤与铁之类其他工业

---

① ［英］雷蒙德·威廉斯：《漫长的革命》，倪伟译，上海人民出版社 2013 年版，第 229 页。

② ［英］F. E. 霍利迪：《简明英国史》，洪永珊译，江西人民出版社 1985 年版，第 59 页。

③ John U. Nef, *Industry and Government in France and England, 1540–1640*, New York: Cornell University Press, 1964, p. 1.

品产量的激增。鼓风炉在苏塞克斯大量投入使用，并且从大陆引入铸造铁制火炮的大型铸造厂。投资于新矿山与小型工厂的资本的人均数量可能要远大于法国。16世纪七八十年代，许多新工业（诸如黄铜、纸、糖、明矾）被引进，老工业（如矿业、冶炼业、造船业、盐与玻璃制造业）比起四五十年代以更快的速度发展着。1590—1620年，新发明使产品降价并提升了制造业企业的规模。在伦敦这样的人口中心和泰恩河谷这样的工业中心，马匹与水力驱动的引擎和大熔炉及窑，取代了较为老旧的更为原始的工具与火炉。除了在萨塞克斯、萨里与肯特，与以前的时期相比，更多的资本被发现投入在新矿山与小型工厂等上面。①

这一时期的英国基本上是一个羊毛出产国。在各地牧羊场的门口，诸多大型羊毛加工工场被兴建起来。早在15世纪中叶，英国最重要的羊毛呢绒业已延伸到乡村地区，但仍不能完全消化这个国家出产的羊毛。相当一部分羊毛作为原料出口到欧洲各地的市场，在那里，英国的精细羊毛很受欢迎。所以有人说，任何工业都不能像羊毛工业的盛衰那样地能影响整个国家的繁荣。②

据记载，当时分布最广的工业是呢绒加工业和亚麻布纺织业。都铎王朝的许多立法表明，几乎全国到处都在或多或少加工土制呢绒和土纺毛线。生产这些呢绒（阔幅呢绒）最多的郡是索默塞特和威尔特郡，其次则是德文、格诺斯特、沃里克、汉普郡、肯特、埃塞克斯、萨福克以及在北方的约克郡。③

呢绒商是都铎时期英国的工业生活中一个非常重要的人物。④即使呢绒商自己既不出产羊毛也不从羊毛经纪人那里购买羊毛，正常情况下羊毛在经过缩绒机之前就变成了他的财产。

---

① J. U. Nef, "Prices and Industrial Capitalism in France and England, 1540-1640", in E. M. Carus-Wilson, *Essays in Economic History*, London: Edward Arnold (Publishers), 1954, pp. 112-113.
② ［英］约翰·科拉潘：《简明不列颠经济史：从最早时期到一七五〇年》，第346页。
③ ［英］约翰·科拉潘：《简明不列颠经济史：从最早时期到一七五〇年》，第265页。
④ G. D. Ramsay, *The Wiltshire Woollen Industry in the Sixteenth and Seventeenth Centuries*, p. 31.

除了呢绒业之外，英国还有许多其他的工业。15世纪下半叶，皮革工业上升至第二，仅次于服装纺织工业。①

在15、16世纪期间，城镇与乡村之间的关系经历了变化；乡村变成了一个规模巨大的制造业中心，而在乡村织造的呢绒通常是在城镇里精加工、染色与销售的。②当然该时期的工业也并非全都位于乡村。譬如，考文垂和诺威奇1/3的人口在从事服装贸易，每个城镇都有屠夫、制革工人、裁缝、皮匠、蜡烛制造者、啤酒制造者和帽子制造者。一个大型城镇包括多达100个不同种类的行业，中等城镇有60个。当时英国矿产资源的开发也呈繁荣之势。到1500年，矿主已经开发了大多数的煤田。在1490年到1510年间，康沃尔和德文郡一度停滞的锡产量增加了一倍。③

造船业这时也在亨利七世发放补助金的鼓励政策下形成并发展起来，布里斯托尔成为一个熙熙攘攘、不断扩展的造船基地。

自15世纪开始，手工业行会的社会影响力就在下降。在爱德华六世（1547—1553年在位）时代，由于丧失了教会的资金支持，行会的势力急剧衰退。为了摆脱困境，行会想方设法争取王权的支持。但是行会面临的危机日益严重。许多行会变成了垄断组织，失去了其内部成员间互帮互助。行会已不能有效管理生产和控制产品的质量。其对社会公众和工匠们而言，已然变成了一种负担。

在很长时间里，作为英国最古老的一种行当，呢绒业一直固守着传统工艺。绝大部分呢绒业仍维持着家庭作坊的面貌，保有着原始作业装置。但机械发明和传统工艺间的斗争已经开始。1555年，行会通过议会发布了命令禁止使用起绒机。此时，一些工匠师傅为逃避行会对织机和短工数量的严格监督，他们来到乡村。早在15世纪，英国就出现了负责招工的经纪人。这时的政府积极吸收和利用那些外来

---

① ［英］彼得·克拉克：《欧洲城镇史，400—2000年》，宋一然等译，商务印书馆2015年版，第50页。
② George Unwin, *Industrial Organization in the Sixteenth and Seventeenth Century*, p. 89.
③ ［英］克莱顿·罗伯茨等：《英国史》上，潘兴明等译，商务印书馆2013年版，第257—258页。

第一章　16 世纪英国政治经济概况

移民以补充劳动力。首先来到的是来自佛罗伦萨的工匠和法国普罗万（Provins）的布工。一批佛兰德织工移民于 1544 年抵达诺里奇；1561—1570 年，3 万佛兰德新教织工和漂洗工跨海而来，受到热烈欢迎；同样受欢迎的还有那些去伯明翰（Birmingham）碰运气的人，包括来自不同地方的金属加工工人、制玻璃工、五金工、刀工。1585 年，英国接受了逃离被西班牙军队国困下的安特卫普的棉织工。① 这些外国工人为英国工业既提供了充足的劳动力，也带来了新技术。

该时期采矿业和金属加工业的重要性可与棉纺业相提并论。到了伊丽莎白时代，康沃尔半岛的铜矿已经开始开采，铁矿很多。由于不断增长的需求和水利鼓风炉和铁锤的引进使用，伊丽莎白时期英国的铁产量迅速增加，而贵族和乡绅在其中起着决定性作用，英国贵族一直控制着绝大部分铁产量。②

这一时期，国王通过授予专利的手段来鼓励新工业或新工艺的发展。这些专利准许专利权人利用专利修造设备并出售其产品。有实可查的一项工业专卖权于 1552 年被授予制造玻璃。在伊丽莎白治下，此类专利越来越多，一些被授予了外国人，一些被本国企业家所获得。③

早在 1348 年的黑死病之后不久，英国政府就曾介入工资水平的确定。伊丽莎白女王继承了这一传统。在其统治时期，治安法官（Justices of the Peace）的职责之一是维持工资与必需品价格间的平衡。工资不应太高，也不宜太低，与谷物价格严格地挂起钩来。地方官们常常把工资定得不比最低生存标准高多少。④

关于贵族对工业的影响，有人认为，在一直持续到伊丽莎白时代的阶段，贵族在工场的修建、新型动力的引入和寻找资本上居于主导

---

① [法] G. 勒纳尔、G. 乌勒西：《近代欧洲的生活与劳作（从 15—18 世纪）》，第 64—65 页。
② [英] 劳伦斯·斯通：《贵族的危机：1558—1641 年》，第 167 页。
③ Penry Williams, *The Tudor Regime*, Oxford: Clarendon Press, 1979, p.158.
④ [法] G. 勒纳尔、G. 乌勒西：《近代欧洲的生活与劳作（从 15—18 世纪）》，第 78 页。

地位。同时，贵族不但是技术革新的开拓者，而且还位列最大个体生产者之中。①

在 16 世纪英国，一方面，由于工业组织的种种形式正在迅速变化，而且上层中产阶级在财富与地位方面正在快速上升。所以，"全国各地的商人们和热衷于投机的地主们，正急切地将他们的积蓄投资于煤矿、鼓风炉、滚切机、铅矿、大型酿酒厂、制糖厂、制盐炉，以及生产平板玻璃、火药、明矾与肥皂的小工厂"。另一方面，王室则试图治理英格兰的工业命运，正在蚕食各种私人利益正专心开拓的领域。②

16 世纪英国经济正在经历这样一种过程，即努力开发各种资源以容纳日益上升的人口。都铎时期，英国呈现出人口的增长态势。据统计，1485 年亨利七世即位时，英国约有 220 万人口，而到 1600 年，人口达到了 400 万。③ 而首都伦敦的人口则从 1520 年的 60000 增加到 1603 年的 200000。④

人口的过快增长一方面刺激了经济的发展，促进了农业的商业化，推动了贸易；另一方面，势必导致生活供应品供不应求，从而造成物价上涨。

都铎时代曾爆发了席卷西欧的"价格革命"。当时英国的物价也急剧飞升，尤其是在 16 世纪 50—90 年代里更是如此。英国学者霍普金斯和布朗的研究⑤表明：

表 1-1　　16 世纪 50—90 年代英国物价上涨概况表

时间	平均价格指数
1451—1475 年	100
1555 年	270

---

① [英]劳伦斯·斯通：《贵族的危机：1558—1641 年》，第 168 页。
② John U. Nef, *Industry and Government in France and England, 1540 - 1640*, p.150.
③ [英]克莱顿·罗伯茨等：《英国史》上，第 249 页。
④ A. Simpson, *The Wealth of the Gentry, 1540 - 1660*, Cambridge: Cambridge University Press, 1961, p.183
⑤ P. Ramsey, *Tudor Economic Problems*, London: Victor Gollancz Ltd., 1963, p.116.

续表

时间	平均价格指数
1570 年	300
1594 年	381
1595 年	515
1596 年	505
1597 年	685
1598 年	579
1599 年	474
1600 年	459

其中，农产品价格的上涨还要早于工业品价格的上涨。据统计，自1501—1510年到1651—1660年，英国的食品价格上涨了高达6倍，同期工业品的价格也上涨了3倍。①

在16世纪已统一的英国，由于不同的法律、货币、度量衡系统造成的混乱渐趋消失，贸易往来变得日益容易了。②

关于16世纪英国商业的状况，有学者这样评论："商业在整个时期都是最重要的，但在新时代的刺激下，人们的生活和对声望的追求都受到它的深刻影响。道路在和平的国家里变得安全了，旅行的商人不再提心吊胆。人们从对战争的恐惧和准备战争的负担中解脱出来，专注于和平时期的生产。没有了连绵不绝的战争的摧残，人口迅速增加了，开始提出对更高生活水平的要求。"③

可以说，这一时期的英国社会生活日益商业化，之所以出现这种状况，有人认为，所谓英国生活的商业化是由中世纪君主政体的强大力量以及绅士（具有骑士资格的人）和商人之间没有严格界限这两

---

① R. B. Outhwaite, *Inflation in Tudor and Early Stuart England*, London: Macmillan & Co. Ltd., 1969, p. 10.
② [法] G. 勒纳尔、G. 乌勒西：《近代欧洲的生活与劳作（从15—18世纪）》，第6页。
③ [法] G. 勒纳尔、G. 乌勒西：《近代欧洲的生活与劳作（从15—18世纪）》，第7页。

种情况所促成的。由于君主政体力量强大,任何公爵领地或郡或自由城市无法奉行它们自己的政策,以妨碍全国商业的流通。宗教界和世俗界的大领主也出卖他们保有地上的产品。在15世纪时,许多骑士都和商业有密切的关系。①

自16世纪开始,英国最重要的商业形式是外贸,包括海洋贸易。关于该时期海外贸易在英国经济中的地位,有学者认为:"尽管英国的海外贸易还不到沿海和内陆贸易的1/10,但是它对经济的影响却非常大。"②

但回到中世纪时代,英国人是一个习惯于农耕或畜牧的、尚武的、对海洋不感兴趣的民族,实际上"几乎完全不是一个海洋国家"③。当时,外国商人和船主长期掌握着英国相当一部分的海外贸易和海上运输。甚至于在15世纪末以前,英国商业资本大都控制在外商,尤其是汉萨同盟商人手中。

所谓的汉萨同盟,是指13—15世纪由北德意志城邦和商业组织形成的一种商业集团。14—15世纪,汉萨同盟进入全盛时期,加盟城市多达近百个,曾垄断了所加盟城市与英国、佛兰德等地区之间的贸易,以至于北海成为它的一个内湖而称为"德意志海"。汉萨同盟当时在伦敦等地建立了拥有码头、仓库和其他设施的商人居留地斯蒂尔雅德(steelyard),成为享有自治特权的"城中之城"。

汉萨同盟对英国商业资本的控制,首先是因为政府采取了保护和鼓励外国商人的政策。早在1303年,爱德华一世(1272—1307年在位)颁布的《商业特许状》(Carta Mercatoria),在贸易、居住、通行税方面给予外国商人许多便利。1335年爱德华三世也宣布法令,规定所有外国商人将同英国人一样,可以不受干扰地、自由地向他们所乐于出售的任何人出售粮食和物品,他们可以予以拒绝与此相抵触的特许状或惯例。④ 与此同时,政府却对本国商人的海外活动加以各种

---

① [英]约翰·科拉潘:《简明不列颠经济史:从最早时期到一七五〇年》,第268页。
② [英]克莱顿·罗伯茨等:《英国史》上,第259页。
③ J. R. Seeley, *The Expansion of England*, Boston: Roberts Brothers, 1909, pp. 81, 87.
④ W. Cunningham, *The Growth of English Industry and Commerce*, Cambridge: Cambridge University Press, 1915, Vol. 1, p. 292.

第一章　16 世纪英国政治经济概况

限制。例如，1353 年爱德华三世命令将羊毛出口的贸易中心城镇市场固定在国内若干城市时，禁止本国商人自行将羊毛输往国外，只准在上述城市出售；并以种种优惠条件吸引外国商人前来贸易中心城镇市场交易。这种政策的执行就势必有利于外国商人在英国商业利益的发展而损害本国商人的利益，因此，英国商人当时在主要进出口商品的贸易和运输中时常处于不利的地位。

其次也与其他客观因素有关。第一，是地理方面的。由于英国偏处中世纪商路末端，交通颇为不便，而与之相反，地处莱茵河三角洲的德意志城市及意大利北部城市，由于贸易交通便利，拥有传统贸易的优势地位。第二，意、德、法等国的商人们训练有素，组织良好，拥有较为雄厚的财力，而从事对外贸易活动较晚的英国人，则相形见绌而逊色多了。

这些因素叠加在一起就导致了英国人的外贸为他人控制局面的出现。而英国的对外贸易当时主要操纵在汉萨同盟（Hanseatic league）商人和意大利商人这两大商人集团手中。

汉萨同盟在当时是英国与北欧开展贸易活动的最大障碍。据记载："自 1474 年起，汉萨同盟的德意志商人［从他们位于泰晤士大街的钢院（Steelyard）的总部出发进行贸易］，已经享有着高于其他商人（本国的与外国的）的优惠待遇。他们为输入品和输出品支付较低的海关税率并可以与伦敦城内任何其他人交易；而作为回应，他们对汉萨城镇里的英国商人则给予甚少。"[1]

而意大利商人则主要以威尼斯商人和热那亚商人为代表，他们也长期垄断着英国与地中海之间的贸易，尤其是羊毛贸易。

但随着英国国力的增强，这一局面逐渐改观了。其原因在于：

首先，在议会中拥有话语权不断增强的海运游说集团日益不满，于是其推动议会通过了两项航海条例。1485 年的航海条例禁止外国船只进口来自法国加斯科涅的葡萄酒。1489 年的航海条例，既禁止使用外国船只进口源自图卢兹的靛蓝，还要求英国的出口尽可能使用

---

[1]　Penry Williams, *The Tudor Regime*, p. 167.

英国的船只来运输。①

其次，王室对外商的态度变化也起着重要作用，"国王的决心是关键性的"②。16世纪50年代初，当时英国的贸易遭遇了严重危机，导致王室财政紧张。迫切需要赊账的英国国王被迫牺牲汉萨同盟的特权以换取商人冒险家公司的一笔贷款。1552年，汉萨商人们的种种专属权利被取消。1560年后，尽管他们继续同英国做生意，但规模却非常有限，并且其他外国商人的影响也伴随着他们减小了。1569年，伦敦置汉萨同盟的极力反对于不顾，毅然在汉堡（汉萨同盟的重要据点之一）设立了贸易公司。伊丽莎白女王（1558—1603年在位）时期，强大的汉萨同盟失去了许多特权，放弃了在英国首都经营多年的商业区（Steelyard）。驶往北冰洋的捕鲸船不断增加；英国商人也不再坐等威尼斯人帮着运货到意大利和利凡特，而是靠着来自马赛的领航员的指引，亲自在地中海的各港口往返穿梭。③

通过打击和削弱上述外商势力，在16世纪后半期，英国的对外贸易几乎完全被若干大型规约官方公司经营地：贸易中心城镇批发商们出口羊毛，商人冒险家们与尼德兰和北德意志交易除了羊毛以外的各类商品，巴巴利公司与摩洛哥，西班牙公司与伊比利亚半岛，黎凡特公司与东地中海沿岸，东陆公司与波罗的海地区，莫斯科公司与俄国，以及东印度公司与印度和东南亚做生意。④

在出口方面最重要的是"贸易中心城镇公司"（Company of the Staple），而其又与贸易中心城镇（Staple）有密切关系。在自英国中世纪晚期起的羊毛贸易中，贸易中心城镇（Staple）占有重要的地位，如著名经济史家利普森就曾说："英国贸易中心城镇的历史在很大程度上就是14和15世纪英国商业的历史。"⑤ 所谓的贸易中心城镇就是

---

① ［英］克莱顿·罗伯茨等：《英国史》上，第259—260页。
② Penry Williams, *The Tudor Regime*, p. 167.
③ ［法］G. 勒纳尔、G. 乌勒西：《近代欧洲的生活与劳作（从15—18世纪）》，第54页。
④ Penry Williams, *The Tudor Regime*, p. 146.
⑤ E. Lipson, *The Economic History of England*, Vol. 1, London: Adam and Charles Black, 1942, p. 550.

第一章 16世纪英国政治经济概况

商人们存储和交易他们商品的一种固定的市场。当时建立这种贸易中心城镇的目的主要是为了便于国家控制商业活动和征收关税。最早的贸易中心城镇诞生于13世纪。《1353年贸易中心城镇法》（The Statute of the Staple）进一步巩固了这种制度。

关于贸易中心城镇公司的作用，有人认为："斯泰普公司组织对英国商人及国王都很重要。在商人方面，引申应用国内商人行会的营业管制精神，经由这个组织，限制参加交易商人数及学徒人数，更限制个别商人的交易量，执行了公平营业惯例。在国王方面，透过这个组织，制订官价及管理规则，阻止逃税并收税，甚至承办羊毛贷款。更重要的是，将所收到的外国金银货币改铸为英国货币，为当时英国相对健全货币制度提供一个坚实的基础。"[①]

在进口方面首屈一指的则是商人冒险家公司（Merchant Adventurers）。据记载："那些随身携带呢绒运销国外，或者派遣他们的代理人在欧洲大陆城市中销售呢绒的英格兰人，通常都称为'冒险商'，而他们所组成的团体则被称为'冒险商公司'。这类商人所经营的业务从一开始就带有'冒险'的特点。13世纪以后，这个名称被用来指那些仍旧保有这种特点的人。"[②] 早在亨利七世时期就曾给予商业冒险家公司以正式保护，通过授予商人们一些内容广泛的权利，以吸引他们投身海运。到伊丽莎白统治时期创办了多家垄断公司，女王借助它们来规范海外贸易活动，协助政府征收关税，降低海外贸易的风险。16世纪，英国的对外贸易开始了向东方的探索，由伦敦商人为主的商人冒险家公司充当了这一探索活动的先锋。

此外，成立于伊丽莎白一世时代的俄罗斯公司（又称莫斯科公司），则是由伦敦商人冒险家公司发展而来的最早的股份有限公司。

在16世纪，法国是英国最重要的外贸对象国。英法这两个当时西欧主要国家之间的外贸关系与它们之间的外交关系有着密切联系。凡是两国外交关系较为平和的时期，两国间的外贸交往就基本上保持

---

① 林钟雄：《欧洲经济发展史》，三民书局1965年版，第126页。
② ［英］约翰·科拉潘：《简明不列颠经济史：从最早时期到一七五〇年》，第232页。

正常；但在两国关系紧张甚至发生战争等时期，两者间的外贸往来则频频处于受到严格限制或被中断的地步。

除此以外，长期以来，英国与其他欧洲国家的商业联系也日益密切。1496年，英国与佛兰德签订了首项正式性的商业条约。1499年，根据丹麦与英国所签条约，前者向后者船只开放冰岛和波罗的海海域。1533年，英国与俄罗斯建立了直接贸易关系。1579年，英国正式获得与奥斯曼土耳其帝国直接通商的权利。同时，英国与意大利的贸易交往也发展迅猛。

在中古初期，英国的主要出口品为羊毛、羊皮、皮革、锡、铅及谷物。到16世纪早期，布和天然羊毛占出口贸易的90%，剩余的10%包括煤、锡、铅、谷物和鱼。[①] 该时期英国制造业出口的增长最为显著与持久，尤其以呢绒为代表。

关于进口贸易，英国史家阿萨·勃里格斯在其著作中曾描述到："对于英国来说，最大的收益并非来自出口，而是来自进口：俄国的蜂蜡、动物脂肪和毛皮，波罗的海的树脂和焦油（而且在1595年还有相当数量的谷物），法国的酒，地中海的水果，东方的丝绸、香料和香水，最初来自摩洛哥的糖，以及自1585年起来自弗吉尼亚的新作物烟草。这些商品项目中有许多使都铎王朝的消费者感到兴奋不已，与此同时，其规模之大和对贸易所可能产生的影响也使当时一些人感到烦恼。一位议会议员在1593年这样说道：'我们所购入的外国商品比我们卖出的商品要多'。"[②]

这一时期受重商主义政策影响，英国对外贸易的性质和商业立法发生了根本性转变。直到15世纪，英国一直大量出口锡、羊毛、谷物等原材料。从16世纪开始，英国不再允许出口羊毛，尤其是出口到佛兰德。在超过250年的时间里，无论哪个政府上台都不顾养羊业主的反对，严格贯彻这一禁令。[③] 在都铎王朝统治的整整一个世纪中，

---

　　① [美] 克莱顿·罗伯茨等：《英国史》上，第259页。
　　② [英] 阿萨·勃里格斯：《英国社会史》，第193—194页。
　　③ [法] G.勒纳尔、G.乌勒西：《近代欧洲的生活与劳作（从15—18世纪）》，第51页。

英国羊毛的输出逐步减少，贸易中心城镇的羊毛商也随之衰落，沦为羊毛批发商而不再是羊毛出口商了。

关于谷物出口，在亨利七世和亨利八世时代，需要政府特别许可。而伊丽莎白女王上台后则一改先例，允许任何人在付税后自由出口谷物。当时英格兰郡与郡之间没有征收通行税的关卡与疆界。羊毛、谷物以及其他食品在内地贸易一般不纳税。

在国内贸易方面，虽然不及外贸那样发展之迅速，但16世纪英国国内贸易的进步同样引人注目。这主要基于不同地区居民间贸易额的巨大增长。关于当时沿岸和内陆贸易的状况，有人如是描述："尽管在海外贸易中获得了大量财富，但是沿岸和内陆贸易却可能会比海外贸易重要十倍。英国的水手们正忙于从纽卡斯尔向南运输煤，从雅茅斯向北运输谷物，在德文郡沿岸运输石头和板岩，将木头从埃塞克斯运往伦敦，所有的货物都是用十吨的小船或者更多吨位的船运输。经过英国的河流贸易延伸到了内陆。"①

亨利七世统治时期，准许每年举办大型的市集和每周举行小型的集市贸易，以促进国内贸易的发展。到16世纪早期，英国有352个主要的市集，其中最大的市集是东部的斯陶尔布里奇市集。市集持续5个星期，从8月24日延续到9月29日，在市集上可以购买到亚麻纱、麻布、丝、面包、淡啤酒、葡萄酒、鱼、盐、干草、谷物、树脂、柏油、煤以及许多其他的日用品。每周一次的集市，在普通人的生活中起着非常重要的作用。英国有760个集镇，每个集镇每周都有权举办一次集市。②

在伊丽莎白时代，英国商人们已经开始利用借来的钱做生意了。虽然天主教会谴责高利贷者，马丁·路德也不赞成，但加尔文却宣称借款取息是合法的。而且，第一批储蓄银行已在伦敦开业。女王表态更喜欢本国银行，为她的臣民做了榜样。③ 早在1566年，托马斯·格

---

① ［美］克莱顿·罗伯茨等：《英国史》上，第260页。
② ［英］克莱顿·罗伯茨等：《英国史》上，第260—261页。
③ ［法］G. 勒纳尔、G. 乌勒西：《近代欧洲的生活与劳作（从15—18世纪）》，第60页。

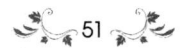

雷欣爵士（Thomas Gresham）就已建立了证券交易所。

自中世纪久已存在的城市行会延续到了16世纪。这种组织的功能主要在于保护商业垄断权以及对商业的控制。公元1500年以后，在伦敦的组织机构中，最后出现了12个大商业公会，它们控制了伦敦中心商业区的政治。其中居于首要地位的是布商、杂货商、绸缎商、鱼商、服饰用品商、铁器商、葡萄酒商的商业公会。①

在伊丽莎白时代，一个新的中产阶级正在成长和崛起，其成员包括那些参与海外贸易的商人、大商行主、特许权公司的股票持有者、大船主、伦敦的银行家和金融家。他们的社会地位和政治地位越来越重要。

同时，贵族对16世纪工商业和经济的贡献也不容忽视。劳伦斯·斯通就认为，除了他们的聪明才智和首创精神外，贵族通过将其未开发的资本资产加以开发或作为筹集资本的担保，以及影响宫廷而获得许可状和专营权两个方面，对工商业事业做出了贡献。②

16世纪常被称之为重商主义时代。关于这一时期工业、商业间的关系，有人认为："就其重要性和出现时间的顺序而言，首先创建的是商业企业。它曾一直与工业混在一起，如今不仅分开了，商业还变成了领头羊。接着，通过市场的扩展，它促使资本作另一种形式的第二次集中，并带来了工业的转型。"③

---

① [英]约翰·科拉潘：《简明不列颠经济史：从最早时期到一七五〇年》，第202页。
② [英]劳伦斯·斯通：《贵族的危机：1558—1641年》，第162页。
③ [法] G. 勒纳尔、G. 乌勒西：《近代欧洲的生活与劳作（从15—18世纪）》，第300页。

第二章

工商业领域国家治理的强化

第一节 国家治理强化与相关立法的上升

在都铎时期，对国家贸易的管制权传统上属于国王的特权范围。

首先，由于国王日益集中其在制定国家大政方针、实施行政管理方面的权力，尤其是在亨利八世宗教改革之后，确立了一元化的国家政治结构，国王的权威遍布于国内社会经济生活各个领域，所以都铎王权较之前朝已大为加强，以至于"都铎君主们在这一时期逐渐承担起了一种日益重要的经济和行政方面的作用，以及一种新型的宪政领域内的地位"[1]。这就为国王行使贸易管制权提供了政治基础。

其次，受重商主义政策的影响，都铎政府对国家的工商业生活要施加长期而频繁的治理和管制，而法律无疑是最为有力的手段了，因此大量的议会法令、王室公告和条例等被制定和实施。可以说，都铎时期是英国立法历史上最为活跃的时期之一，以至于有人用"像咆哮的尼亚加拉大瀑布"来形容都铎立法数量的迅速增加。据不完全统计，这一时期统共制定了1900多部议会法规，超越了此前三个世纪

---

[1] W. S. Holdsworth, *A History of Law*, Vol. 4, London: Methuen & Co. Ltd., 1924, p. 314.

议会立法（1245 部）的总和。①

最后，16 世纪 30 年代的两项重要议会法案为国王以王室公告来管理经济事务提供了法律保障。1534 年，亨利八世时期的一项议会法案从法律上确认了国王对贸易的管制权。国王不仅终身拥有以王室公告监控国内外贸易的权力，并且有权撤废或起用自议会设置以来全部关于进出口商品的法案。② 1539 年颁布的《公告法》更加巩固了国王行使贸易管制权的法律基础。因为国王发布的公告拥有法律效力，这就使政府的行政手段赢得了法律强制力。

与此同时，由中世纪的国王御用机构——咨议院演变而来的枢密院等新兴的国家机构也增强了都铎国家机器的力量和效能，从而使国家对工商业进行调控成为可能。

这样，借助议会法令，以及作为国王立法权的象征，并以其快速和高效的特点充当了议会法令之外治理工商业活动的另一种重要工具的王室公告，都铎政府对国家的经济事务进行了积极的治理。它们大到宏观层面的对国内外贸易活动的管理，小到微观层面的对雇主与雇工之间权利与义务的规定等等。通过议会法令与王室公告相配合，共同调控和规制都铎工商业经济，促进了英国经济的有序发展。

在都铎时期，经济和社会方面的议会法令与王室公告总体上呈现上升趋势。

经济社会性立法在议会立法中占相当大的比重。据有人统计，在亨利八世当政后期的议会立法中，涉及社会经济事务的法令达到总数的 75%。③ 在《王国法令集》中，关于 16 世纪都铎社会经济事务的议会法令，其中亨利八世时期 15 项，爱德华六世时期 9 项，玛丽一世时期 3 项，伊丽莎白一世时期 30 项。具体法令及其名称如下：

---

① 程汉大主编：《英国法制史》，第 265 页。
② J. R. Tanner, *Tudor Constitutional Documents, A. D. 1485—1603 with an Historical Commentary*, Cambridge: Cambridge University Press, 1930, p. 600.
③ J. Loach, *Parliaments under the Tudors*, Oxford: Clarendon Press, 1991, p. 86.

《王国法令集》中社会经济相关立法

亨利八世时期：

1. 第 3 年法令第 6 章　《关于禁止欺诈性制作羊毛服装的法令》
2. 第 6 年法令第 9 章　《关于避免欺诈性制作羊毛服装的法令》
3. 第 21 年法令第 12 章　《关于避免欺诈性制造羊毛服装的法令》
4. 第 23 年法令第 17 章　《关于诚实地缠绕毛线的法令》
5. 第 24 年法令第 2 章　《关于诚实地为羊毛服装染色的法令》
6. 第 27 年法令第 12 章　《关于诚实地制作羊毛服装之法令》
7. 第 33 年法令第 18 章　《关于诚实地制造克尔塞呢之法令》
8. 第 35 年法令第 6 章　《关于诚实制造平纳呢之法令》
9. 第 34 及第 35 年法令第 10 章　《关于在约克诚实制造床罩的法令》
10. 第 34 及第 35 年法令第 11 章　《关于在威尔士诚实制造生菜和羊毛之法令》
11. 第 24 年法令第 3 章　《关于按照重量售卖肉的法令》
12. 第 25 年法令第 4 章　《关于禁止抢先批购和囤积鱼的法令》
13. 第 27 年法令第 10 章　《关于用益权和遗嘱的法令》
14. 第 37 年法令第 15 章　《关于禁止囤积羊毛的法令》

爱德华六世时期：

1. 第 2 及第 3 年法令第 9 章　《关于诚实地鞣制皮革的法令》
2. 第 2 及第 3 年法令第 11 章　《关于诚实地鞣制皮革之法令》
3. 第 1 年法令第 3 章　《关于惩治流浪汉并救济贫弱者的法令》
4. 第 2 及第 3 年法令第 19 章　《关于戒食肉类之法令》
5. 第 2 及第 3 年法令第 27 章　《关于禁止伪欺性锻造铁扦之法令》
6. 第 3 及第 4 年法令第 2 章　《关于诚实地制作羊毛服装之法令》
7. 第 5 及第 6 年法令第 14 章　《关于禁止囤积居奇商、抢先批购商及居中转售商之法令》

8. 第5及第6年法令第15章　《关于禁止囤积鞣制皮革之法令》

9. 第5及第6年法令第20章　《禁止高利贷之法令》

玛丽一世时期：

1. 第1及第2年法令第11章
《关于惩罚目前王国境内带入外国伪币之法令》

2. 第2及第3年法令第5章　《关于济贫之法令》

3. 第4及第5年法令第1章　《关于确认若干专利授权状之法令》

伊丽莎白一世时期：

1. 第1年法令第1章　《关于将皮革油脂或原兽皮作为商品输出王国视同重罪之法令》

2. 第1年法令第15章　《关于木材不得砍伐用作铸铁的燃料之法令》

3. 第5年法令第3章　《关于济贫之法令》

4. 第5年法令第20章　《关于惩罚自称为埃及人的流浪汉之法令》

5. 第8年法令第10章　《关于制弓者及弓之价格之法令》

6. 第8年法令第11章　《关于诚实地制作礼帽及便帽之法令》

7. 第43年法令第10章　《关于诚实地制作和加工羊毛服装之法令》

8. 第8年法令第12章　《关于兰开夏郡之毛毯及羊毛起绒粗呢和地毯之长宽重量之法令》

9. 第14年法令第3章　《关于禁止目前王国境内伪铸和伪造外国货币之法令》

10. 第18年法令第1章　《关于禁止使王国境内流通的女王陛下之货币及其他合法货币贬值和损害之法令》

11. 第18年法令第3章　《关于安置穷人工作避免无所事事之法令》

12. 第18年法令第9章　《关于禁止将皮脂及原毛皮自王国输出之法令》

13. 第 18 年法令第 15 章　《关于改革金匠中诸种弊端之法令》

14. 第 23 年法令第 8 章　《关于诚实地熔铸制造及加工蜡之法令》

15. 第 23 年法令第 9 章　《关于废除服装染色所用之若干欺诈性材料之法令》

16. 第 27 年法令第 16 章　《关于工匠使用皮革割屑之法令》

17. 第 39 年法令第 20 章　《关于禁止北部服装中欺诈性扩宽及染色之法令》

18. 第 31 年法令第 5 章　《关于告密者之法令》

19. 第 31 年法令第 8 章　《关于诚实地测量来自海外的用于酿酒商报价和销售浓啤酒及一般啤酒之容器之法令》

20. 第 35 年法令第 4 章　《关于救济军人之法令》

21. 第 35 年法令第 10 章　《关于革除服装中诸弊端之法令》

22. 第 39 年法令第 3 章　《关于济贫之法令》

23. 第 39 年法令第 4 章　《关于惩治无赖游民及强壮之乞丐之法令》

24. 第 39 年法令第 5 章　《关于为贫者建立医院或住所及工作场所之法令》

25. 第 39 年法令第 6 章　《关于革除涉及因慈善性用益所授予的土地之信托中的欺诈和中止行为之法令》

26. 第 43 年法令第 1 章　《关于确认女王陛下的若干赐予以及女王授予他人的专利授权状之法令》

27. 第 43 年法令第 2 章　《关于济贫之法令》

28. 第 43 年法令第 3 章　《关于给予士兵及水手急需之救济之法令》

29. 第 43 年法令第 4 章　《关于免征用于慈善性用益之土地上的商品及股份之法令》

30. 第 43 年法令第 12 章　《关于商人间的保险事宜之法令》

这些法令或关乎全国性社会经济问题，或仅涉及个别地区或行业利益，可谓不分巨细，无微不至，体现出国家高度重视社会经济事务的导向与态度。其中，比较亨利八世时期与伊丽莎白时期所颁布议会法令的数量及频率，呈现出明显的上升态势。类似情形在下面关于都铎时期王室公告的相关统计数据表格中反映得更为明显与直观。

表 2-1　　　　　都铎诸国王所颁布王室公告概况表

时期	国王个人及行政	宗教	经济	社会	对外关系	军事	总数
亨利七世 （1485—1509 年在位）	14	0	23	10	13	7	67
亨利八世 （1509—1547 年在位）	34	11	115	54	19	17	250
爱德华六世 （1547—1553 年在位）	29	11	61	22	5	13	141
玛丽一世 （1553—1558 年在位）	28	6	13	11	5	1	64
伊丽莎白一世 （1558—1603 年在位）	58	64	132	67	56	5	382
总计	163	92	344	164	98	43	904

资料来源：该表参考了《都铎国王公告》一书第 56 页表格，并根据该书补充了玛丽一世和伊丽莎白一世时期王室公告的情况。

从表 2-1 可知，全部王室公告约 56% 是关于经济社会问题的，其中经济方面的王室公告占全部王室公告的 38%，占经济社会类王室公告的 68%，尤其是亨利八世、爱德华六世、伊丽莎白一世执政时期的经济类王室公告分别占各自时期全部王室公告的 46%、43%、35% 之多。这种情况的出现，既与都铎时期经济社会发展的特点有直接关系，也与其他一些因素有着密切联系。

第二节　工商业立法上升之因

首先，16 世纪对英国而言是一个大变革时代，人口激增、物价飞涨、宗教改革、圈地运动等重大事件皆在该时期发生，它们造成了

第二章　工商业领域国家治理的强化

大量严峻而复杂的社会经济问题，急需政府利用国家强力予以控制，否则会危及王朝的统治。这是工商业立法产生和发挥作用的重要历史背景。

其次，都铎时期社会经济方面的立法，特别是工商业方面立法的上升，首先是出于维护和延续都铎专制统治秩序的客观需要；同时，也是工商业阶级影响的上升、工商业税收在都铎政府财政收入格局中所占的比重日益增大趋势的必然结果；此外，还与都铎国家注重以法律手段来强化政府对经济生活的治理的重商主义政策导向密切相关。最后，也是实现由传统的王国国家向财政—军事国家的转型以应对来自当时的欧洲强邻的外部压力而谋求自强求富的需要。下面，笔者将对这些因素分别进行论述。

一　维护统治秩序的需要

都铎王朝时期经济变革频仍，社会剧烈动荡，严重危及王国统治秩序的稳定，极为需要凭借国家法律机器加以控制，这是当时大量工商业立法产生的历史前提。

首先，都铎王朝时期，英国的面貌因为16世纪的人口激增和价格飞涨两大问题深受影响。

该时期英国人口上升迅猛。其原因在于，较之前朝，农业生产力有了显著提高，粮食收成和农民收入也有所增加，民众的生活水平得以改善。同时，由于该世纪中农业灾荒、大病瘟疫明显减少，民众的死亡率大为降低；而当时的人口生育率也显著上升，因为人们的婚育观念发生了变化，不仅独身者减少，而且婚龄下降。有人曾如是评说当时人口的增长情况，到伊丽莎白一世时期"英格兰已人满为患"[1]。以伦敦为例，其人口从1559年时的90000人竟增至1605年的224000人。[2]

而人口的过快增长必然导致物价的上升，食物价格更是首当其

---

[1] J. D. Chambers, *Population, Economy and Society in Pre-Industrial England*, London: Oxford University Press, 1972, p. 27.

[2] Ken Powell, & Chris Cook, *English Historical Facts 1485 – 1603*, London: Macmillan, 1977, p. 198.

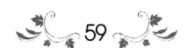

冲。据统计，谷价在整个16世纪期间总共上涨了300%之多。① 因为欧洲其他国家也在同一时期出现了类似的物价飞涨现象，所以被学界称为"价格革命"。由于物价飞涨，导致市场上商人们的投机囤积行为猖獗，从而影响到社会经济秩序的稳定和百姓的生活。

英国广大工人的生活状况也因人口过快上升而大受影响。在整个16世纪里，城市工人的实际工资下降了几乎50%。② 这主要是由于日益庞大的人口涌入各个工业部门和劳动力市场；再加上劳动力市场需求变动剧烈，大批工人因而失业，他们境况艰难。

同时，宗教改革、解散修道院、圈地运动等重大事件也导致大批无地农民等沦为乞丐、流民，当时无业和无地人口的规模之大很难准确做出估计，从而产生了英国历史上严重的流民问题。

此外，亨利八世和爱德华六世当政时期的货币重铸政策也后果严重，既导致了货币贬值，国家财富缩减，国库空虚，也使得民众的财富规模明显缩水。

上述一系列问题和危机严重威胁到都铎王朝的社会统治秩序。形势迫切需要利用国家机器对国内外贸易等领域实施强力管制，以维护正常稳定的社会经济秩序，维持工商业的发展。因此，"到都铎时期，所有社会阶层都一致认为，为了发展工业和促进商业，政府的行为是必需的"③。尤其是"在伊丽莎白统治期间，由于面临着反复出现的经济危机，且面临着遭受外国攻击和民众发泄不满这些迫切得多的威胁，政府将其行政控制持续延伸到国民经济的几乎所有部门"。特别是在外贸领域，"主导伊丽莎白时期外贸之模式的一个强大因素就是政府治理无孔不入的影响力"④。

在这种背景下，在经济领域，大量工商业方面的立法被都铎君主

---

① Penry Williams, *The Tudor Regime*, p. 140.
② Penry Williams, *The Tudor Regime*, p. 141.
③ W. Cunningham, *The Growth of English Industry and Commerce*, Vol. 2, Cambridge: Cambridge University Press, 1921, p. 18.
④ Lawrence Stone, "Elizabethan Oversea Trade", *Economic History Review*, 2nd ser., Vol. 2, 1949, pp. 31, 43.

第二章 工商业领域国家治理的强化

们频频颁行,并对工商业经济生活产生了一定影响。

二 工商业阶级影响的增大

都铎时期的工商业经济,尤其是对外贸易较以前都取得了一定的发展,这就使得拥有大量财富的商人日益增多。据估计,从1415—1625年,英国商人的数量增加了5倍。① 而且他们的财富规模之大也令时人瞠目。以他们的投资能力为例,一个日益壮大的商业资本家阶级由于商业发展、国家繁荣而涌现,他们的投资能力不断提高,从15世纪初商人冒险家公司初建时,投资于同一笔买卖,单个商人的投资至多50镑,至17世纪初,资本少则5000镑,多则20000镑。② 随着商人阶级经济实力的增长,他们在国家经济和政治生活中的影响也逐步增大了。

在经济生活中,财产累万的商人遍布各地,成为国家经济社会的主要财政支柱之一。首先,商人是国王最大的直接贷款人。例如,1485年亨利七世登位之初,伦敦市就为其提供了2000镑的贷款。1487—1490年,伦敦商人又先后6次为他贷款,总数高达14000余镑,③ 其中最为积极的是由国王特许从事对外贸易的商人冒险家公司等。其次,商人阶层也是国王重要的直接税——世俗补助金(subsidy)的主要税源之一。例如,在16世纪20年代的补助金征收中,在重要的纺织工业城市诺里季,杂货商詹尼斯交付了该城总税额的1/4;埃塞克特的克鲁奇家族交付了1/10;考文垂的三位巨贾即杂货商马勒、呢绒商内瑟密尔和羊毛商普斯福,一共交付了1/4;莱斯特的威廉兄弟,交付了1/3。④ 同时,根据英国的封建传统,历来国王征收直接税必须经议会同意,而在都铎时期,在商人们的大力支持下,议

---

① A. L. Rowse, *The England of Elizabeth: A Structure of Society*, London: Macmillan & Co. Ltd., 1951, p. 115.
② J. E. Gillespie, *The Influence of Oversea Expansion on England to 1700*, New York: Columbia University Press, 1974, p. 160.
③ W. G. Hoskins, *Provincial England. Essays in Social and Economic History*, London: Macmillan and Co. Ltd., 1963, p. 73.
④ W. G. Hoskins, *Provinicial England. Essays in Social and economic History*, p. 73.

会一般都会批准国王对补助金的要求，在1559年和1560年中，伊丽莎白女王一共征收了大约19万镑的补助金，远远高于同期得自王室领地的收入。①

都铎时期商人阶层的政治影响力的上升，主要体现在他们在议会中担任议员人数的增加和在有利于他们的经济立法的制订中发言权的扩大上。

英国自宗教改革之后，确立了国王、议会上院、议会下院"三位一体"式的政体，国家根据"国王在议会"（king in the parliament）的原则实行统治。到都铎时期，立法成为议会的主要职能。② 表2-2为著名议会史专家哈斯勒对伊丽莎白女王时期议员成分③的统计情况：

表2-2　　　　　　伊丽莎白时期议员成分统计表

议员总数	议员的家庭出身	议员本人成分
2603人	乡绅、骑士或缙绅：57%	乡绅：45%
	商人：17%	律师：17%（其中47%为乡绅出身，19%为商人出身）
	不明：15%	工商业者：16%
	贵族：6%	8%：政府官员
	律师：2%	6%：显贵
	自耕农以下阶层：2%	
	无封号的显要大臣：1%	

由此可知，就家庭出身来看，商人的比例仅次于乡绅、骑士或缙绅居于第二位；就本人成分来说，商人所占比例低于乡绅、律师，居于第三位。整合以上数据，商人在议会中的总数应介于15%—17%之间。

---

① F. C. Dietz, *English Government Finance 1485 – 1558*, London：Frank Cass & Co. Ltd., 1964, p. 52.

② 刘新成：《英国都铎王朝议会研究》，第148、154页。

③ P. W. Hasler, *The House of Commons, 1558 – 1603*, Vol. 1, London：Secker & Warburg, 1981, pp. 12 – 13, 20.

第二章　工商业领域国家治理的强化

议会中商人议员的增多，明显增强了他们在议案提起过程中的作用。

都铎王朝建立后，英国议会的立法程序由先前的请愿制改为提案制，一切提案务须议会两院共同通过，方可呈报国王批准变成法律，原来不具有立法地位的议会下院从此获得了立法者的地位，其对立法的影响增大了，这就相应地使下院中的商人议员们得到了更大的发言权。

以来自伦敦的商人议员为例，在每届议会上，他们都积极提交关系和维护自身利益的议案。伦敦商人的提案主要分为三类。第一类旨在维护本市工商业的利益和发展，具体内容如：排斥外来竞争者，争取经营权利；既限制某些商品进口，又禁止原材料及半成品出口。各同业公会负责提出此类提案，它们一般皆能获得市政府的支持。第二类属于伦敦工商业者争取经商自由的议案。第三类议案为伦敦市各同业公会提出，以求争夺市场、原料，实现垄断经营。这些议案的共同目的是最大限度地垄断伦敦市的工商业，排斥其他地区的竞争，从而维护伦敦市及其商人们的利益。

在都铎时期，商人们除了亲自参加议会之外，还通过一些非正常渠道对议员们施加影响，如游说、行贿等手段收买其他议员，从而对议会的影响日益增大，成为都铎政治舞台上正在崛起的一支强大的新兴政治力量。

从都铎工商业立法的制订和产生过程来看，随着当时工商业阶层政治经济实力的上升，他们不仅逐渐对工商业方面议会法案的形成施加了影响，同时他们也通过各种途径对工商业立法的制订过程产生过或间接或直接，或大或小的作用，以期最终使立法的制订有利于本集团或地区，从而最大限度地维护自己的利益。

因此，关于王室公告的形成过程，有人曾说："现有的证据都表明，数目惊人的王室公告是起因于各个社会团体而非中央政府的创议。"[①] 尤其是伦敦市各商人公会在这方面更是"神通广大"，影响突出。

---

① R. W. Heinze, *The Proclamations of the Tudor Kings*, Cambridge: Cambridge University Press, 1976, p.6.

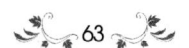

有形之手：16世纪英国工商业领域的国家治理

16世纪，伦敦逐步形成了12个大型同业公会，属于它们管辖的有48个手工业同业联合会。它们好多都有经济特权。它们实际上左右了伦敦的政治生活，领导和控制着市政机关。许多伦敦市长皆系这些大型同业公会的成员。一百年来，经过每年一次的选举，先后有24位绸缎商、丝绒商，17位呢绒商，14位食品杂货商出任过市长，其他每个同业公会也都有六七个人当选过。此外，一般也从12个大型同业公会的成员中选出伦敦的26名市参议员，以及市政参事和众议院议员。[①] 由此可见这种同业公会的影响之大。

一般来说，伦敦工商业者在王室公告制定过程中所进行的一切活动都有一个基本目标，即最大限度地对本市工商业加以控制和保护，排除一切外来竞争，最大限度地将就业和赚钱机会留给本市。因此，他们向国王或枢密院成员游说或请愿的主要内容总是反对外来商人插足，反对来自国家的限制和干涉，反对出口原材料和半成品，反对进口商品。

羊毛商公会是伦敦市最为重要的同业公会之一。他们经常借助王室公告以达到自己要用议案在议会里费尽周折、想方设法才能达到的目标。

在1581年和1584—1585年的议会期间，他们曾两次向议会提交要求监督所有羊毛纺织从业人员的议案。因为他们极为担心来自那些未经培训就从事该行业的外来工人的竞争。如果该议案被批准的话，他们将有权命令全英格兰的羊毛纺织工都要到该公会的总管面前宣誓诚实工作，并对那些掺杂使假的人制定惩罚措施。但这两项议案都未被通过。该公会于是转而在1587年争取将爱德华六世时期的一项管制贸易的王室公告[②]重新颁布的王室公告，他们为此积极游说枢密院和财政大臣并为"起草该王室公告"支付了费用。但在1588—1589年他们的尝试也失败了。[③] 在接下来的数年，该公会对总检察长科克、申诉主管约翰·赫伯特和枢密院成员威廉·韦德等格外下功夫游说。

---

① [英] 施脱克马尔：《十六世纪英国简史》，上海外国语学院编译室译，上海人民出版社1958年版，第65—66页。
② P. L. Hughes & J. F. Larkin, *Tudor Royal Proclamations*, No. 5, 328.
③ Ian Archer, "The London Lobbies in the Later Sixteenth Century", *The Historical Journal*, Vol. 31, No. 1 (Mar., 1988), p.39.

第二章　工商业领域国家治理的强化

到 1596 年，他们终于赢得了所期盼的王室公告。该王室公告的内容大体上与此前的议会法案一致：羊毛纺织工们要由该公会的主管发给特许状，并要向贸易中心城镇所在市的市长宣誓要诚实执业。[①] 而该公会对毛纺业所拥有的控制权的大小，在这项王室公告颁布前后的结果是截然不同的。例如，在 1596—1598 年，有 44 名农村纺织工宣了誓，而两年之前的统计人数则只有 12 名和 5 名。[②]

再如，在都铎时期中有 6 项关于执行 1571 年法令的王室公告，它们都要求下层社会的民众在礼拜日和假日佩戴毛纺帽。这些王室公告实际上是根据来自里奇菲尔德等制帽商比较集中的 27 个地区的议案和请愿书而制定的。

在都铎时期，伦敦市各商人公会的诉求往往颇受中央政府的重视和关照，令其他地区和城市望尘莫及。之所以如此，主要因为伦敦系全国政治和经济中心的地位以及拥有靠近王廷及政府中枢的"近水楼台"的便利。关于伦敦市商人公会对当时国家经济政策的巨大影响力，英国经济史家 L. A. 克拉克森曾如是评说："都铎时期的政府经济政策在更为真实的意义上应该被视为伦敦行会的政策。"[③]

一般而言，伦敦的商人公会向该市市政府，以及伦敦市政府向都铎政府所提出的呼吁和恳求总是会得到满意的答复，甚至可以说有求必应。而许多王室公告就直接源于代表商人公会利益的伦敦市市长和市议员的请愿。

鉴于伦敦的粮食供应干系重大，为响应来自该市市政府的两项专门请求，1522 年先后颁布了两项关于为伦敦贮备食物的王室公告。[④] 据记载，是年，六名游说者受伦敦市长和市议员的委派，向国王的咨

[①] P. L. Hughes & J. F. Larkin, *Tudor Royal Proclamations*, Vol. 3, pp. 162 – 164.

[②] Ian Archer, "The London Lobbies in the Later Sixteenth Century", *The Historical Journal*, Vol. 31, No. 1 (Mar., 1988), p. 40.

[③] L. A. Clarkson, "English Economic Policy in the Sixteenth and Seventeenth Centuries: The Case of the Leather Industry", *Bulletin of the Institute of Historical Research*, Vol. 38, University of London, 1965, p. 154.

[④] P. L. Hughes & J. F. Larkin, *Tudor Royal Proclamations*, nos, 70.

议院恳求，国王的采买人（purveyor）不得征买供应伦敦的小麦。①

另外，每当伦敦市因粮食短缺和食品价格飞涨而要求限制食品输出及控制物价时，政府对伦敦市政官员的请求的反应速度之快是令人瞠目结舌，一些限制粮食出口的王室公告即由此产生。例如，伦敦市议员法庭于1548年4月17日授权市长向枢密院要求，将黄油、奶酪和油脂保留在王国境内。结果短短一周之后的24日，一项限制上述食品出口的王室公告就颁布出笼了。②

此外，由于16世纪30年代期间伦敦食品价格居高不下，一些关于控制价格的王室公告便应运而生。当时若干有关肉类食品价格的王室公告都是根据伦敦市的请求制定的，而且伦敦市官员所恳请的价格往往与王室公告确定的价格如出一辙。例如，伦敦市长和市议员于1544年5月10日确定的向国王的枢密院于次周一下午呈送的价格，与同年5月21日王室公告制定的价格竟完全一致。③

尽管其他地区与伦敦市相比，对王室公告的影响要逊色多了，但这方面的例证也不少。以1542年5月30日颁布的一项王室公告为例，该王室公告对亨利八世时期的一项法令做了修订。该法令曾规定切斯特城为享有豁免权的城市。但法令中有允许国王通过王室公告对该法令予以变更的附加条款，前提是假如有诉状控诉切斯特"既不应享有豁免也不应享有特权"的话。后来，切斯特市政府因为"该市由于作为一个港口城市并如此地靠近威尔士，可能会因为这种豁免权给自己带来无法容忍的困难和骚扰"。而主动提交了一份请求废除该市豁免权的诉状。于是不久颁布的一项王室公告果然将这一豁免权转授给了斯塔福德市。④

上述这些例证都充分说明，在都铎王室公告的形成过程中，以伦敦各商人公会为代表的各种利益集团起着不可低估的作用。可以说，在每项王室公告背后都隐藏着各地区和各种利益团体的各种动机，王

---

① R. W. Heinze, *The Proclamations of the Tudor Kings*, p. 6.
② P. L. Hughes & J. F. Larkin, *Tudor Royal Proclamations*, nos, 304.
③ P. L. Hughes & J. F. Larkin, *Tudor Royal Proclamations*, nos, 231.
④ P. L. Hughes & J. F. Larkin, *Tudor Royal Proclamations*, nos, 212.

第二章　工商业领域国家治理的强化

室公告实际上是各地区和各种利益集团角逐的对象，而最终的正式公告在某种意义上则是角逐胜利者的战利品而已。因此，正如英国史学家伊恩·阿彻的一篇文章中所说，地方和利益集团在立法过程中所起的作用与国王的影响是一样大的。[1] 另克拉克森同样一针见血地指出："对该政府而言，种种经济控制是一种巩固王国并提高收入的手段。各利益集团也充分地意识到这一点并将它们的建议装饰以公共利益的外衣。这恰恰就是为何16世纪与斯图亚特时期的英国政府在控制以其名义颁布的所有政策上如此艰难的原因……在缺乏公正无私的经济顾问与经济规划方面的指导原则的情况下，除了最为一般的原则，即王国应当坚决反对国内外的敌人，不足为奇的是各利益集团时常掌控了经济监管。都铎政府与斯图亚特政府既非是完全被迫的也不是完全强有力的。"[2]

三　工商业税收的上升

在都铎时期之前和都铎时期，虽然农业仍是英国最主要的经济支柱，但随着经济的发展，农业与工商业在英国经济结构中的比重呈现出了"此消彼长"的态势，与此相适应，都铎时期英国的财政赋税结构也发生了逐步演变，其大致趋势是一方面农业税不断下降，另一方面工商业税收却日益上升。

（一）都铎时期之前的农业税及其下降趋势

都铎时期之前，在英国的经济结构中，"农业居于经济的中心地位"[3]。因而农业收入是国家的主要财源，这就决定了这一时期赋税结构中农业税的主体地位。

中古时期英国的国税主要包括土地税、动产税和商业税三种形

---

[1] Ian Archer, "The London Lobbies in the Later Sixteenth Century", *The Historical Journal*, Vol. 31, No. 1 (Mar., 1988), p. 17.

[2] L. A. Clarkson, "English Economic Policy in the Sixteenth and Seventeenth Centuries: The Case of the Leather Industry", *Bulletin of the Institute of Historical Research*, Vol. 38, University of London, 1965, p. 162.

[3] A. F. Kinney, & D. W. Swain, ed., *Tudor England: An Encyclopedia*, p. 214.

式。其中，土地税、动产税构成了农业税的主体。这时的土地税主要有丹麦金（Denegeld）和卡路卡奇（Carucage）等。一般认为，丹麦金产生于盎格鲁－撒克逊时期，其也是英国国税的最早雏形。卡路卡奇税是当时的一种土地面积单位，被用作估税单位，最早于1194年开征。当时的动产税是国家的主要税收，其主要包括萨拉丁什一税、盾牌钱等，这些税项虽然都含有一定的商业因素，但税源仍主要来自农业收入。当时的商业税以关税为主体，但由于国家对外贸易较为落后，并被德意志、意大利等外商控制，所以税收数量有限。因此，政府税收仍倚重农业税。但是农业税此时已逐步呈现出下降态势。

首先，是土地税的减少。丹麦金、卡路卡奇因为遭到各地封建主的抵制等原因先后于1169年和1224年被废除。到14世纪初，因为税额日益降低，土地税的地位不断下降，对其征收仅成为一种应对非常事态的临时性措施。到14世纪末15世纪初，土地税已沦为动产税的附加或补充形式。甚至于到15世纪末已基本消失了。

其次，动产税也处于逐步的下降之中。所谓动产税是国王对全国世俗人等征收的一种直接税，其最初以地产和收入作为征税基础，自1207年之后，仅以动产作为税基，所以又称"个人财产税"。14世纪中期以后，动产税须经议会批准方能征收，故又被称为"议会税"；因为爱德华三世于1334年将其税率固定为城市和王领1/10、乡村1/15，所以又称为"1/10和1/15税"。

动产税的开征最早与亨利二世为筹集十字军战费有关，后来为战争而征收动产税的做法成为定制。从爱德华一世时起，其收入成为国王的重要财源之一。1207年，英国首次征收动产税，税额就达到了6万镑。[1] 但在都铎时期之前，动产税同土地税一样也处于下降趋势。

动产税的下降肇始于1215年约翰王时期《大宪章》（Magna Carta）的颁布。为了限制约翰王的权力，《大宪章》将征税权从国王转

---

[1] G. L. Hariss, *King, Parliament, and Public Finance in Medieval England to 1369*, Oxford: Clarendon Press, 1975, p. 15.

移到贵族会议，这就直接导致了动产税征收次数减少和税额的下降。因为宪章规定，国王必须取得由宗教人士、伯爵、男爵等中上层贵族组成的贵族会议的同意，才能征收补助金、免役税，而且只有在三种特别情况下才可征收，这就极大地限制了国王的征税权。

此外，1237 年的机构改革、1258 年的《牛津条例》以及 1302 年的赋税改革等因素，一齐导致了动产税的下降。首先是废弃了原来构成动产税的一些主要税项，如盾牌钱、萨拉丁什一税等。其次对城市和乡村实行不同的税率，规定城市和王领为 1/10，乡村为 1/15。从此，英国就以 1/10 和 1/15 作为动产税税率的基本单位，一般不另立新税率，这一做法成为惯例。[①] 因为税率被固定了，此后动产税的总额也就大体上固定在 3.8 万至 3.9 万镑之间。并且由于各种因素的影响，动产税的实际征收额还不断下降，常常连上述固定额也不能达到。如有国外学者就认为，到都铎王朝建立之前，英国政府每年征收的动产税仅为 29800 镑。[②]

这样，在都铎时期之前，以土地税和动产税为主的农业税就出现了逐步下降的趋势。

（二）都铎时期之前和都铎时期以关税为主的商业税的上升

到都铎之前，在土地税和动产税下降的同时，商业税却呈现逐步上升的趋势。这主要表现在商业税税率的提高方面。如以关税中的羊毛税率为例，按照 1275 年的旧关税税率，羊毛每袋仅为 6 先令 8 便士，但到 15 世纪末叶，英国商人每袋增长为 40—50 先令，外国商人甚至增至 4 镑以上。因此，商业税在税收结构中的地位不断提升。至 14 世纪末，商业税税额已完全超越了动产税税额。

至 15 世纪左右，随着英国王权的不断加强，税制趋于稳定，国家赋税结构演变的基本趋势是，农业税日渐减少，其主导地位逐步被商业税所替代。鉴于农业税的比重日趋下降，政府必然要向其他税收

---

① S. Dowell, *A History of Taxation and Taxes in England*, Vol. 1, London: Frank Cass & Co. Ltd., 1965, p. 88.

② ［日］井内太郎：《协助金：都铎是专制王朝？》，郭海良译，见侯建新主编《经济社会史评论》第一辑，生活·读书·新知三联书店 2005 年版，第 118 页。

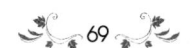

转嫁赋税。而囿于当时的客观经济条件，只能是以关税为主的商业税。

1. 都铎之前关税的逐步上升

英国的关税在都铎时期之前主要分为三种：古关税（antiqua sive magna custuma）、新关税（nava sive parva custuna）与补助金（subsidies）。三种税虽名目不同，但它们的征税对象大体相似，基本上都为羊毛、毛皮及皮革。而差异在于，新关税中还包括呢绒与蜂蜡；补助金中也含有吨税（tunnage）、镑税（poundage）、呢绒出口税等等。其中，吨税和镑税是英格兰议会自中世纪以来授予国王的两大补贴。吨税是一种固定税，征税对象是进口的每吨酒；镑税是从价税，征税对象是一切进出口货物。这三种关税都属于商业税的范畴。

在英法百年战争时期，英王军费开支浩大，需要充足的财源支持，而英国的养羊业自中世纪起就十分发达，所出产的优质羊毛畅销到欧洲大陆的许多毛纺织业中心，如佛兰德尔和意大利等。这就使得羊毛出口关税成为国王的一大收入来源，在当时英国税收结构中占据了重要地位。

早在1275年，爱德华一世就建立了全国性的关税制度，对出口的羊毛征收每袋1/2马克（合6先令8便士）的关税，这被称为"旧关税"。到1303年，爱德华一世开始对出口的呢绒征收关税，每匹为1先令；并对外国商人增加征收3先令4便士的关税，被称为"新关税"。此后，外国商人的关税率被确定为10先令。1308年，爱德华二世对法国进口的葡萄酒征收每吨2先令的关税，被称为"吨税"。1347年，爱德华三世对其他进出口商品按其价值征收每英镑6便士的关税，被称为"镑税"。其中对出口的呢绒所征收的关税，本国和外国商人实行不同的税率，分别为1先令2便士和2先令9便士（汉撒同盟的商人只缴纳1先令），这一税率一直延续到1547年。[①] 在上述关税中，羊毛出口关税属于大宗。在战争时期，国王还可以以筹措

[①] B. Wikinson, *The Constitutional History of Medieval England*, London: Adam and Charles Black, 1937, pp. 72 – 76.

第二章 工商业领域国家治理的强化

军费的名义对羊毛出口商提高羊毛出口关税,称为"羊毛补助金",而且对外国商人的征收率更高。其税率经常变动,但基本上是不断提高,甚至有时达到 2 英镑多。

最初的关税并不属于王室的固定收入,国王征收关税也必须通过议会批准。根据 1362 年的议会法,国王征收羊毛出口税必须征得议会的同意。自爱德华三世时期开始征收的吨税和镑税也是如此。但议会在 1363 年和 1415 年先后将这三项关税的征收权授予国王终身享用,此后这种做法成为惯例。征收羊毛出口税后来演变为国王的一项特权,再无须议会的批准。自 14 世纪后期以降,海外贸易关税成为一项可靠的政府税源,其平均占到英国财政总收入的 50%。[①] 由于 15 世纪以后国王实际上享有关税征收权,所以关税逐渐成为国王的固定收入和政府财政的重要来源之一。

在约克王朝时期,关税收入已上升为王室的主要财源。亨利六世(1422—1471 年在位)统治初期,财务署每年的总收入平均为 5.7 万镑,其中关税竟达 3 万镑以上。[②] 在红白玫瑰战争期间(1455—1485),关税也始终是王室收入的主要来源。[③]

2. 都铎时期关税的增长及其原因

都铎时期的关税征收额与前朝相比有了很大增长。根据迪茨对都铎时期关税收入的统计,在 1492 年到 1590 年这近百年里,英国的关税收入竟增长了 27 倍之多(见表 2-3)。

之所以出现这种情况,首先是因为都铎时期海外贸易的不断扩展,使原有的关税收入稳步增加。同时,由于政府又拥有了新的关税收入,更增强了这一趋势。譬如,1490 年亨利七世曾被议会授权征收一种特别关税,即向克里特商人所征的名为马尔姆塞(Malmsey)葡萄酒的进口税,该特别税税率为每吨 18 先令,属于吨税范畴。吨税税率原来不到 1 镑,现在增至 1 镑 16 先令。再次是由于关税税率

---

① 陈曦文:《英国 16 世纪经济变革与政策研究》,第 106 页。
② M. M. Postan, *The Cambridge Economic History of Europe*, London: Cambridge University Press, Vol. 3, 1979, p. 317.
③ S. Dowell., *A History of Taxation and Taxes in England*, Vol. 1, p. 176.

的提高。例如，1558 年玛丽一世女王不仅对窄幅呢绒征取新税，还将各种关税的税率提高了 75%。到伊丽莎白一世统治末年，关税已达 5 万镑之多。①

表 2-3　　　　　　　都铎时期关税收入表　　　　　　（单位：镑）

时间	估计值
1492	3700
1505	27000
1540	40000
1559	83000
1590	100000

（F. C. Ditez, *English Government Finance*, 1485—1558, Urbana: University of Illinois, 1920, p. 31.）

3. 其他商业税收的上升

由于都铎王权较之以前空前强大，国家的税制体系已基本完备，赋税征收的力度也有所加大。其典型例子就是 1514 年新设立了一般被称为协助金（subsidy）的税种。这种协助金与中古时期的补助金名同实异，通常称为新补助金。中古时期补助金的征收对象为商人，而且主要是面向从事进出口贸易的商人，征收物品仅限于商品，所以属于商业税范畴。而新协助金的征收对象则扩大为全体国民，其与 1/10 税和 1/15 税相似，是针对城市和乡村征收的一种综合性财产税。② 其计征物品范围包括农产品、牲畜、商品、生产生活设施等等，非常宽泛。一次征收所得为 8 万镑左右③，其数额竟是 1/10 税和 1/15 税的两倍多。新协助金同 1/10 税和 1/15 税一样，都是划分城市与乡村两部分征收。因为工商业特别是呢绒业发展快速，其税额不断增大，所以城市所纳之税主要来自工商业。

---

① S. Dowell, *A History of Taxation and Taxes in England*, Vol. 1, pp. 176-181.
② 顾銮斋：《中西中古社会赋税结构演变的比较研究》，《世界历史》2003 年第 4 期。
③ S. Dowell, *A History of Taxation and Taxes in England*, Vol. 1, pp. 154-155.

第二章 工商业领域国家治理的强化

都铎时期动产税的来源与新协助金基本相同，来自城市的 1/10 税也基本出自工商业。

另外，16 世纪期间，英国的年平均关税收入也已超过王室领地收入。①

综上，都铎时期，当时英国财政收入的主要来源包括关税收入、新协助金以及 1/10 税和 1/15 税中的新工商业部分。

都铎时期财政收入对工商税的这种倚重倾向，使得自亨利七世开始的历代都铎国王日益重视工商业的发展。因为经济基础的特点决定上层建筑的特点，上层建筑必须服从经济基础的要求，这种服从关系集中表现在国家经济政策的制定上。既然都铎时期王室收入已主要来自工商业收入，所以都铎君主们实行保护和扶植工商业发展的政策也就在情理之中了。因为保护本国的工商业，增加出口贸易，也就意味着增加国王有限的收入，而稳定的财源和充盈的国库则对王朝的统治是至关重要的。所以工商业立法作为都铎经济政策的重要组成部分，鲜明地体现了这种政策重视工商业的基本导向。

四 重商主义思想对都铎经济政策的影响

都铎王朝所处的时期是一个重商的时代，重商主义是主导这一时代的基本准则，重商主义理念和思想也在英国决策层颇受青睐，因而政府的总体经济政策就不可避免地具有明显的重商主义特征。而作为都铎经济政策重要组成部分的都铎工商业立法，在重商主义的濡染下，也时常显示出重商主义的倾向。

所谓的重商主义，一般认为具有两层含义，其一是指在资本原始积累阶段为资本主义生产方式创造条件而采取的一种经济政策；其二是指一种体现商业资本利益并为重商主义政策的合理性提供论证的经济学说。一般来讲，重商主义往往和撤除封建关卡，打破地方经济的自闭孤立状态，建立统一有序的国内市场，发展壮大民族经济，抵制和摆脱外国经济势力的控制，富国强兵联系在一起。

---

① 朱孝远：《近代欧洲的兴起》，第 346 页。

有形之手：16世纪英国工商业领域的国家治理

重商主义实际上是近代国家对经济活动实施治理的初期阶段。这种国家治理的直接目标，往往是对内增强国王权威，建立强大的军队、舰队，对外使国王威名远扬。重商主义对外实质上即经济民族主义，其目标是以民族国家为后盾争夺商业、海上及殖民地优势直至独占权。受这种重商主义思想的影响，"国家把经营大宗批发生意的商人的公司当作模范；它们追求贸易的平衡，认为国家的繁荣昌盛来源于此；出口额超过进口是成功的标志"①。

而重商主义思想之所以在都铎时期的英国占据主导地位，则是与当时的时代背景分不开的。

首先，地理大发现使欧洲的贸易中心从地中海城市转移到大西洋沿岸。凭借这一"地利"，英国的对外贸易在整个16世纪里得到了扩张。到16世纪末，英国已开始取得了欧洲商业大国的地位。其次，自英法百年战争和亨利八世宗教改革以来，英国的王权实现了复兴，并以不列颠群岛为主体，英国在欧洲诸国中率先逐步形成了统一的民族实体和新型民族国家。都铎政府以此为基础，在国内致力于建构近代化的政府官僚体制、司法体系及财政税收体系，积极介入经济和社会变革，并在国外争取发挥更大的国际影响力。因之，王室财政耗费迅速增加，王室筹措岁入能力的高低日益决定新兴王权力量的强弱。所以有人说："如何使国家的预算最终保持平衡，这是欧洲'新型君主国'所面临的一个最大的挑战。"② 而要实现上述政治经济目标，极为需要增强国家的工商业实力，这就自然为人们认为应由国家管制所有工商业部门的思想的滋生提供了土壤。

同时，重商主义的主要理念之一，即强化中央集权体制，实施国家治理，利用国家机器对工商业领域进行监控和管制，壮大国家海、陆军实力，保护和推动本国的制造业、航海业发展，防止外部势力竞争。

关于重商主义的核心思想，可以约翰·黑尔斯、托马斯·孟、查

---

① [法] G. 勒纳尔、G. 乌勒西:《近代欧洲的生活与劳作（从15—18世纪）》，第7页。
② [意] 卡洛·M. 奇波拉主编:《欧洲经济史》第2卷，商务印书馆1988年版，第482页。

第二章 工商业领域国家治理的强化

尔斯·达维南特等为代表的英国重商主义者的观点为样板。他们既主张经营自由化和贸易自由，也都强调依靠国家强力来治理和控制经济贸易活动，使它们从属于和服务于国家的总体政策，保证国家利益最大限度地实现。譬如托马斯·孟就认为，"一个国家的正当原则"，即治理有方的政府都极为重视和精心呵护对外贸易这一工作。[①] 达维南特也用心良苦地建言说，政府应当总体上像上帝那样对贸易加以仁慈的照管。[②] 并强调，我国对外贸易中最大、最有利可图的那一分支恐怕就会丧失，如果立法机构和行政机关的全部聪明才智不被运用来积极干预的话。[③]

由此看来，重商主义的上述国家治理理论就恰好迎合了都铎王朝的需要，因此被都铎政府确立为国家的主导性政策方针，并加以积极贯彻。而立法作为都铎政府的重要执政工具，势必要忠实地体现这种重商政策，并通过积极治理国家工商业各个领域以履行自己的"使命"。

值得一提的是，重商主义在英国的正式终结要追溯至1776年，是年亚当·斯密的名著《国富论》问世。此时，资本主义商品经济已经出现，那些曾经帮助它兴旺发达的办法已被资本视为负担，它开始挣脱任何监护。[④] 之后，工业资本主义逐渐已取代重商主义的地位，并演变为欧洲历史发展的主旋律。

五 国家转型以应对外部压力

关于16世纪英国所置身的欧洲的总体局势，有学者认为："的确，16世纪是民族国家出现的时代，它们强烈自我中心主义的政策、它们的战争以及它们势力均衡的战略往往造成欧洲的混乱局势；随着

[①] ［英］托马斯·孟：《英国得自对外贸易的财富》，袁南宇译，商务印书馆1965年版，第89页。

[②] ［英］查尔斯·达维南特：《论英国的公共收入与贸易》，朱泱等译，商务印书馆1995年版，第301页。

[③] ［英］查尔斯·达维南特：《论英国的公共收入与贸易》，第177页。

[④] ［德］汉斯·豪斯赫尔：《近代经济史》，第278页。

这些成熟的、自我定位清晰的国家走上历史舞台,一个同样成熟的、明了自身定位的国际金融与商业市场也出现了。"①

在16世纪的欧洲,法国、西班牙、英国以及俄国通过实现内部政治整合,成功地消除了危险的国内战争根源,率先走上了民族国家的道路,进入了"绝对主义"②(Absolutism)的黄金时期。③ 各国绝对君主政体带来了常备军、常设官僚机构、全国性税收、成文法以及初步的统一市场。④

因此,在这一时期,上述各国集权化君主政体纷纷集中全国力量,推动政治、军事、经济变革,积极富国强兵,努力在与邻国们争夺霸权的军事、外交竞赛中占上风,在隐约可见的国际金融与商业市场中抢占先机。

而由于"国际武装冲突的永恒性是绝对主义时期国际气候的一个标志"⑤。所以,绝对主义国家是主要为了战争而组建的机器。⑥ 以英国为例,1512—1514年、1522—1525年、1543—1546年年间,英王亨利八世三次发动了对法战争,他派遣远征军渡过英吉利海峡企图干涉华洛瓦—哈布斯堡王朝在法国北部的战争,军事开支巨大。尤其是第三次与神圣罗马帝国结盟进攻法国,由于军事干预举措失当,致使军费激增,"最后竟高出亨利八世统治初年第一次对法战争十倍之多"⑦。有学者指出,都铎国家支付的战争费用远远高于通过传统封

---

① [法] G. 勒纳尔、G. 乌勒西:《近代欧洲的生活与劳作(从15—18世纪)》,"前言"第1页。
② 绝对主义原本特指欧洲近代历史上继等级君主制之后发展起来的中央集权的"新君主国"(马基雅维利的用语)。在西方学术界,这种政治体制的另一个名称是 absolute monarchy,直译成中文就是"绝对君主制"。在中文版里,"绝对君主制"一直被译成"专制君主制"或"专制君主国"。参见 [英] 佩里·安德森《绝对主义国家的系谱》,刘北成等译,上海人民出版社2001年版,"中译序言"第1—2页。
③ [法] G. 勒纳尔、G. 乌勒西:《近代欧洲的生活与劳作(从15—18世纪)》,第3页。
④ [英] 佩里·安德森:《绝对主义国家的系谱》,第4页。
⑤ R. Ehrenberg, *Das Zeitalter der Fugger: Geldkapital und Kreditverkehr im i6. Jahrhunder*, Jena: Gustav Fischer, 1922, 1, p. 13. 转引自 [英] 佩里·安德森《绝对主义国家的系谱》,第18页。
⑥ [英] 佩里·安德森:《绝对主义国家的系谱》,第18页。
⑦ [英] 佩里·安德森:《绝对主义国家的系谱》,第123页。

第二章　工商业领域国家治理的强化

建统治——王室领地——所能支付的。亨利与法国的第二场战争（1544—1546）花费了130万英镑；伊丽莎白在1558—1563年花费了75万英镑，而1585—1603年则高达550万英镑。① 这些数字都是实实在在的，但钱却是来自例行的国会补贴，偶尔通过临时性措施有所增加，这些资金都无法确保王室获得持久而独立的来源。②

16世纪，正当都铎王朝国家政权建设捷报频传之时，英国在海外的地缘政治地位却已悄然经历了一场巨变。在兰开斯特王朝时代，先进的英国君主政体使英国的对外实力可与任何欧陆国家相匹敌，甚至略胜一筹。但在16世纪上半叶，西欧列强的势力均衡局面已发生了彻底改观。前一时代英国所侵略的对象——西班牙、法国，均历经蜕变成为充满活力、咄咄逼人的王权国家。突然之间，英国被它们抛在后面。法国人口是英国的四至五倍，西班牙人口则两倍于英国，还不算它的美洲帝国和欧洲属地。③

所以，尽管16世纪的英国基本上仍是一个传统的王国，但面对着与日俱增的国际压力，国王们是不能无动于衷的，他们必须思变求变。都铎时期的英国王室财政收入包括王室收入和议会授权税收两部分，而按照国王财政自理原则，国王日常维持王室生活和政府运转的支出应主要依靠其领地收入，要开征议会授权的税收唯有在战争等特殊情况下。制定这一原则的主要目的在于约束国王任意征税。随着近代早期来自欧洲大陆外部压力的增大以及与法、西争夺霸权的需要，原有的战争财政动员机制日益落伍，急需建立一种快速而高效地集聚举国财力的战争财政动员机制。所以，英国都铎君主们一方面通过与富有的中产阶级结盟，加强自己的地位，以稳定社会秩序。一方面大力加强中央集权，积极实施国家治理，利用国家机器调控和管制工商

---

① Gilbert John Millar, *Tudor Mercenaries and Auxiliaries*, 1485 – 1547, Charlottesville: University Press of Virginia, 1980, p. 156; Frederick C. Dietz, *English Public Finance*, 1558 – 1641, New York: Barnes & Noble, 1964, pp. 16 – 21.

② [美] 布莱恩·唐宁：《军事革命与政治变革：近代早期欧洲的民主与专制之起源》，第195页。

③ [英] 佩里·安德森：《绝对主义国家的系谱》，第121—122页。

业行为，以积累巨额的财政资源，来支付浩大的军事开支，并壮大国家海、陆军武装力量，保护和发展本国的制造业、航海业，防止和战胜外来竞争。最终英国处在了领先位置，并逐步实现了由传统的王国国家向财政—军事国家的转型。

第三章

国家治理工业领域相关立法考察

第一节 传统工业领域的立法

16世纪,英国的工业取得了一定的进步。在传统的民族工业——毛纺织业继续占据领先地位的基础上,英国的渔业、造船业、采矿业、冶金业等工业也都获得了不同程度的发展。在这一时期,工业领域内立法的关注重点主要有毛纺织业、同业公会、"政治性的四旬斋"与渔业、工业专利权、劳工工资厘定等问题。

一 毛纺织业与立法

毛纺织业是都铎时期民族工业的"骄子",因而也是立法的重点管制行业,以至于毛纺织品的对外贸易、生产、销售等环节都被纳入了法律的关注视野。下面结合这方面立法的具体内容作以下简要分析。

作为英国传统的民族工业,毛纺工业也是英国中世纪商业的基础。[1] 甚至于至16世纪末,有人尚夸赞大量出口的英国毛呢为"国

---

[1] 亨利·皮雷纳曾说"呢绒比其他任何工业产品更加养活了中世纪的商业"。[比]亨利·皮雷纳:《中世纪的城市》,陈国樑译,商务印书馆1985年版,第96页。

家的支柱之一"①。

毛纺工业历来颇受英国立法的重视和关注，即由于其此种特殊重要地位。有学者曾评论说："毛纺工业是英国工业中最重要的和最古老的工业之一，所以较任何其他工业更受保护和更受法规的限制。"②而国家制订这些法规的目的："首先是真实而诚挚地希望使英国的价格能和品质的高标准相符合，以确保英国织品在国内外的好名声；其次，问题也是从财政角度来考虑的：英国羊毛既然越来越多地在本国加工，那就要用织品税来代替以前对于羊毛作为原料输出所征收的税。"③

都铎时期，王室公告作为议会法令之外另一重要的经济立法手段，在对毛纺工业的生产、销售乃至对外贸易的管制方面发挥了显著的作用。

在中世纪，羊毛作为英国最主要的出口商品，在欧洲大陆享有很高的知名度，这种商誉是英国毛纺业赢得广大的海外市场的重要因素。为了保证毛纺制品在国外市场的良好声誉，大量的都铎王室公告对羊毛的产销等主要环节都做出了详细规定。

首先，当时由于一些不法商人和工匠以次充好，掺假售假，缺斤短两，从而败坏了英国毛纺织业在国外的信誉，若干王室公告对此予以了谴责。如在1549年4月17日的关于《"命令真实地制作呢绒"的王室公告》中揭露："近年来，在王国之内织纺的不符合尺寸标准的掺假呢绒，不仅败坏信誉，并招致诽谤，而且使王国忠实而真诚的臣民们蒙受重大损失。"④ 1545年6月17日的关于"命令处罚羊毛卷缠和打包中的欺诈行为"的王室公告还对掺假者的伎俩进行了揭露并要求予以惩罚。该王室公告说："卷缠和欺诈性地在羊毛中掺入沙、石头、灰粉、沥青、焦油、泥土、铁、铅、双重标记、粪便，羔羊毛

---

① D. C. Coleman, *The Economy of England 1450—1750*, London: Oxford University Press, 1982, p. 70.

② [法]保尔·芒图：《十八世纪产业革命》，杨人楩等译，商务印书馆1983年版，第60页。

③ Herbert Heaton, *The Yorkshire Woollen and Worsted Industries from the Earliest Times up to the Industrial Revolution*, Oxford: Clarendon Press, 1920, p. 124.

④ P. L. Hughes & J. F. Larkin, *Tudor Royal Proclamations*, Vol. 1, p. 453.

及其他欺诈性东西，不仅使王国蒙受极大的诽谤，而且也使贸易中心城镇的商人们蒙受巨大的耻辱。并且也对贸易中心城镇商人购买羊毛带来了巨大的障碍和欺骗，也对国王的臣民于王国内织造呢绒中使用秘技和手艺产生了极大的损失和偏见。"①

关于呢绒制品出口之前的工序问题，1510年4月11日"管制羊毛的销售和生产"的王室公告规定："任何人，不论本国公民或外国人，不可将任何未经漂洗的羊毛纱线或呢绒运输或使它们运往海外任何地方，羊毛纱线务须在王国内织造；所有呢绒在运出王国之前务须在国内充分地加以修剪和加工。"②

关于呢绒制品的规格及其检验程序，1549年4月17日《"命令真实地制作呢绒"的王室公告》要求："首先，每个呢绒商应当盖铅印于呢绒上，称明其长度，进而下水检验，不得伸长1码，拉宽半夸脱；投入市场出卖的呢绒，将被湿水，下水后抽缩，其长度不得超过1码，宽半夸脱。"③

为了禁止羊毛被不法商人私自出口，从而影响国内毛纺织业的原料供应，一些王室公告强制要求："任何人不得以自己，或任何人名义购买或交易任何未经修剪的羊毛，或承诺交易任何未经修剪的羊毛，除了那些在国内将织造或促成纱线或呢绒被织造的人之外。"④

有时在特定时期，为了限制羊毛出口，国王还通过颁发一种特许状来实现这一目的，从1570年开始，政府就实施了借助颁授特许权的手段来监管日益重要的羊毛出口经纪人的政策，而"授予此类特许状曾经为王权提供了一个重要的岁入补充来源"⑤。在王室公告中这种政策也有所反映。例如1549年8月9日的"禁止无特许地出口羊毛"的王室公告就服务于上述目标。

为保证毛纺织业从业人员的工资报酬得到有效的保障，一些王室

---

① P. L. Hughes & J. F. Larkin, *Tudor Royal Proclamations*, Vol. 1, p. 355.
② P. L. Hughes & J. F. Larkin, *Tudor Royal Proclamations*, Vol. 3, pp. 265–266.
③ P. L. Hughes & J. F. Larkin, *Tudor Royal Proclamations*, Vol. 1, p. 454.
④ P. L. Hughes & J. F. Larkin, *Tudor Royal Proclamations*, Vol. 3, p. 266.
⑤ Peter J. Bowden, *The Wool Trade in Tudor and Stuart England*, p. 126.

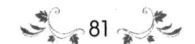

有形之手：16世纪英国工商业领域的国家治理

公告对雇主做出了要求并提供了相应的处罚措施，例如1510年4月11日的关于"管制羊毛的销售和制作"的王室公告规定："所有男女织工，应支付他们的起毛工和纺工，以及其他参与呢绒织造的劳工，预备合法的资金作为他们的工资和报酬；并以适当的重量将他们的羊毛交付加工；违者处以没收三倍于未付工资的罚金，因为织工时常拒绝按照上述方式和形式支付工资给为其制造呢绒的劳工。"①

此外，若干王室公告还对呢绒制品的最高销售价格进行限定，以平抑物价，避免有些商人恶意抬高价格，从而保障消费者的利益。如1510年4月11日的"管制羊毛的销售和制作"的王室公告规定："除了线条呢（rays），绒布（vesses），以及其他呢绒的售价按惯例为40先令或低于这一价格。"②

关于王室公告的执行问题，1549年4月17日的《"命令真实地制作呢绒"的王室公告》要求："为了更妥善地执行此项王室公告，治安法官、市长、郡守和其他有关人等，应亲赴所有制造和出售呢绒的场所，巡视各个呢绒商、布商、纺织雇工和染匠的生产与工作坊，对呢绒的织造、染色和贮存以备销售的情况予以视察，了解他们是否依照此项王室公告，忠实地织造和染色。如果便利起见，需将呢绒置入水中然后丈量。每年至少四次此种视察活动。在伦敦斯蒂尔雅德的参议员，也应三个月做一次这样的检查。"③

对渎职的地方官员，王室公告也颁布了相应的处罚规定。如1550年5月23日的管制羊毛卷缠的王室公告中这样说："任何治安法官、市长、郡守、治安官，或其他官员，拒绝惩罚根据该王室公告提交给他或他们的任何个人或多人，而且他或他们的渎职行为被适当地闻知和证明了，将被国王陛下处以20镑的罚金并交至陛下的财务署，并将招致陛下的极大不悦。"④

最后，对王室公告违反者的处罚则可见于几乎所有的王室公告

---

① P. L. Hughes & J. F. Larkin, *Tudor Royal Proclamations*, Vol. 3, p. 266.
② P. L. Hughes & J. F. Larkin, *Tudor Royal Proclamations*, Vol. 3, p. 266.
③ P. L. Hughes & J. F. Larkin, *Tudor Royal Proclamations*, Vol. 1, pp. 454 – 455.
④ P. L. Hughes & J. F. Larkin, *Tudor Royal Proclamations*, Vol. 1, p. 494.

中，如1549年4月17日的《"命令真实地制作呢绒"的王室公告》规定："违反王室公告者被视同罪犯，依据掺假和欺诈的过失程度接受惩罚。"在1549年5月18日的监管羊毛贸易王室公告中也规定："违者由国王陛下随意处以监禁。"[①]

二 渔业与立法

（一）特例分析——1559年2月7日"执行戒绝食肉"的王室公告与"政治性的四旬斋"

渔业作为英国传统的民族产业之一，历代英国国王都非常重视其发展。为了扩大国内的鱼类食用量，爱德华六世时期的议会早在1549年即以法令规定，在星期五、六和四旬斋等传统斋戒日恢复"节制吃肉"，并宣扬此举是"考虑到适宜的、神圣的斋戒是获得美德和使人体服从于其灵魂和精神的途径，而且也特别考虑到渔民及依靠海上捕鱼为生的人们可以因此更好地劳作。"[②] 著名的"政治性的四旬斋"政策即是这种时代背景的产物。

所谓的四旬斋（Lent），亦称"封斋节""四旬节"，系基督教的斋戒节期。教会规定复活节前的40天为斋戒期，四旬斋因此得名。节期内禁止教堂内祭台供花，教徒不得从事婚配和娱乐等喜庆活动。四旬斋包含大斋与小斋。大斋（Fast）指每天只用一餐饱饭，早晚仅食半饱或更少。天主教规定21—60岁的信徒都应守大斋。而小斋（Abstinence），指禁用肉（鱼类除外）与酒。

据记载，基督徒被劝诫进行斋戒最早要追溯到2世纪晚期和3世纪早期。[③] 当时正值基督教遭受罗马帝国迫害之际，斋戒被视为基督徒的一种自我实现式的"牺牲行为"。这种"牺牲行为"具体表现为基督教会所提倡的苦行，而在早期基督教时代，这种苦行和斋戒的理

[①] P. L. Hughes & J. F. Larkin, *Tudor Royal Proclamations*, Vol. 1, pp. 455, 458.

[②] E. Lipson, *The Economic History of England*, Vol. 3, London: Adam and Charles Black, 1943, pp. 117–118.

[③] ［英］罗伊·斯特朗：《欧洲宴会史》，陈法春等译，百花文艺出版社2006年版，第38页。

想就已很是盛行了。① 斋戒曾被2世纪末3世纪初期间的非洲"教会之父"特图利安视为基督徒之中精英的标志之一。在斋戒和苦行的长期影响下，基督教的禁欲主义逐渐形成，而主动的不进食成为通往完美彼岸的途径之一。② 至6世纪，由于食物被看成是诱导人们犯下饕餮罪的原因，教会领导下的斋戒得以日益系统化。

在天主教会，星期三和星期五被确定为斋戒日并固定下来。斋戒对非神职人员而言，并不要求减少进食总量，而是完全禁止食用肉，肉食被教会视同于暴力、死亡以及一切同人的肉体和性欲有关的东西，教会甚至还专门研制出了素食食谱。在关于基督教会内部饮食规范的权威性文献《圣本尼迪克特条例》中规定："除了病弱之人，都应绝对禁食四足动物的肉。"③

值得指出的是，依照教会规定，斋戒不仅指实行禁食，而且与祈祷、朝圣、济贫等活动紧密相连，故而斋戒期内上述基督徒的相关行为被教会统称为"全面的斋戒"。

在中世纪的西欧，因为得到了教会的极力推崇，故而斋戒也受到了俗世的重视和推行。如被后世尊称为"圣路易"的法王路易九世，即堪称中世纪国王中遵守斋戒的楷模。据史载，"路易星期三和星期五戒肉，后来又加上了星期一。圣母节前、耶稣受难日、万圣节前夜以及其他圣徒节前夜，他只吃面包、喝水。在降临节和四旬斋期间，他每个星期五连鱼和水果都不吃，直到他的身体垮掉为止，这时，听他忏悔的神父就会干预，说服他在此后的星期五吃上一片鱼和水果。1254年，他肃清（指路易率领十字军参加东征）归来后变得更加虔诚，拒绝吃他以前很喜欢吃的大鱼，只就着被水稀释得淡到几乎无味的酱汁吃一些小鱼"。④

关于教界对四旬斋的遵奉情况，有人曾这样描述一个名为德拉姆

---

① ［德］贡特尔·希施费尔德：《欧洲饮食文化史：从石器时代至今的营养史》，吴裕康译，广西师范大学出版社2006年版，第96页。
② ［英］罗伊·斯特朗：《欧洲宴会史》，第38页。
③ ［英］罗伊·斯特朗：《欧洲宴会史》，第39页。
④ ［英］罗伊·斯特朗：《欧洲宴会史》，第54—55页。

第三章　国家治理工业领域相关立法考察

的主教座堂修道院斋戒期间的情形："在耶稣降临节的大斋节期和四旬斋里，酒极其不可能会被人们醉饮，并且相同的情况也可能适用于全年的星期三和星期五。"①

关于四旬斋在中世纪英国民间的遵守状况，如在15世纪英国一个名曰沃里克伯爵的贵族家庭里，正常情形下，斋戒意味着在星期五和星期六仅食鱼，在星期五只有一餐，而在星期三则可以享用肉和鱼。②

至于四旬斋期间鱼的食用情况，则可从下例中窥见一斑。在1420年10月，所供应的主要鱼类是每人鳕鱼及鲱鱼各0.33磅。到1421年1月，食鱼日的定额鳕鱼和鲱鱼均为0.64磅。同时，尚有大量难以说清数目的其他鱼类也在四旬斋期间被消耗了。③ 因为鲱鱼从春到冬都可以在寒冷的波罗的海及海湾、北海和英吉利海峡的东部捕获，而鳕鱼也较为易于在康沃尔沿海的正在干涸的地带、英吉利海峡群岛等地捕捞，所以它们成为当时英国民众食用的主要鱼类。

可以说，在整个中世纪里，斋戒的做法被尽可能保持和延续了下来。关于斋戒在中世纪的深刻影响，有学者指出："在信奉基督教的西方，斋戒成为一种行为模式，持续地影响了整个饮食文化。如果没有斋戒文化，就无法解释淡水养鱼业的繁荣和欧洲鱼类的长途贸易，也无法解释欧洲饮酒文化的形成过程，或者复活节风俗的开始及其彩蛋的特别意义。"④ 甚至还有人认为，中世纪后期的食谱仍然由教会的日程所规定。⑤

至宗教改革前夕，英格兰和威尔士教会共有250万名成员，每个人务必于星期日和节期去教堂，在规定的日子里进行斋戒，并至少要

---

① Michael Hicks, *Revolution and Consumption in Late Medieval England*, Woodbridge: The Boydell Press, 2001, p. 147.
② Michael Hicks, *Revolution and Consumption in Late Medieval England*, p. 11.
③ Michael Hicks, *Revolution and Consumption in Late Medieval England*, p. 16.
④ ［德］贡特尔·希施费尔德：《欧洲饮食文化史：从石器时代至今的营养史》，第86页。
⑤ ［英］罗伊·斯特朗：《欧洲宴会史》，第83页。

在复活节向神父忏悔和领受圣餐。①

四旬斋被彻底改变始于宗教改革时期。② 英王亨利八世推行宗教改革期间，随着英国成为新教国家，四旬斋当时曾遭到废除。

但到 16 世纪中期，四旬斋又被重新恢复了。在伊丽莎白女王时期的普通民众生活中，"星期三、星期五以及星期六是斋戒的日子，其间除了鱼肉之外，不得食用肉类"③。另外，由于鱼易于腐烂，不宜长程运输，因此干鱼或咸鱼要比鲜鱼重要得多。所以，在 16 世纪的伦敦市场上，鱼贩子们出售的鱼主要都是一些来自挪威与冰岛的已经风干了的鳕鱼，还有一些来自英国东海岸或荷兰与波罗的海一带的腌制过的鱼类，包括鲱鱼、鳕鱼等。④

四旬斋的命运之所以出现反转，是与亨利八世之后所谓的"政治性的四旬斋"运动相联系在一起的。

前已述及，英国议会早在 1549 年即制定法令（即爱德华六世第 2 及第 3 年法令第 19 章《关于戒食肉类之法令》），规定于四旬斋等传统斋戒日恢复"节制吃肉"。到伊丽莎白女王统治之初，政府和议会将"四旬斋"在全国严格推行，并主要借助立法手段强行实施。当时的诸多议会法令，尤其是王室公告都涉及四旬斋问题，从而使得四旬斋被赋予了浓厚的政治色彩，而被时人称为"政治性的四旬斋"。下面具体介绍相关情况。

近代早期，王室公告被频频作为一种重要的政策推行工具加以利用。为了保证四旬斋政策的推行，从亨利七世开始的每位都铎君主都曾颁布过这方面的王室公告，据统计，在全部都铎王室公告中，1538—1600 年共计有 30 项之多的王室公告与四旬斋问题有关。⑤ 这

---

① Christopher Haigh, *English Reformation: Religion, Politics, and Society under the Tudors*, Oxford: *Clarendon Press*, 1993, p. 5.
② [德] 贡特尔·希施费尔德：《欧洲饮食文化史：从石器时代至今的营养史》，第 96 页。
③ Jeffrey L. Singman, *Daily life in Elizabethan England*, London: Greenwood Press, 1995, p. 58.
④ [意] 卡洛·M. 奇波拉主编：《欧洲经济史》第 2 卷，第 105 页。
⑤ 根据休斯和拉金的《都铎王室公告》一书统计获得。

第三章　国家治理工业领域相关立法考察

些王室公告中以1559年2月7日"执行戒绝食肉"的王室公告最为重要和典型。

在该王室公告中，首先明确规定了四旬斋节期："无论何人（除了那些已经或即将因为真正生病而被豁免的人，或由女王陛下或其先辈所特许的人之外），须在通常的禁食日内戒绝宰杀、整理，或食用任何鲜肉，因此这一时期被称为四旬斋；违者将处以监禁和罚金。"

为了保证处罚执行的公正性，该王室公告要求："女王陛下责成所有的治安法官，和所有的市长、监守官，以及各市和各城镇，尤其是伦敦和威斯敏斯特，为了更妥善地执行，在将犯人入监前须有两名合格的证人作证，进行罚金时也须如此。"[1]

俟后，伊丽莎白政府几乎每年都要发布有关实施政治性斋戒问题的王室公告，据统计，这类王室公告占女王执政时期全部经济方面王室公告的8%。[2]当时枢密院也频繁发出指令，督促地方上的治安法官等实行监督。为了监督四旬斋方面的王室公告顺利实施，首次是在1574年，以后从1577年开始，枢密院定期给各级地方官员发出含有详细指令的信件。

这里需要指出的是，关于政治性四旬斋的命令最初限于威斯敏斯特和伦敦，在1561年后逐渐向全国普及推广。

后来这一政策不断升级，尤其是在女王所宠信的国务大臣威廉·塞西尔当权时期。1563年，在他的积极推动下，议会正式颁布了"关于维持海上舰队的若干政治法规"，规定任何人务必像在原来的四旬斋、每星期五、六等斋期一样，禁止吃鱼之外的肉，并再增加每周的星期三为食鱼日。违者处罚金3镑或监禁三个月，知情不报者处罚金40先令。法令还明确宣告："任何人都不得误解这项限制性命令吃鱼和节制吃肉的法令的目的，不是为了维持选择肉食的迷信，而是为了增加渔民和水手、恢复港口城市和航海的政治上

---

[1] P. L. Hughes & J. F. Larkin, *Tudor Royal Proclamations*. Vol. 2, pp. 108–109.

[2] F. A. Youngs, *The Proclamations of the Tudor Queens*, Cambridge: Cambridge University Press, 1976, pp. 13, 123.

的目的。"①

由于当时新教徒极力反对在新教国家英格兰推广这种天主教做法,甚至于有人把"食鱼日"丑化为"塞西尔的大斋日"。塞西尔向反对者们晓之以理加以说服,指出:"培养水手的有效途径是贸易以及与大海对话,有两种形式:一种是运送商品;另一种是捕鱼;而第三种且即海上抢劫,是令人痛恨并不会长久的。"② 为了消解新教徒的不满,他又补充了该条款,规定在星期三,三道菜为鱼之外还可以有一道肉食。为强调"食鱼日"与旧教信仰毫无瓜葛,塞西尔在1585年议会上还特别申明,给"食鱼日"附加宗教意义的行为是违反法律的。

伦敦作为全国的首善之地,自然成了四旬斋执行的最严格之地。例如在1550年2月,依照一项禁止在四旬斋期间宰杀畜禽的王室公告,伦敦的市政官员召集肉店监督官员,并责成他们通令肉店"禁止宰杀任何畜禽"和向伦敦市议员法庭报告违反者的名字。③ 另于1561年,屠夫若在四旬斋期间宰杀公牛,每头牛要处以高达20英镑的罚金。再如1563年,一位旅馆女房东因为斋戒期违规吃肉被处罚以枷刑。而四名妇女因为同样的原因,被整夜绑在树桩上。④

通过以上这些例证,我们可以看到当时英国政府实施"政治性的四旬斋"力度之大。

在近代早期的英国,原本作为基督教宗教斋戒仪式的四旬斋之所以被笼罩上浓重的政治色彩而政治化,是与下述历史背景紧密相连的。

首先,这与近代早期英国所奉行的重商主义政策有着密切关联。

---

① R. H. Tawney and Eileen. Power, *Tudor Economic Documents: Being Select Documents Illustrating the Economic and Social History of Tudor England*, Vol. 2, London: Longmans, Green and Co., 1924, pp. 112, 113, 116.

② J. E. Neale, *Elizabeth and Her Parliaments, 1559 – 1581*, London: Jonathan Cape, 1953, pp. 114 – 115.

③ Corporation of London Records Office. Rep. 12 (1) /201d, 转引自 R. W. Heinze, *The Proclamations of the Tudor Kings*, p. 254.

④ Liza Picard, *Elizabeth's London: Everyday Life in Elizabethan London*, London: Weidenfeld & Nicolson, 2003, p. 153.

第三章　国家治理工业领域相关立法考察

　　近代早期的英国身处一个重商的时代，受重商主义思想和理念的影响，英国政府的政治经济政策带有鲜明的重商主义色彩。为了实现富国强兵的总体目标，英国积极强化中央集权，不仅动用国家力量对工商业活动加以调控和管制，并凭借国家强力对国民的消费活动进行治理和控制，使它们依附于和服从于国家的计划和政策，从而保护和促进民族经济，摆脱外国经济势力的操控，防堵外来竞争，最大限度地保障国家利益，增强国家实力。

　　所以，在爱德华三世统治时期已出现了限制消费的法令；在伊丽莎白担任国王时，食鱼日被塞西尔重新设立。关税立法常常旨在抑制对将使贸易失衡并使王国的金银蒙受损失的国外奢侈品的热衷。①

　　四旬斋或食鱼日政策，实际上是都铎政府所尊奉的重商主义对内政策的重要组成部分之一。正如有学者所指出的那样："国内的种种管制——对工业、劳动，以及不时对商品的消费的精心控制——是促进国内经济的一项计划的产物，尽管有利的贸易出超主义也作为一种推动力经常被纳入政策之中。"② 所以说，由于重商主义的理念与近代早期英国的需求相契合，因此被都铎君主们作为国家的主导性政策加以积极贯彻。当时出台的"政治性的四旬斋"政策实际上具体体现了这种政策导向，并是该政策体系的有机组成部分。

　　其次，四旬斋这一宗教斋戒仪式被始弃后复的戏剧性反转，又与宗教改革运动对英国渔业的消极影响有着直接关系。

　　16世纪的宗教改革运动，在打击教会势力的同时，还使得四旬斋等传统宗教仪式不被人们如先前一样严格遵守了，英国的渔业受到了一定冲击和影响。首先，由于亨利八世国王大规模解散修道院。而修道士们是鱼类的重要消费群体，修道院在扩大对鱼类的需求方面的重要地位是不容置疑的。他们对加工过的鱼存在着大量的需求，而且相当稳定。一旦他们取消了订单，那会给英国渔业带来无法弥补的损失。其次，"在英格兰，宗教改革似乎减少了渔船的数目，于是鲜鱼

---

① Philip W. Buck, *The Politics of Mercantilism*, p. 18.
② Philip W. Buck, *The Politics of Mercantilism*, p. 19.

的出售似乎成了'很久以前的事情'。不仅如此，加工后的鱼的市场也同样减少了"①。

事实上，当时恢复四旬斋主要是服务于发展渔业这一世俗的目的。因为在四旬斋节期的每个星期五，大多数的天主教徒会选择吃鱼或其他的水产品。四旬斋期间常常成为鱼类及水产品销售的旺季。显然，通过恢复四旬斋，可以间接刺激渔业的发展。由于鱼类的交易日及四旬斋祭礼等因素而人为扩大的对鱼的需求，主要出现在城镇、小酒店和小康家庭中。而能够支付得起鱼的保存费用的人是鱼的消费主体，因此，他们也是对高度商业化捕捞船队影响最大的人。②

最后，自中世纪时期起，由于教会规定了大量的斋戒日，鱼便成了民众基本的食品。当时，无论富人和穷人都消费大量鱼类，装成桶的腌鱼、熏鱼或鱼干——作为生活必需品的消耗量和作为宗教信念的消耗量一样多。③ 显然，鱼类在斋戒时占据了主导地位。④ 所以，四旬斋或"食鱼日"这种饮食文化传统，实际上在宗教改革之前的英国民众中具有深广的民间基础，人们久已习以为常，只不过被宗教改革人为废止了，故客观上讲，恢复其比废除其要容易得多。

关于四旬斋政策的实质，实际上，在四旬斋戒绝食肉的命令，不是因为任何天主教的迷信，而是因为渔业增殖所产生的经济利益。⑤ 的确，四旬斋不仅是一种宗教义务，同样也是一种经济上的需要。⑥ 正如学者所评论的那样："这一要求是中世纪的教会出于宗教方面的缘故规定的，却被伊丽莎白女王加以恢复以壮大捕鱼的船队。"⑦ 显然，通过这种做法，可以刺激鱼的消费量，促进渔业

---

① [英] E. E. 里奇、C. H. 威尔逊主编：《剑桥欧洲经济史》第5卷，高德步等译，经济科学出版社2002年版，第173页。
② [英] E. E. 里奇、C. H. 威尔逊主编：《剑桥欧洲经济史》第5卷，第173页。
③ [意] 卡洛·M. 奇波拉：《欧洲经济史》第1卷，第224页。
④ [意] 贡特尔·希施费尔德：《欧洲饮食文化史：从石器时代至今的营养史》，第95页。
⑤ F. A. Youngs, *The Proclamations of the Tudor Queens*, p. 123.
⑥ [意] 卡洛·M. 奇波拉：《欧洲经济史》第2卷，第100页。
⑦ Jeffrey L. Singman, *Daily life in Elizabethan England*, p. 58.

的发展，而渔业的进步又可以带动造船业的发展，减少对国外鱼类的进口和国内金银等贵金属的外流，所以，"政治性的四旬斋"这一政策打着宗教的旗号，实质上是谋求推动国家经济发展的一种政治性措施。

(二) 其他立法

都铎时期，为了保证造船业和渔业的发展，政府利用各种手段最大限度地保护和搜集造船所需的原材料，如伊丽莎白一世时期就专门颁布过名为《关于木材不得砍伐用作铸铁的燃料之法令》[①]的议会法令。有时甚至连民间的空酒桶也立法强行予以征用，1522年颁布的关于"征用空酒桶"的王室公告就体现了这一目的。

船只是英国这个海洋国家赖以生存和发展的重要物质载体，因而受到国家的极其珍视，政府对破坏和损弃船只者的处罚之严厉令人瞠目，例如1545年的一项名为"要求对丢弃船只者处以死刑"的王室公告竟规定对丢弃船只者要处以死刑的重罚；为了避免船只这一宝贵的资源为外人，尤其是英国的敌国所用，1559年的一项王室公告就命令"禁止出售船只给外国人"。

渔民是英国发展海洋事业所需水手的后备军，政府对他们不惜授予若干特权以培养和造就更多未来的水手。1542年关于"渔民可免于应征入伍"的王室公告就体现了这种意图。

为规范渔业管理，都铎政府严禁民众私自进行运输，违者予以严惩，1539年的关于"未经许可进行运输处以死刑"的王室公告就执行了这种政策。此外，在都铎时期，海员出海，进行船运，商船进行运输业务等活动，都须有国王的特许状方可从事，这样国王既可从中渔利，又能够借此加强对海运事务的控制。1558年的王室公告"禁止海员无执照出海"、1558年的王室公告"特许船运，镇压海盗"、1559年的王室公告"特许商船运输"等这方面的王室公告都体现了这一初衷。

---

① 伊丽莎白世第1年法令第15章。*The Statutes of the Realm*, Vol. 4, p. 377.

三 其他工业方面的立法

都铎时期的政府治理还延伸到了消费领域。在都铎时期，礼帽这种普通的生活用品也被纳入了王室公告的管制范围，共计有 5 项都铎王室公告与此有关，它们的名称一致，均为"执行关于制帽的法令"，分别颁布于 1572 年 4 月 29 日、1573 年 4 月 28 日、1578 年、1590 年、1597 年。这些王室公告都是为执行 1571 年的一项议会法令而颁发的。这项法令的全称为《一项关于继续制帽的法令》，其是议会当时根据一些制帽商的请愿书形式的议案而制定的，因为"这些制帽商抱怨男子们都不再戴帽子了，议会就命令所有 6 岁以上的人等，'除了女士和绅士之外'必须在礼拜日和假日佩戴'毛绒帽'，因为戴上帽子'非常体面并适合于任何身份和地位的人'"①。据记载，当时在伦敦有 8000 名制帽工人，显然刺激帽子消费对于保障就业和产业发展有重要意义。为此，伊丽莎白一世的立法方如此规定，而且"如有违犯，每次罚款 3 至 4 便士"②。

该法令的制订和出台实际上与制帽商公会这一利益集团有着密切关系。因为在该法令中列出了 27 个制帽商比较集中的地区（如里奇菲尔德、考文垂等）的目录，而且政府还准备对它们给予一定的财政援助。这也反映出当时包括制帽商公会在内的一些工商业团体对社会经济立法的形成已起着越来越重要的影响。

第二节 工业相关问题立法

一 工业专利权与立法

所谓专利权，指因发明而由国王所授予的垄断权。③ 该特权最初

---

① E. Lipson, *The Economic History of England*, Vol. 3, p. 47.
② W. Cunningham, *The Growth of English Industry and Commerce in Modern Times*, Cambridge: Cambridge University Press, 1921, p. 26.
③ ［英］戴维·M. 沃克：《牛津法律大辞典》，第 848 页。

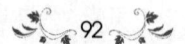

第三章　国家治理工业领域相关立法考察

是为鼓励发明而由国王授予产品发明人生产和销售某种产品的特权。作为欧洲大陆的一种通行做法，最早的专利系 1467 年于德意志的伯恩出现的关于制售纸的专利。①

专利制度在英国的推行，始于 16 世纪。而推动英国仿效欧洲大陆国家实行专利制度的主要人物，是伊丽莎白一世的宠臣威廉·塞西尔。当时英国物价飞涨，货币贬值，国家财政状况恶化，使身处权力中枢的塞西尔肩负如山般压力，他务必尽快出谋划策使英国摆脱危机。这时，欧洲大陆上出现的鼓励发明者的做法使塞西尔很受启发，并且不时有一些外国人与他通信推荐自己的某项发明。当时塞西尔恰好也正酝酿在英国发展一批新式工业。因此他决定采纳专利权制度，如此既可增强国家经济实力，又可以使技术劳工收入增加，减少贫困，缓解社会动荡不稳。

最初给予专利发明人的专利是关于制造商品的。在英国较早的专利是 1552 年的关于制作玻璃的专利。

早期的专利人大多是移民到英国的外国技工或技师等，例如，1561 年被授权制作一种称为西班牙卡斯蒂尔皂的硬质白肥皂的斯蒂芬·格罗耶特和安东尼·勒·卢耶就是两位外国专利人。② 还有一位荷兰人也于同年被授予了制作硝石的专利。当时这种做法的目的在于通过专利来鼓励外国发明者移民到英国。

此后较为重要的专利③参见表 3-1：

表 3-1　　　　　都铎时期重要专利一览表

时间	专利内容
1562 年	制造明矾
1563 年	制造明矾和绿矾、制造烤炉和火炉

---

① W. H. Price, *The English Patents of Monopoly*, p. 3
② Joan Thirsk, *Economic Policy and Projects*, *The Development of a Consumer Society in Early Modern England*, Oxford: Clarendon Press, 1978, p. 53.
③ Joan Thirsk, *Economic Policy and Projects*, *The Development of a Consumer Society in Early Modern England*, pp. 56 - 57.

续表

时间	专利内容
1564—1565 年	勘探金、银、铜等金属
1567 年	制造窗玻璃
1568 年	采用佛莱明人的方法来染色和整理布料
1574 年	制造原帆布
1577 年	制造硫、硫黄和石油
1588 年	制造淀粉
1594 年	制作杂酒、烧酒和醋
1598 年	制作扑克

为了维护专利授权状接受者的特权地位，若干议会法令被专门颁布。具体法令参见表 3-2：

表 3-2　确认专利授权状接受者特权地位的议会法令

法令	名称	《王国法令集》中出处
菲利普及玛丽第 4 及第 5 年法令第 1 章	《关于确认若干专利授权状之法令》	第 4 卷第 314 页
伊丽莎白第 43 年法令第 1 章	《关于确认女王陛下的若干赐予以及女王授予他人的专利授权状之法令》	第 4 卷下册第 959 页

伊丽莎白女王统治后期，专利权的颁发日益泛滥，以至于一些日常生活用品也被列入专利权的范围。例如，1588 年的关于"恢复对扑克牌的垄断"的王室公告和 1598 年的"授予垄断淀粉权"的王室公告就是这种弊端的产物。

都铎后期，由于战争频仍，保障军需供应日益紧要。为此，国王在颁授专利权时，高度重视扶植与军事相关的专利和发明。例如，1590 年 1 月 13 日的"授予垄断硝石权"这一王室公告，其颁布专门是为了"增加和维护女王陛下的火药储存来服务于她的军械署"[①]。

---

① P. L. Hughes & J. F. Larkin, *Tudor Royal Proclamations*, Vol. 3, p. 49.

因为硝石是制造火药所需的重要原料。

伊丽莎白女王时期，随着专利范围颁发的日渐泛滥，甚至征收对外贸易关税的权力也化为了某些人的"专利"。最为典型的例证，即 1600 年 1 月 9 日颁布的关于"授予征收丝、细麻布、波纹绸关税的专利状"这一王室公告，该王室公告竟然授权专利人享有上述商品关税征收权专利的期限为 10 年之久。①

二 劳工工资与立法

（一）工资立法产生的背景

英国政府对工资的管制始于中世纪有名的黑死病时期。此后，这种工资管制逐步趋于严格化和固定化。后面将要提到的诸多工资方面的立法正是在这种背景下应运而生的。

1. 黑死病与工资管制

14 世纪席卷整个欧洲的黑死病，揭开了英国政府管制劳工工资的序幕。在这场大瘟疫浩劫中，英国人口大幅度缩减。据估计，当时有大致 1/3 到 1/2 的人口死亡，因而在许多农村地区出现了大片空闲的无主土地，同时劳动力奇缺。许多靠工资为生的劳动者身价陡升，他们时常以离开为由要挟雇主为自己涨工资。同时，由于爱德华三世（1327—1377 年在位）降低便士的含银量，造成劳工的实际工资收入显著缩水，因而这些劳动者们也大声抗议要求增加工资。

据估计，在黑死病爆发期间，英国劳工的工资大幅上涨。如一个盖屋顶工的助手的日工资，从爱德华一世（1272—1307 年在位）时的大约一便士，涨至 1350 年的二便士以上。② 而在黑死病肆虐之后，由于劳动力锐减，雇工的工资仍呈持续上涨趋势。如在 14 世纪中期至 15 世纪中期之间，从事一般性农活的雇工日工资上涨达到了 50%—75% 之多，而建筑工匠更是涨到了 75%—100%。③ 不断高涨的雇工工资给其

---

① P. L. Hughes & J. F. Larkin, *Tudor Royal Proclamations*, Vol. 3, p. 225.
② ［英］约翰·克拉潘：《简明不列颠经济史：从最早时期到一七五〇年》，第 166 页。
③ J. F. C. Harrison, *The Common People: A History from the Norman Conquest to the Present*, London: Croom Helm, 1984, pp. 66 – 70.

雇主们造成了与日俱增的经济压力，为了阻止工资上涨的势头，他们纷纷联合向政府和议会请愿和游说，要求采取措施。

政府对他们的呼吁积极回应，为此颁布了许多法规，力图将工资标准恢复到黑死病之前的水平上。英国历史上最早规定劳工工资的两大专门法规——1349年《劳工条例》和1351年《劳工法令》，即是在此种情形下应运而生的。两法令均要求，不论自由的还是为奴的，所有身体健全的男女人等，只要缺乏固定的谋生手段，都要参照旧的工资薪酬，并在其雇主处一直服役至自己的契约失效为止。[1]

英国政府当时任命和派遣一批专职劳工法官赴全国各地管制和厘定工资，以确保上述法令的顺利推行。但后世大多数史学家都质疑《劳工条例》与《劳工法令》的执行效果，认为其是彻底失败的。[2]

鉴于黑死病导致当时劳动力极为匮乏，因此人数有限的劳工就成了劳动力市场中的稀缺资源和抢手货，所以他们的工资大幅上涨具有必然性，这是由劳动力市场供求关系决定的，是不受立法者、雇主们的意志所左右的。所以，依靠立法来强制压低劳工的工资既脱离于当时的社会经济现实，也是违逆经济规律的。同时，由于作为劳工法规在各地的主要具体执行者，某些治安法官们也对此态度较为消极松懈，导致许多措施最终都流于形式。上述因素就促生了著名的1563年《学徒法令》的出笼。

2. 1563年《学徒法令》与工资管制

1563年《学徒法令》于伊丽莎白女王当政时期颁布。该法令意欲解决的核心问题即工资管制及其执行问题。下面结合其内容作一分析。

该法令所确定的首要目标是，通过政府强化工资监管，保持劳工工资水平与当时不断攀升的物价大致相当，以维护雇主和雇工的双方利益，维持社会秩序的稳定。正如法令所说："虽然以前所制订的诸

---

[1] G. B. Adams & H. M. Stephens, *Select Documents of English Constitutional History*, London: Macmillan, 1901, pp. 114 – 115.

[2] E. Lipson, *The Economic History of England*, Vol. 1, London: Adam and Charles Black, 1942, p. 115.

多有关农业和'其他行业'的徒工、仆人和工人的法令至今仍然发生效力,但某些法令也确有不完善及相矛盾之处,主要是许多法令所制定的工资和报酬在许多情况下畸低。鉴于物价上涨,这些法令的执行势必造成贫苦工人和被雇者的极大痛苦和负担……朕甚望本法令得受认真施行,其应收消除闲惰现象、发展农业之效,而那些在繁忙期或清闲期受人雇佣之人亦能得获适当之薪。为此特制定本法令。"①

关于该法令的具体细节,可参见下表:

表3-3　　　　　　　　1563年《学徒法令》详情表

相关官员	厘定时间	工资形式	公证、批准及公布程序	执行要求	惩戒规定
各州郡的保安长官、行政司法长官、城市的市长,司法长官或其他长官、城市范围内的保安长官	是年6月10日以前或在之后每年复活节后首次举行的州郡会议上,或在复活节后的6周内的某个合适时间	可计年、计日、计周、计月,或按其他形式	须于每年7月12日以前,把评定工资的结果及理由写成书面形式,逐级呈送大法官法庭—财政大臣—女王陛下,或呈报诸大臣或枢密院其他成员。付印,并于9月1日以前,送达各郡。还要于米迦勒节②以前的集市日在公开的市场,予以公布,并在合适的地方张贴布告。如果各郡长官和治安长官在首次州郡法庭上保留或改变前一年评定的等级,需于每年7月12日以前将决议呈请大法官法庭批改下发。如果评定无须改动,前一年所做的评定继续有效	规定各州郡保安长官、城市的或自治镇的市长或主要长官需分成若干地区,每年在圣米迦勒节和耶稣圣诞节(12月25日)和圣浸礼降生节之间,对本法令诸条文及其执行情况进行认真调查。如发现任何违误,严加惩戒,不得偏袒或挟嫌报复。每个保安长官、市长或主要长官,每次为执行本法令开庭一天,可得到5先令的报酬,此款从本法令中的罚金中支付	评定工资时,治安长官缺席者处以25英镑罚金。雇主发放工资超过评定标准者,监禁10天,并罚金5英镑。接受工资者,监禁21天

---

① 齐思和、林幼琪选译:《中世纪晚期的西欧》,商务印书馆1962年版,第207—216页。
② 为英国四结账日之一。

因为1563年《学徒法令》不仅充当了都铎时期工资国家管制的重要法律工具，同时也为相关王室公告的制订提供了立法依据，所以其对当时的经济生活具有极为重要的意义。下文涉及的诸多工资方面王室公告的制订依据即该法令，而且它们也服务于确保该法令的执行到位。

（二）工资方面王室公告概况

工资问题是都铎时期工业领域里颇受王室公告关注的焦点之一。根据统计，都铎政府1563—1590年期间一共颁布了多达50项关于工资厘定的王室公告，涉及全国23个地区（见表3-4）。

前文提到，1563年《学徒法令》是都铎国王制定工资方面王室公告的主要依据。根据相关统计，伊丽莎白一世时期工商业王室公告中1/5部分的主题即依据该法令来评定工资。这种工资方面王室公告的形成及颁布的一般流程如下：首先在仿羊皮纸上誊写好由各地治安法官所制订的当地各类工资目录，上报大法官法庭核准，然后将印刷完毕的王室公告复本由枢密院指令送至各郡，最终经郡守和其他官员公布之后正式施行。下面梳理和分析该时期的工资王室公告，以期重现都铎政府的工资政策及其演变过程。

1563年6月7日颁布的厘定拉特兰郡的工资王室公告，是1563年《学徒法令》颁布后的首项关于厘定工资的王室公告，也是留存至今的都铎时期最早的工资厘定方面的王室公告，因而具有特别的意义。

表3-4　　　都铎时期工资厘定类王室公告概况表

地区	次数
伦敦	17
肯特郡	2
埃塞克特郡	4
埃塞克特城	1
拉特兰郡	1
林肯郡	1
林肯城	1

续表

地区	次数
新温莎	1
德文郡	2
赫特福德郡	1
坎特伯雷	2
兰开斯特郡	1
切斯特	6
唐克斯特	1
约克郡东区	1
海厄姆费勒斯，汉茨	1
新萨鲁姆	1
金斯顿与赫尔	1
北安普顿郡	1
里德，肯特	1
约克城和约克郡	1
南安普顿	1
科尔切斯特	1
总计	23	50

资料来源：根据P. L. 休斯和J. F. 拉金的《都铎王室公告》一书进行统计并制表。

下面所引为该王室公告的主要内容："依凭该法令，根据该法令的要求，若干治安委员会所辖的各郡、行政区、辖区的治安法官，或居住在同一辖区内的其他治安法官们，及郡的郡守（如其便利），以及任何治安法官所在的任何市或城镇范围内的全体市长、行政官，或其他官员，须集合起来，以谨慎地行使限制、厘定、规定技工、手工艺人、农民、劳工、雇工及工人的工资的职权，并依该法令所赋予的权威，在该法令所限定的日期前，将所制订的工资及税赋在女王陛下的大法官法庭予以公证；因而目前其在大法官和国玺大臣看来系合法的，由此向女王陛下（及其继任者或继承人），或她的枢密院大臣及其他成员宣布，向由治安法官和其他官员规定的若干工资等级所涉及的郡及地区推行王室公告，以女王陛下之名义，命令一切人等即刻遵守，并加以该王室公告和法令所限定的惩罚和没收性质的威慑。"①

首先，该王室公告不仅确立了以治安法官为主导，郡守、市长及其他地方官员协作的工资体系，而且还规定了工资的厘定程序。

此外，该王室公告还要求应依据物价水平厘定工资标准的基本原则。其规定："根据相关法令，鉴于考虑亚麻、羊毛、皮革、谷物和其他食物的高昂之价格……拉特兰郡的治安法官被授权厘定技工、劳工和雇工的工资等级并征税"，嗣后该原则在其他涉及工资问题的王室公告中也均被提及，如1563年6月8日厘定肯特郡工资的王室公告中如是说明："谷物、粮食、食品，以及其他必需品的缺少和匮乏，以至于此时它们在该郡是如此之短缺和昂贵，致使穷人不能以合理的价格来获取他们的生活必需品，是上述经治安法官和郡守厘定和征课的工资及标准如此之高的缘由和因素。"②

下面是根据该王室公告所厘定的一份拉特兰郡的工资目录片段。从中可知，当时主要是按照工匠的工种、性别、伙食档次等来规定各个手工业行业的工资标准的，这种做法被以后的王室公告承袭并不断完善。

表3-5　自复活节至米迦勒节期间技工、劳工和雇工日工资表③

工种	含肉	无肉
刈草工	5便士	10便士
男收割工	4便士	8便士
女收割工	3便士	6便士
男干草工	3便士	6便士
女干草工	2便士	5便士
细木匠首领	6便士	10便士
细木匠的不满四年学龄的学徒	3便士	7便士

① P. L. Hughes & J. F. Larkin, *Tudor Royal Proclamations*, Vol. 2, p. 211.
② P. L. Hughes & J. F. Larkin, *Tudor Royal Proclamations*, Vol. 2, pp. 212, 218.
③ P. L. Hughes & J. F. Larkin, *Tudor Royal Proclamations*, Vol. 2, pp. 213-214.

第三章　国家治理工业领域相关立法考察

在其他工资方面的王室公告中，有些不仅厘定了各类工匠的最高工资，还按技艺水平（最好的及次等的）和身份（工头及普通工）、季节（夏季及冬季）划分等级确定他们的最高工资，并明确规定了童工的年工资，例如1563年6月8日厘定肯特郡工资的王室公告规定："14—18岁儿童的年工资为20先令，或相应的肉、饮料和布料，以及一个季度6便士的工资。"① 鉴于鼓励雇用童工是伊丽莎白时期济贫政策的一项内容，目的是缓解社会贫困问题，这表明当时政府的工资管制措施已经注意与社会济贫事务相结合了。

还有某些王室公告以结婚与否为尺度来划定工资等级，这说明王室公告制定者们考虑到了当时男人养家糊口的压力。例如在1563年1月12日后厘定的新温莎的工资标准的王室公告中明文规定，"已婚的农场男管理员的年工资不得高于46先令8便士，制服费用为10先令；若未婚则年工资不得高于40先令，制服费是6先令8便士。"②

此外，某些王室公告还专门确定了计件工人的工资，如1563年1月12日后厘定的新温莎的工资标准的王室公告规定："为一夸特的新小麦脱粒者的工资为12便士，为一夸特的大麦脱粒者的工资为8便士。"③ 说明当时政府工资厘定的实践日益贴近了社会生产实践，日趋务实化。

政府对英国的传统民族工业毛纺织业非常重视，为保证毛纺织品的质量及在国外市场的竞争力，还注意将工资厘定、羊毛生产环节中的质量控制、销售环节中的价格确定相结合。若干王室公告就反映了这种情况。例如1576年9月24日关于厘定切斯特的工资的王室公告规定，市长、市议员、市议会和郡守可规定羊毛的纺织、梳理、编织、摇摆、缩绒、染色过程中的等级、价格和重量，并进行指导，并遵照要求执行。④

---

① P. L. Hughes & J. F. Larkin, *Tudor Royal Proclamations*, Vol. 2, p. 217.
② P. L. Hughes & J. F. Larkin, *Tudor Royal Proclamations*, Vol. 2, p. 219.
③ P. L. Hughes & J. F. Larkin, *Tudor Royal Proclamations*, Vol. 2, p. 220.
④ P. L. Hughes & J. F. Larkin, *Tudor Royal Proclamations*, Vol. 2, p. 409.

鉴于同业公会实际上扮演着管理城市经济生活的角色，所以政府在管制工资时注重从行业管理的角度来厘定工资，利用同业公会的作用。如在1563年8月3日厘定伦敦工资的王室公告中，政府以同业公会为单元，详细确定了各种工匠的工资限额。如对隶属同业公会的工人、熟练工或雇工按年度规定工资，并以年、星期或日为计量时段厘定同业公会工匠们的工资。

随着手工业技术的发展，都铎时期手工业的分工日益精细化，此种情况相应地反映在一些工资方面王室公告中。如在1565年8月厘定里德、肯特的工资方面王室公告中所涉及的工匠分类之多，限制条款之严密，均是其他工资方面王室公告所不可比拟的，以至于在该王室公告的结尾还专门解释了其中原因："造成上述工资标准的特殊的多样性之原因，部分是源于工匠们精妙的智识和技艺，部分是源于他们所运用的工具和器械上较重的税负，部分也出于土地的多样性。"[①]

（三）伦敦与工资方面王室公告

从表3-4来看，伦敦系当时工资管制的重点地区。就所发布的工资方面王室公告数量来说，伦敦无疑堪称全国之最，在全部50项王室公告中，伦敦一地就多达17项，竟然占到了1/3强。之所以如此，首先是因为伦敦在全国经济格局中举足轻重的地位。其次，通过管制伦敦的工资，可以收到引领示范效果，从而影响和带动全国。

关于16世纪伦敦工资管制，英国著名经济史家麦克阿瑟曾从伦敦市的公会档案中搜集到大量相关珍贵资料。这些资料包括王室公告复本、证明书、评估书、会议通知等，时间起止于1564—1590年。它们基本上反映出当时伦敦工资管制方面的情况，为研究伊丽莎白时期的工资管制问题提供了有说服力的佐证。

通过考察这些文献，麦克阿瑟发现：在1563年《学徒法令》颁布之后的28年里，至少21年中的工资厘定活动均是根据该法令进行的。他的主要依据如下：

---

① P. L. Hughes & J. F. Larkin, *Tudor Royal Proclamations*, Vol. 2, p. 270.

表 3-6　伦敦市工资厘定活动相关佐证文件概况表（1564—1590）

年份	文件情形
1564 年 5 月 30 日、6 月 1 日	含一份王室公告的复本及证明书，在该王室公告复本中附有一份完整的工资评估表
1576	含一份附有完整的工资标准的王室公告及其证明书的复本
1578	藏有一份工资方面王室公告，该王室公告附有一份日期为同年 6 月 1 日的工资目录的证明书及一份日期为同年 7 月 28 日的令状
1580	存有一份王室公告及其证明书，另附一份日期为同年 6 月 20 日的令状的复本
1583	藏有一份工资方面王室公告的大部分文本
1584—1585	存有一份王室公告及其证明书，另附一份记载有完整的工资标准的王室公告复本
1586—1589	存有若干令状、王室公告以及含有工资目录的证明书
1590	存有一份令状，其明确授权一项王室公告可以规定前些年所制订的工资标准应予遵守

根据以上资料，麦克阿瑟认为："在伊丽莎白女王统治的大部分时期里，在伦敦这一王国里最重要和享有最高特权地位的城市中，伊丽莎白工资法令被系统而认真地予以了执行。"他凭此得出的结论是："毋庸置疑，在伊丽莎白女王统治的大部分时间里，评定工资成为伦敦市内治安法官们日常工作的一部分。"[①]

所以说，麦克阿瑟通过辛勤研究而得出的上述结论是有充分事实基础的和令人信服的。可以认为，在都铎英国，政府依赖治安法官等官员，以工资方面王室公告为主要法律手段，以伦敦市为重点地区，对全国各地劳工们的工资进行了长期的监管。

三　同业公会与立法

都铎王室公告中仅有两项有关行会的王室公告，一项是 1514 年

[①] E. A. McArthur, "The Regulation of Wages in the Sixteenth Century", *The English Historical Review*, Vol. 15, No. 59 (Jul., 1900), pp. 445–455.

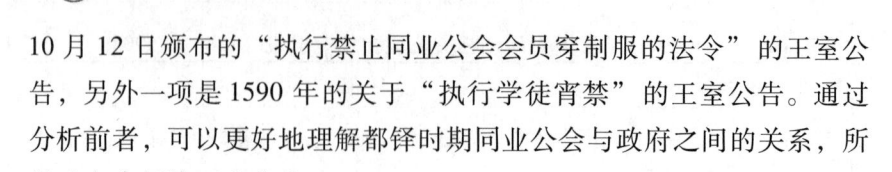

10月12日颁布的"执行禁止同业公会会员穿制服的法令"的王室公告,另外一项是1590年的关于"执行学徒宵禁"的王室公告。通过分析前者,可以更好地理解都铎时期同业公会与政府之间的关系,所以重点介绍该王室公告。

(一)制服公会与制服

都铎时期是英国封建社会解体,资本主义生产关系形成的重要时期,英国传统的手工业行会此时实现了向公会的转变。这种公会,在形式上是手工业行会的延伸;在规模上是手工业行会的扩大;在职能上是手工业行会的继续;在构成上是手工业行会的翻版。① 这种公会在城市经济活动管理中基本继承了手工业行会的传统,它们通常对其所在城市的某一行业也拥有垄断权,在维护城市的经济秩序方面发挥了一定作用。

在当时的伦敦有12个大型公会,为了互相区别,各公会都拥有自己统一的制服(livery或clothing),所以又被称为制服公会或同业公会(Livery Company),其内部的独立开业者分为制服作坊主(householders in the livery,或称制服会员,masters in the livery)和非制服作坊主(householders out of the livery,或称非制服会员,masters out of the livery)两类,两者皆属于师傅行列,有权独立开业、招收学徒和帮工。前者多为批发商或工业雇主,可以穿着公会规定的长袍,拥有特权,制服就是他们权力的标志。后来,有一批较小的同业公会也仿效12个大型同业公会,以制服来区分成员。

(二)王室公告制定的目的及背景

该王室公告是为执行理查德二世第13年(1389)法令第3章等8项关于制服问题的议会法令而颁布的,之所以颁布该王室公告是因为:"许多法令被制定和确立以惩罚下列人等,通过发誓、约定、制服、文件、记号、徽章,或他物,给予或接受制服的人,或任何私藏制服的个人或人群,处以法令所包括的各种惩罚和罚没;但是仍有许多人等穿戴着它们,有些给予或接受、制服,并窝藏或被窝藏,而与

---

① 金志霖:《英国行会史》,上海社会科学院出版社1996年版,第161页。

第三章 国家治理工业领域相关立法考察

上述法令相逆,但对违法者的惩罚极轻微或缺失;因此许多谋杀、暴动、骚乱、非法集会、非法干涉、收买法官,以及其他极大的罪恶随之而生,每日使国王陛下的臣民陷于被侵犯和恐慌之中,并且妨害了法律的执行。"[1]

由于该王室公告是在理查德二世第13年(1389)法令第3章等法令的基础上产生的,因此有必要先了解一下这些法令产生的时代背景。

在中世纪的伦敦,各个手工业行会都拥有自己本行业专门的制服,它们的成员通过穿戴特别颜色的衣服或制服来互相区别。英国著名作家乔叟(Chaucer)曾对此描述道:"另外有帽商,木匠,织工,染工和家具商,都同我们一起,穿的是同样的服装,属于同一个声名赫赫的互助协会。"[2] 到中世纪后期,制服具有了重要的社会意义。因为一些行会师傅经常命令他们的成员穿上制服,长此以往就在他的周围培植了一批追随其的目无法纪的团伙,他们有时甚至以暴力来威吓法庭,从而对城市的公共秩序造成了严重的威胁。早在理查德二世(1377—1399年在位)时期,为遏止这种现象,曾经颁布了一些法令,但因为缺乏强有力的机构来执行,所以都无果而终,这种情况一直延续到亨利七世即位之前。

但值得一提的是,在1389年召开的议会上,下院议员曾联合提出过一项反对行会允许其成员穿制服的请愿。其主要内容为:"又在行会、兄弟会或任何别的社团的口实下,不问是上流阶级及其仆人,或普通人,都不颁予制服;而且在议会闭幕后十个月,已有的都须废止。若是任何人违反该法令而穿制服,他应不许赎罪而科以徒刑一年,此外,该行会和兄弟会将失去它的市民权,没有市民权的行会和兄弟会应向国王缴纳罚金百镑。该宣言,公布于王国内的所有市邑和市镇,并迅速地加以执行。于是行会不得违反该法令给任何人以制

---

[1] P. L. Hughes & J. F. Larkin, *Tudor Royal Proclamations*, Vol. 1, p. 124.
[2] [英]杰佛雷·乔叟:《坎特伯雷故事》,方重译,上海译文出版社1983年版,第9页。

服，违者，向国王缴纳罚金百镑。"① 但理查德二世国王对这项请愿未予答复。

到1406年，虽然亨利四世颁布过一项禁止穿戴制服法令，但却明确地将行会例外于法令限制："只有行会及兄弟会，以及依善良意向与目的而建立的行会的成员，属于例外。"②

之所以出现这种情况，其原因正如斯塔布斯所说，"统治集团与手工业行会之间的斗争，还未决定。"③ 由于英国当时的手工业行会大多是通过王室特许状而建立起来的，它们据此掌握了城市工商业的管理权，而且其上缴款项也基本上都直接送到王室金库，所以它们与王室的关系要较与市政当局的关系更为密切。换言之，因为这时行会组织的实力尚未达到威胁市镇和市民阶层利益的程度，尽管议会下院受部分反对行会特权的市民的支持和鼓励，多次请愿要求废除行会穿戴制服的特权，但以国王为首的统治集团对此还是主张采取安抚的政策，所以下院的屡次请愿没有取得明显的效果也就在情理之中了。

但在15世纪中叶以后，随着行会已发展为同业公会，其在城市经济领域的作用和影响不断扩大，其作为一个有组织的团体与各统治阶层之间的斗争也表面化和激烈化了。市民阶层对他们以前所拥有的一些特权，尤其是他们穿戴制服的特权的反对呼声日益高涨。而都铎时期是下院兴起的时代，当时下院已确立了自身在社会经济立法中的重要地位，其影响力已足以推动国王。同时，统治集团对社会经济立法也更为重视了，正如有人所指出的那样："西方的各大王国至少都曾试图对行会制度实行统一的全国立法。"④ 所以，下院对制服问题坚持不懈的请愿行为终于得到了议会和国王的关注和重视。这一切终于导致在亨利八世时期限制和取消同业公会享有的特权政策的出台。

---

① [英] W. J. 阿什利：《英国经济史及学说》，第335—336页。
② 7 Henry IV c. 14, *The Statutes of the Realm*, Vol. 2, London: Record Commission, 1810 – 1828, p. 156.
③ W. Stubbs, *The Constitutional History of England*, Vol. 3, Oxford: Clarendon Press, 1926, p. 637.
④ [德] 汉斯·豪斯赫尔：《近代经济史：从十四世纪末至十九世纪下半叶》，第154页。

1514年关于"执行禁止同业公会穿制服的法令"的王室公告实际上就是这种政策的直接产物。

而1590年9月24日的关于"执行学徒宵禁"的王室公告则与都铎时期流民和乞丐所引发的社会治安问题有关。当时一些学徒、无业者和流浪者,聚集在伦敦城郊周围,不时袭击林肯学院的校舍,并闯入和破坏校舍的房屋,所以国王颁布王室公告禁止伦敦各公会的学徒于晚上9点以后外出,违者处以监禁。①

---

① P. L. Hughes & J. F. Larkin, *Tudor Royal Proclamations*, Vol. 3, p. 60.

第四章

国家治理贸易领域相关立法考察

第一节 国内贸易立法

16世纪英国国内商业方面的立法主要是围绕物价、粮食贸易、铸币、度量衡等方面事务来制定的,下面就这些立法的酝酿过程、具体内容及其作用作一概要介绍。

一 物价方面立法

（一）酒类定价方面王室公告

在都铎时期,针对当时物价飞涨的情况,"议会的许多成员将之归于'贪婪的与无法满足的人们寻求他们唯一看重的金钱与收益。'其他人则将价格革命归咎于出口商们,后者被认为将如此之多的物品送往海外以至于'谷物、食品和木材变得相当缺乏与价格极高'"①。英国政府为此采取了各种手段进行遏制,例如1555年,当物价上涨超过一定水平时,议会便禁止出口食物与木材。② 王室公告这时也被作为一种重要的价格控制工具得到了充分运用。表4-1展示了政府

---

① David Hackett Fischer, *The Great Wave: Price Revolutions and the Rhythm of History*, Oxford: Oxford University Press, 1996, p. 75.
② "An Act to Restrain in the Carrying of Corn, Victuals and Wood over the Sea", in R. H. Tawney and Eileen Power, *Tudor Economic Documents*, Vol. I, pp. 150 – 152.

第四章　国家治理贸易领域相关立法考察

为了抑制物价飞涨的势头发布的共计30项王室公告的基本情况，六类商品被规定了官方最高限价。

依据下表，在各类商品中，酒类的价格受到了王室公告最为频繁的"青睐"，因为限制酒类价格方面的王室公告占全部限价王室公告的64%之多。其中缘由何在？下面具体分析之。

1. 酒类定价相关王室公告的背景

表4-1　　　　　都铎时期价格类王室公告一览表

国王＼类别	食物	肉类	糖类	啤酒花	酒类（含法国酒）	弓箭盔甲	总计
亨利八世		1	1		7	2	
爱德华六世	3				1		
玛丽一世	1						
伊丽莎白一世	1			1	12		
次数	5	1	1	1	20	2	30

资料来源：根据［英］P. L. 休斯和 J. F. 拉金的《都铎王室公告》一书进行统计并制表。

首先，酒类在中世纪的英国大众消费中扮演着重要的角色。自13世纪以降，法国葡萄酒，尤其是波尔多的优质葡萄酒，开始驰名于全欧洲。"自从罗马帝国灭亡以来，法国葡萄酒就主宰了欧洲市场。早在14世纪，波尔多和字艮地两个地方产的葡萄酒就被认为是最好的，成为贵族和富裕的资产阶级餐桌上的必备品"。而英国不仅是法国葡萄酒的主要海外市场之一，而且"英格兰一直是波尔多葡萄酒的市场"①。英国每年都斥巨资从法国进口大量的法国酒。例如在1565年的伦敦进口商品名录中，进口酒类项共计耗费了48634镑，仅次于进口数量最多的亚麻布（86250镑）。② 可以说，英法之间传统的主要贸

---

① ［英］罗伊·斯特朗：《欧洲宴会史》，第65页。
② J. Thirsk, *Economic Policy and Projects-The Development of a Consumer Society in Early Modern England*, p. 73.

易就是酒类贸易。

然而，绵延一个多世纪的百年战争（1337—1453）使英法两国长期交恶，导致两国间的贸易关系极不正常，贸易活动时断时续，起伏波动甚大。至都铎时期，上述状况也无根本改观，有时情形甚至更甚于以往。同时，英国的对外贸易在很多时候在受到外交关系的影响与制约之外，开始对敌对国家的进口商品征收高额关税，而且还限定特定进口商品在国内的销售价格以减少进口商品的销售收入，打击敌对国的外贸。故此，每当英法关系紧张甚至恶化时，来自宿敌法国的酒则首当其冲成为"替罪羊"了。

其次，在16世纪的英国物价暴涨风潮中，由于"所有的葡萄酒，不论产地远近和品质高低，全都价格上扬"[①]，对英国广大民众的酒类消费产生了一定消极影响，政府自认有责任采取措施平抑酒价。

2. 酒类定价相关王室公告分析

通过表4-1可以看出，酒类价格限制的主要对象是来自法国的酒类，颁行这些王室公告，主要目的是减轻国内消费者的经济压力，但间接对法国的酒类出口造成了一定不利影响。

都铎时期留存至今最早的一项物价方面的王室公告，即亨利八世国王于1534年11月7日所颁布的酒类限价王室公告。该王室公告明确规定了自法国及加斯科尼进口酒的价格，当时确定每桶上等法国或加斯科尼酒的最高价格为4镑。违者将予以没收并予以处罚。全国各地的市长、郡守、法警、治安官，以及下属的其他官员，被责成依据该王室公告及为此制定的另一项议会法令所规定的条款监督执行，时务需恪尽职守，违者予以重罚其极端严重的后果负责。[②]

出于监管酒类市场价格的需要，政府嗣后的管理逐步趋于严格化与精细化。首先，依据进口法国酒的质量及等级来确定最高销售价格。例如1538年11月20日的酒类定价王室公告规定，上等法国及加斯科尼酒每桶价格为5镑。1541年12月7日王室公告则规定，上

---

① [法] 费尔南·布罗代尔：《资本主义论丛》，顾良等译，中央编译出版社1997年版，第259页。

② P. L. Hughes & J. F. Larkin, *Tudor Royal Proclamations*, Vol. 1, p. 220.

等法国及加斯科尼酒每桶价格为5镑，次等的为4镑6先令8便士。①其次，更改先前仅规定批发价格的惯常做法，对零售价也加以规定，酒价的管制更趋严厉和苛细。如1546年6月11日的为酒类定价王室公告就确定了加斯科尼酒和法国酒的市场零售价。

据统计，伊丽莎白一世时期先后发布12项王室公告限定酒类的最高售价。为加大对酒价的控制力度，市民可因酒价提高而在财务署法庭任意提起对酒类商贩的诉讼。②

（二）其他限价方面王室公告

1. 对食物限价的王室公告

都铎时期，英国各地物价急剧攀升，尤其是食品价格更是快速上涨。有学者曾进行过相关统计，如将1501—1510年的物价指数确定为100，1551—1560年达到了290，至1583—1592年跃升为318，而17世纪初已蹿升到438，物价涨幅之大和涨速之快由此可见一斑（见表4-2）。

表4-2　　都铎时期（1501—1602）食品价格上涨情况表

年份	食品	在前一个十年的基础上增减的百分比
1501—1510	100	—
1511—1520	101	+1
1521—1530	138	+37
1531—1540	131	-5
1541—1550	179	+37
1551—1560	290	+62
1561—1570	260	-10
1571—1582	296	+14

---

① P. L. Hughes & J. F. Larkin, *Tudor Royal Proclamations*, Vol. 1, pp. 277, 305.
② F. A. Youngs, *The Proclamations of the Tudor Queens*, p. 126.

续表

年份	食品	在前一个十年的基础上增减的百分比
1583—1592	318	+7$^{1/2}$
1593—1602	438	+38

资料来源：Ken Powell & Chris Cook, *English Historical Facts* 1485—1603, London: Macmillan, 1977, p. 194.

注：食品包括小麦，豆类，大麦麦芽，奶酪，黄油，牛肉，羊，猪，鸡，鸽，鸡蛋，鲱鱼。

当时，英国各地市场上种种食品投机行为十分猖獗，导致食品价格居高不下，普通民众的日常生活大受影响，社会秩序混乱，政府迅速出手予以缓解，不少关于限制食物价格的王室公告应运而生。针对当时市场上混乱的食品价格，共计有5项王室公告专门规定了官方最高限价，它们分别于1549年、1550年、1551年、1556年、1588年颁布。

如以1588年8月7日的"为食物定价"王室公告为例，其规定的最高价格如下，一夸脱最好的、干净而新鲜的小麦，市场定价为20先令，一夸脱二等的小麦定价为16先令，等等。女王陛下的王室市场检查官（及其代理人或陪审团），被王室公告责成依据其职位宣誓和负责，为各种食物、马肉、寄宿所以及其他社会必需品厘定价格。[①]

2. 对弓箭和盔甲限价的王室公告

中世纪的欧洲尚属冷兵器时代，而弓箭和盔甲则是不可或缺的重要军需装备。都铎时期，物价的飞涨也波及军需物资，因为弓箭和盔甲价格昂贵，增大了政府的军需开支和财政压力。在亨利八世时期，这种情形尤为严重，为此英国政府颇为关注。

因之，专门针对弓箭和盔甲的价格问题，亨利八世先后制定了两项王室公告。其一，肯特郡治安法官威廉·博伊斯曾于1542年5月6日致信加莱的审计官爱德华·林利，反映辖区的人们因弓箭价格过于

[①] P. L. Hughes & J. F. Larkin, *Tudor Royal Proclamations*, Vol. 3, p. 20.

昂贵而望之兴叹的窘状,并认为,如果对此现象予以纠正,将使王国拥有大量的射手,就如多年以前那样。① 其二,政府在同年 8 月 31 日颁布了一项王室公告以限制弓箭的价格,其理由是臣民们未能"以合理而便宜的价格得到弓箭来为国王陛下及王国服务"。该王室公告不仅对弓、箭,还对盔甲等作战物资征缴税金并根据等级确定了相应的价格,市长、郡守、治安官及其他官员被授权予以执行。② 至伊丽莎白女王时期,亦曾关于弓之价格颁布过专门的议会法令(即《关于制弓者及弓之价格之法令》)③。

3. 肉类定价方面王室公告

据统计,1490—1640 年,英国肉类的价格竟增长了七倍之多。④ 这使得以肉类为主要食品的英国民众倍感压力。因此,政府响应普通民众的呼声,以王室公告为手段对肉类价格加以管制。

关于发布此类王室公告的目的,以 1544 年 5 月 21 日的王室公告为例,其开篇便强调,因为"更多地考虑自己的私利而非王国的公共福祉的肉店和其他的食品商们,已将鲜肉、牛肉、羊肉、牛犊肉,以及其他的家禽肉和食物的价格过分地提高,以至于国王陛下的臣民以他们的劳动收入已不足以支付适合于他们的食物及生活资料,除非为此采取迅即的补救措施"⑤。各地治安法官与市长等官员被责成负责监督执行。国王的财务署法庭、王座法庭、普通诉讼法庭或枢密院还授权根据法令的授权审判裁决与该王室公告有关的案件;为表明政府的惩罚决心,此类案件的被告人不得延期出庭或得到保护,也不得接受担保。⑥

4. 糖类定价方面王室公告

糖在中世纪的英国属于一种奢侈消费品,在 15 世纪和 16 世纪,

---

① R. W. Heinze, *The Proclamations of the Tudor Kings*, p. 10.
② P. L. Hughes & J. F. Larkin, *Tudor Royal Proclamations*, nos. 213.
③ 伊丽莎白第 8 年法令第 10 章。*The Statutes of the Realm*, Vol. 4, p. 493.
④ Arthur F. Kinney & David W. Swain, ed., *Tudor England: An Encyclopedia*, p. 494.
⑤ P. L. Hughes & J. F. Larkin, *Tudor Royal Proclamations*, Vol. 1, p. 331.
⑥ P. L. Hughes & J. F. Larkin, *Tudor Royal Proclamations*, Vol. 1, p. 333.

它还是王公们用于馈赠的高级奢侈品。① 其本身就供应量稀少、价格畸高，在都铎"价格革命"时期，由于糖价腾贵，所以1543年5月2日的一项王室公告为抑制过高的食糖价格而专门发布。据记载："糖价在不到一年的时间里从每磅2便士、3便士和4便士，涨至现在的每磅9便士和10便士，已经既不合理也不公平了，极大地伤害了国王陛下所爱护的忠实臣民们维持其礼节及家庭必要的支出了。"②

此外，啤酒是英国民众所喜爱的一种日常消费品，而啤酒花是啤酒酿造不可或缺的重要原料。由于物价上涨，加之原料经销商的垄断投机活动，导致啤酒花与啤酒的价格也节节攀升，为保障酿造者和消费者的利益，有必要控制其价格，所以1564年1月30日一项关于"降低啤酒花的价格"的王室公告得以颁布。

二 粮食贸易与王室公告

（一）粮食囤积方面王室公告概况

都铎时期粮食方面的王室公告主要是关于打击粮食囤积行为的，这方面的王室公告共有8项（见表4-3），这反映出当时粮食投机囤积现象的严重。通过分析这些王室公告，可以更好地了解这一时期英国粮食贸易的情况。

表4-3　都铎时期打击粮食囤积行为方面王室公告简况表

国王	发布时间	王室公告内容
亨利八世	1512年	禁止垄断粮食和军需供应（未经准许的）
	1527年	责令调查委员会成员清查粮食囤积行为
	1527年	禁止粮食囤积
	1534年	责令惩罚粮食囤积者

---

① ［法］费尔南·布罗代尔：《15至18世纪的物质文明、经济和资本主义》第2卷，第189页。
② P. L. Hughes & J. F. Larkin, *Tudor Royal Proclamations*, Vol. 1, p. 318.

续表

国王	发布时间	王室公告内容
爱德华六世	1551 年	责令改革铸币、囤积和圈地
	1551 年	执行针对抢先批购商（forestaller）、居中转售商（engrosser）、囤积居奇商（regrater）的法令
伊丽莎白一世	1598 年	执行先前反粮食垄断方面的法令、王室公告和命令
	1600 年	责令惩罚粮食囤积商

资料来源：根据［英］P. L. 休斯和 J. F. 拉金的《都铎王室公告》一书进行统计并制表。

（二）囤积行为受禁的背景

在中世纪的英国，囤积行为长期以来就受到法律的严厉制裁和打击。在英国法律中还专门规定了与囤积有关的几种违法行为。下面就这些问题作以进一步解释。

1. 英国法律中对囤积罪的定义

囤积罪（Engross）系指购进大量粮食或其他日用品，再以高价卖出从中牟利的行为。[1] 自中世纪起，这种犯罪就被视为严重违法行为而遭到打击。在英国法律中，与囤积犯罪有关的几类不法行为包括：抢先批购（forestalling），即试图以任何手段抬高货品的价格或劝诱商人们不去市场或不携带商品去市场，或在货物运往市场的道路上购买或订立购买合同的行为；囤积居奇（regrating），指在方圆四英里的地区内大量收购粮食或其他供应物品的行为；居中转售（engrossing），系买断食物或尚在田地里的粮食谋求再次出售的活动。[2]

2. 囤积行为被禁止的原因

这首先是受中世纪里盛行的"公平价格"观念的影响。关于商品价格，中世纪的大众普遍持一种"公平价格"的观念，认为每一件商品的适当价格都对应于该商品的抽象价值，该抽象价值的构成成分包括自然法则和原材料的真实价值、劳动、制成品所花费的时间等

---

[1] ［英］戴维·M. 沃克：《牛津法律大辞典》，第380页。
[2] W. S. Holdsworth, *A History of Law*, Vol. IV, p. 375.

等。这种公平价格无论何时何地都应是一成不变的,除非因为缺乏原材料而引起其价格上涨,导致总产品的价格上升的情况之外。依据这种观念,商品短缺时商人抬高价格,商品供大于求时买主压低价格,此类做法都是错误的。而从这些观念出发,人们必然得出的结论是,价格上涨往往是可以被人为抑制的,因为其仅仅是少数人的非法活动及自私自利行为所导致的。

在这种观念的操纵下,本来都铎时期粮食价格频频上涨是因农业歉收所而导致的,然而从下层普通民众到上层统治者们都将价格上涨归罪于粮食中间商们,并一致主张对后者实施严厉的惩罚。所以,亚当·斯密如是评论:"歉岁,下级人民,往往把他们的困苦归因于谷物商人的贪婪。于是,谷物商人,成为他们憎恶和愤怒的目标。"[①]

其次,囤积行为之所以受到禁止和打击,还因为抢先批购商们的行为破坏了公平竞争的原则,使其他人丧失了参与平等竞争的机会。而在粮食等生活必需品供应短缺之时,囤积居奇商们高价抛售以及居中转售商们人为操纵粮食供给以牟取暴利的行为,都严重扰乱了市场秩序,恶化了经济环境,甚至有时还会造成骚乱事件乃至引发社会动荡。

受上述观念的影响,都铎政府采取了打击各种囤积和垄断行为的政策,而立法则充当了这一政策的主要工具(见表4-4)。

表4-4　　都铎时期打击囤积和垄断行为相关立法简况表

国王	法令	内容	《王国法令集》中出处
亨利八世	第25年法令第4章	关于禁止抢先批购和囤积鱼的法令	第3卷第440页
	第37年法令第15章	关于禁止囤积羊毛的法令	第3卷第1004页
爱德华六世	第5及第6年法令第14章	关于禁止囤积居奇商、抢先批购商及居中转售商之法令	第4卷第148页
	爱德华六世第5及第6年法令第15章	关于禁止囤积鞣制皮革之法令	第4卷第150页

[①] [英]亚当·斯密:《国民财富的性质和原因的研究》下卷,郭大力等译,商务印书馆2014年版,第102页。

第四章　国家治理贸易领域相关立法考察

（三）反粮食囤积方面立法分析

都铎时期，关于粮食贸易的王室公告，大都颁布于因发生农业歉收而粮食供不应求的时期。这些王室公告兼顾国内外粮食贸易，面向国内，禁止和打击粮食囤积和垄断，责令粮食供应商务必保证优先供应国内市场；对外，则限制或禁止粮食出口。

例如，在16世纪30年代严重的粮食歉收期间，鉴于当时国内粮食供应形势异常紧张，枢密大臣克伦威尔积极呼吁议会制定法令，以响应各地要求清查全国粮食储备情况的建议，但未获议会接受。于是他于1534年11月建议国王颁布一项应急性王室公告，国王很快就满足了他的愿望。该王室公告严词斥责那些发了大财的囤积商，说粮食价格高昂是他们导致的。由于他们仍然在买进粮食，从而造成粮食紧缺。于是发布通告要求已拥有充足的粮食作为种子和家用之人不得再购粮食。除为伦敦或其他城市，或为烤制面包和为舰队提供供应之外，任何人不得购买小麦或黑麦以倒手转卖。违者将加以国王任意裁决的监禁和罚金。此外，王室公告还对囤积或垄断粮食者处以监禁和没收所有物品及动产的惩罚。王室公告还授权组建了一个专门委员会。其主要职能是负责清查各地粮食数量。另外，督令粮食有余的人按合理价格在市场出售粮食，违者将处以罚金和监禁。地方官员负有保证王室公告执行和向委员会或大臣和枢密院报告违法者的职责。[1]

枢密院在相关王室公告的执行过程中扮演了重要角色。打击囤积行为是他们的工作重点，除了督促各地强化执行力度之外，他们时常借助星室法庭等特权法庭来惩罚粮食大囤积商，震慑其他商人，以儆效尤。例如1597年10月在星室法庭，首席检察官爱德华·科克起诉了数名囤积粮食的诺福克郡人，他们违反相关的王室公告，不仅在住宅私自囤粮，并公然在市场外面大肆买卖粮食。最终，原高级警官爱德华·佛兰明翰被处以高达500镑的罚金，并要求其于诺福克等地公开悔罪，另为穷人捐款40镑，并被撤销其警察职衔。另因囤积罪被

---

[1] P. L. Hughes & J. F. Larkin, *Tudor Royal Proclamations*, nos. 151.

处罚金 20 镑的有两名麦芽酒酿造商及另两位绅士，甚至一位教堂牧师也被罚金 40 镑。①

伊丽莎白一世后期，政府曾将粮食贸易方面的行政管理法规汇编成册并命名为《法令全集》下发各地。其中指定负责监督粮食方面王室公告执行的最高机构为枢密院。其规定每月的工作惯例是，各郡郡守需将当地粮食供应及法令实施情况上报枢密院。枢密院被授权处理各地治安法官的懈怠职责等行为。为了保证执行效果，各郡郡守及治安法官将各郡下分为若干区域，各区域推选社会贤达人士组成陪审团，陪审团成员须宣誓尽力清查各区粮食供应情况。各市的市长定期要与邻近各郡的治安法官召开联席会议，协调处理市镇内面包商、啤酒酿造商及私人所需粮食问题。②

三　高利贷与立法

自中世纪以降，英国的经济生活秉承并奉行着古老的传统工商业伦理，其主要涉及工资观念、价格观念、生产观念和利润观念等方面，其中关于利润，存在着一种所谓的"合理的利润"观。即要求商人们合理取利，反对牟取暴利，严格禁止高利贷行为。

所谓的高利贷指对借贷款收取高额利息的行为。而教会对高利贷的定义，则以教皇乌尔班二世的解释最为全面和经典，他认为：（1）高利贷是指通过借贷而要求高于借贷价值的任何情况。（2）通过高利贷赚钱是一种罪孽，这是被《旧约》和《新约》都禁止的。（3）在所有物之外希望接受另外的所有物，是一种罪孽。（4）通过高利贷获得的东西必须完全归还给真正的主人。（5）要求赊账购买者以更高的价格购买是明白之误的高利贷行为。③

英国传统对高利贷行为历来持谴责态度，因为在"公平廉洁的人中，贷款并不收取利息，很可能连本金也不责成债务人偿还，这往往

---

① F. A. Youngs, *The Proclamations of the Tudor Queens*, p. 118.
② N. S. B. Gras, *The Evolution of the English Corn Market*, Cambridge: Harward University Press, 1926, p. 237.
③ Jaques Le Goff, *Your Money or Your Life*, New York, N.Y.: Zone Books, 1988, p. 28.

第四章　国家治理贸易领域相关立法考察

被认为是一种义务"。而高利贷"在过去和现在都是一种不公正的争斗,是'极端需要'和'无耻贪婪'之间的一种不平等的交易……其所以成为罪恶,就在于人们在贷出款项时,不管有无风险,总指望产生某种收益。这是一种罪恶,因为金钱本身是不结果实的——亚里士多德曾经这样说过——金钱不会生出金钱"[1]。

高利贷禁令最初的理论来源是基督教会所崇奉的《圣经》。如《利未记》中要求,"神使你的兄弟与你同住,你借钱给他,不可向他取利,借粮给他也不可向他多要"。《申命记》中也提到,"你借给你兄弟的,或是钱财,或是粮食,无论什么可生利的物,都不可取利。借给外邦人可以取利,只是借给你兄弟不可取利"。

到了 12 世纪,基督教神学家托马斯·阿奎那等人从神学、伦理学和经济学诸方面加以阐释,使得高利贷禁令发展成为一套系统而完善的理论体系。

在托马斯·阿奎那的《神学大全》中指出:"贷放金钱来收取高利这件事本身就是不公平的,因为这是出卖并不存在的东西的行为。很明显,由此必然产生不均等的后果,而不均等是违背公正精神的。"该书甚至申明:"从任何人那儿收取高利都是确实有罪的:因为我们应该把所有的人都作为邻人或兄弟看待,特别是在一切人等都被召唤前往的真理的国度里,更是如此。"[2]

这种反高利贷思想也深刻地影响到社会的方方面面。早"在加洛林王朝统治时期,高利贷行为不仅受到教会的指责,而且还受到世俗统治者的指责"[3]。高利贷现象被世俗统治者共同视为洪水猛兽而大加挞伐。

在中世纪英国,这种反高利贷理念很早就已植入法律之中。据记载:"对商业起最大限制作用的是高利贷禁令。一本名为《忏悔者爱

---

[1] [英]约翰·克拉潘:《简明不列颠经济史:从最早时期到一七五〇年》,第252—253页。

[2] 巫宝三主编:《欧洲中世纪经济思想资料选辑》,第16—17页。

[3] [苏] A. 古列维奇:《中世纪文化范畴》,庞玉洁等译,浙江人民出版社1992年版,第324页。

德华法令》大约早在 12 世纪就汇编出来了。据说爱德华曾规定要对高利贷者施加没收财产和剥夺公民权的惩处：'国王常说他在法国宫廷逗留时，就曾说高利贷是万恶之源'。但随着别树一帜的教会法庭的兴起，高利贷案件也从世俗的司法裁决转到教会法庭……1341 年的法令，曾批准了这两种司法权的调和方式：'国王及其继位者对死去的高利贷者具有审理权；神圣教会的忏悔牧师对于教会中现存的高利贷者具有审理权，可借助于神圣教会对其罪行的谴责，迫使违反神圣教会法律的高利贷者进行赔偿'。但是基督教会一直没有先于舆论行事，因此 14 世纪后期，国会常常抱怨教会法庭对此漫不经心，不闻不问。因此，早在 1363 年，伦敦市政厅便不得不在国王授权下制订反高利贷罪恶的法令；而在 1377 年，在市长和高级市政官员们处理的一个案件里，他们又越俎代庖对高利贷者进行判处，没收为其索取的利息的一倍价值的财物。"①

此外，"爱德华一世时期于 1274 年、1275 年及 1290 年，并可能于 1284—1286 年针对高利贷制定了王室公告和法令"②。同时，由于当时英格兰境内的犹太人常以放高利贷为业，所以"至少从 1215—1290 年驱逐（犹太人）期间，有着若干现存的关于犹太高利贷的法令，它们或禁止其或规束其"③。

处于近代转型时期的英国都铎政府，也不仅将禁止高利贷视为社会经济生活中的道德戒律之"紧箍咒"笼罩于芸芸大众之上，还积极颁订法律将其法律化并调动国家法律机器严施厉行。

如爱德华六世国王（1547—1553 年在位）时期，议会专门颁布了名为《禁止高利贷之法令》④ 的法令，要求全国各地官员严厉打击发放高利贷行为。

---

① 巫宝三主编：《欧洲中世纪经济思想资料选辑》，第 235—236 页。
② Gwen Seabourne, *Royal Regulation of Loans and Sales in Medieval England*： "*Monkish Superstition and Civil Tyranny*"，Rochester, N. Y.：The Boydell Press, 2003, p. 30.
③ SR I：10, "Brand 'Jews and the law'"，转引自 Gwen Seabourne, *Royal Regulation of Loans and Sales in Medieval England*, p. 30.
④ 爱德华六世第 5 及第 6 年法令第 20 章。*The Statutes of the Realm*, Vol. 4, p. 155.

四　贸易中心城镇与王室公告

据记载,较早的关于贸易中心城镇的王室公告颁布于 1326 年,其规定在英格兰(伦敦等地)、爱尔兰、威尔士设立 14 处贸易中心城镇,专门从事羊毛、羊皮和皮革贸易。[①]

在毛纺织业方面的都铎王室公告中,贸易中心城镇由于其在羊毛贸易中特殊的作用有时也成为王室公告管制的对象,而这一般是在政府对羊毛出口进行限制等情形下发生的。例如,1546 年 3 月 4 日"实施贸易中心城镇的羊毛出口管制"的王室公告规定:"贸易中心城镇的商人、他们的仆员,以及羊毛代理人,应在王国境内制造纱线、帽子、腰带,或呢绒,并不得再售羊毛,或者贸易中心城镇的商人或他的仆员或羊毛代理人,仅可运输羊毛至前述贸易中心城镇,违者处以没收运输或交易的羊毛双倍的价值。"[②]

再如 1549 年 5 月 18 日的关于"监管羊毛贸易"的王室公告曾指出:"由于一些人的贪婪,通过各种手段使他们自己成为或被任命为呢绒商或贸易中心城镇商人的代理人,近来为了他们自己的私利而买卖羊毛,不仅使羊毛的价格在短时期内上涨了……而且导致呢绒商不能够按照王国法律和法令的规定以公正的宽度、长度、质地和品质来制造呢绒",所以,王室公告要求:"任何贸易中心城镇商人……不得在王国境内销售羊毛。"[③]

这样,通过王室公告对贸易中心城镇的羊毛贸易活动的治理,羊毛进出口贸易比较有效地控制在政府手中,从而保证了羊毛关税的增加和征收。

第二节　对外贸易立法

在都铎时期对外贸易方面立法中,商品进出口及与西欧大陆国家

[①] E. Lipson, *The Economic History of England*, Vol. 1, p. 556.
[②] P. L. Hughes & J. F. Larkin, *Tudor Royal Proclamations*, Vol. 1, p. 364.
[③] P. L. Hughes & J. F. Larkin, *Tudor Royal Proclamations*, Vol. 1, pp. 457–458.

的贸易这两方面内容构成了立法的主体。

一　进出口类立法

（一）概况

1. 相关议会法令

表 4-5　　　　　伊丽莎白时期进出口相关议会法令简况表

法令	内容	《王国法令集》中出处
第 1 年法令第 1 章	关于王国将皮革油脂或原兽皮作为商品输出视同重罪之法令	第 4 卷下册 第 370 页
第 18 年法令第 9 章	关于禁止将皮脂及原毛皮自王国输出之法令	第 4 卷下册 第 619 页

资料来源：根据［英］P. L. 休斯和 J. F. 拉金的《都铎王室公告》一书进行统计并制表。

2. 相关王室公告

表 4-6　　　　　都铎时期进出口类王室公告概况表　　　　　（单位：项）

类别	商品									总计
禁止出口类	谷物	金银	皮革及油脂	青铜	蜡烛	钱币	武器	啤酒	煤	羊毛	
	16	2	2	2	1	1	1	1	1	1	28
禁止进口类	全部货物	法国酒									
	3	2									5
特许出口类	黄油和奶酪	食品									
	1	2									3
特许进口类	加斯科尼酒	法国酒									
	1	1									2

续表

类别	商品								总计
允许出口类	谷物								
	2								
限制出口类	食物								
	3								
管制原料出口类	羊毛								
	2								
总计									45

资料来源：根据［英］P. L. 休斯和 J. F. 拉金的《都铎王室公告》一书进行统计并制表。

在都铎时期的对外贸易中，受早期重商政策以及其他客观因素的影响，进出口活动时常成为政府的监督对象。这种倾向也反映在王室公告上。根据统计，在整个都铎时期，共计有 45 项王室公告直接与进出口事务有关，有谷物、金银等 10 类商品的出口被禁止。上面的表格（见表 4-6）就大致体现了当时进出口方面王室公告的情况。

（二）粮食出口王室公告

在禁止出口方面，粮食因其对于国家安全的至关重要性受到了王室公告的极大关注。根据上面的统计，在全部 28 项禁止出口类王室公告中，竟有 16 项（占 57%）是关于谷物的。这种情况与都铎时期特定的历史背景有关。

15 世纪末至 16 世纪上半期，数次严重的农业歉收先后袭击了英国，粮食收成大幅下降。据学者统计，1550—1599 年，粮食产量下降了 13%。[1]

所以，"16 世纪时……当时粮食供给情况日益恶化，尤其各个城镇……的供给情况更是糟糕"[2]。为此，当时英国各城市都普遍实施

---

[1] ［法］费尔南·布罗代尔：《15 至 18 世纪的物质文明、经济和资本主义》第 1 卷，顾良等译，生活·读书·新知三联书店 1992 年版，第 141 页。

[2] ［意］卡洛·M. 奇波拉：《欧洲经济史》第 2 卷，第 390 页。

了贮藏粮食政策，保证食品供应的稳定成为各地政府的首要职能，王室公告这时就自然成为实现这一职能最合适的工具了。

都铎时期，由于农业基本上靠天吃饭，粮食供给不够稳定，所以经常出现粮食歉收→市场供不应求→粮价上升的恶性循环。因而，政府希望通过限制或禁止粮食出口来优先保证国内供应，并最大程度地平抑粮价，一般会在粮价高涨时期颁布粮食问题方面的王室公告。

自1531年起，都铎政府开始限制粮食出口。由于全国粮价当时上涨了25%，所以同年4月9日、8月25日先后颁布了两项关于限制粮食出口的王室公告。[1]

政府在限制粮食出口的同时，为强化粮食出口管制，往往还发布王室公告要求粮食出口商必须持有国王颁发的特许状。例如1531年7月29日前颁布的一项王室公告就禁止无特许状的粮食出口。需要说明的是，这些关于管制无特许证的粮食出口的王室公告属于临时性的应急措施，而且它们都是依据法令而制定的。[2] 例如1534年的一项议会法案中就规定无特许状不得出口粮食。

此外，为了约束和限制粮食出口，都铎政府一般会通过规定法定的粮食价格的方式。例如1555年的"限制粮食食品及木材出海法案"，明文要求利用价格手段来控制粮食等的出口，规定只有当国内小麦、黑麦、大麦的价格分别低于每夸脱6先令8便士、4先令、3先令时，才可允许粮食任意出口。此后随着粮食出口控制日益收紧，政府规定的粮食价格水平不断升高，如1563年的最高粮食价格上调到每夸脱10先令，1593年又升至20先令。[3]

但由于实际价格很少降到法定的最高限价以下，因此都铎政府也时常根据各地的实际灵活地处理粮食出口问题。其具体做法为，首先由枢密院对来自地方官吏的报告进行研究，然后由财政大臣及其所属

---

[1] Alan Everitt, "The Marketing of Agricultural Produce", in H. P. R. Finberg, *The Agrarian History of England and Wales*, Cambridge: Cambridge University Press, Vol. 4, 1972, p. 487.

[2] R. W. Heinze, The Proclamations of the Tudor Kings, p. 119.

[3] 1 & 2 Philip & Mary, c. 5; I Eliz. I, C. 13; 35 Eliz. I, c. 7.

第四章　国家治理贸易领域相关立法考察

的关税官员来管理出口。而且从 1565 年开始，枢密院还派遣地方性委员会来监督粮食出口。

为了强化政府对粮食出口的控制，都铎后期还设立了若干由政府指定的出口港。例如伊丽莎白女王就曾发布过一则王室公告，指定赫尔河畔的金斯敦市（Kingston upon Hull）为专门的出口港。①

为了有效地打击私自出口粮食的商人，若干王室公告规定了严厉的惩罚措施。例如在 1531 年 9 月 7 日的一项王室公告中，要求采取"恐怖的惩罚"以阻遏违法者和禁止所有粮食出口（除了对加莱的例外和持有特许状的个人之外）。并警告说，如果有超过 40 先令价值的食品在任何船只（事先未向港口官员报告）上被发现，它们将被没收，即使它们并不打算运往国外，以保证王室公告的有效执行。港口的官员被授权扣押和王室公告相违背的一切正在运输的食品，"并负责向财政大臣报告参与运输者的名字"②。

（三）其他进出口方面的王室公告

在都铎时代，除了个别时期，英国政府基本上执行了鼓励出口，限制进口的政策。

当时，一方面因为英国的贵金属藏量比较贫乏，另一方面受早期重商主义潮流的影响，都铎政府首先在国内通过向贵族、冒险家、商人等颁发特许状，鼓励他们去寻找和开采金银矿，并自亨利七世起明确规定英格兰和威尔士境内开采出的金、银的 1/5 属于国王。其次，又严格限制金属的外流，长期采取禁止金属出口的政策，甚至有时连钱币也包括在内。这就导致了禁止出口金银、青铜和钱币方面王室公告的出现。

为了保障英国工业生产者的原料供应和保护本国工商业对外国商品的竞争力，都铎政府奉行保护关税政策，即限制或禁止原料和半成品输出、制成品输入。由于羊毛、皮革和煤分别是英国毛纺织业以及鞣皮业、煤炭业等工业所需的重要原料，自然受到了政府的格外关

---

① F. A. Youngs, *The Proclamations of the Tudor Queens*, p. 111.
② P. L. Hughes & J. F. Larkin, *Tudor Royal Proclamations*, nos. 134.

125

注，它们的出口被严厉禁止或受到管制。蜡烛、武器这些工业制成品有时也被禁止输出，以避免客观上有利于他国而影响到英国的利益。

都铎时期的英国深受早期重商主义思想的影响。而早期重商主义者认为，凡输入而与本国制造品竞争的一切外国制造品，都应课以高关税，或禁止输入。因此，对于有贸易逆差的敌对国几乎所有进口货物都要加以异常的限制。① 这种思想被都铎统治者积极遵循，并体现在王室公告中，例如1543年、1564年、1585年先后有三项王室公告禁止从外国进口任何货物。尽管英国长期以来是法国酒的主要海外市场，而且英国的许多商人通过销售法国酒而致富，但为了打击宿敌法国，1558年和1564年有两项王室公告下令禁止进口法国酒，即使有时允许进口，也通过由国王授予特许状的方式来加以限制，例如1512年特许进口加斯科尼酒的王室公告和1579年特许进口法国酒的王室公告。

二 对外贸易与王室公告

（一）都铎时期对外贸易领域王室公告概况

如前所述，随着关税等工商业收入在都铎政府财政结构中地位的日益重要，都铎时期的历代君主都非常重视发展对外贸易。为了促进对外贸易的发展，他们都尽可能维持与大陆国家的正常关系，努力改善贸易条件，最大限度地保持外贸的顺利和快速发展，从而增加关税收入和充实国库。例如，培根曾就亨利七世对英国对外贸易的重视态度指出："作为一个喜爱财富的国王，他不能容忍对外贸易的衰落。"因此，"他关心贸易，特别是与尼德兰（即荷兰）的贸易，因为那里的安特卫普港是欧洲贸易无可匹敌的中心。通过他签订的商约，确保了英吉利商业冒险家的特权利益"②。

在都铎时期的对外贸易交往中，王室公告不仅常被用来管制英国与特定国家的贸易活动，而且这些王室公告也基本上反映了都铎国王

---

① [英]亚当·斯密：《国民财富的性质和原因的研究》下卷，郭大力等译，商务印书馆2014年版，第69页。

② [英]安东尼娅亚·弗雷泽编：《历代英王生平》，杨照明等译，湖北人民出版社1985年版，第211页。

的上述政策方针。

根据统计（见表4-7），在全部43项外贸方面的王室公告中一共涉及10个与英国有外贸联系的欧洲国家，但仅法国一国就占了全部43项王室公告中的25项（58%），这说明当时两国外贸交往之频繁和重要。所以，下面以与法国有关的王室公告为主来说明这一时期英国外贸的基本情况。

表4-7　　都铎时期对外贸易领域王室公告概况表

国王＼国家	外国	法国	西班牙	苏格兰	葡萄牙	低地国家	勃艮第	德国（即汉萨同盟）	丹麦	奥地利	俄国	总计
亨利七世		2					2					4
亨利八世	1	7										8
爱德华六世				1								1
玛丽一世						1						1
伊丽莎白一世		16	3	1	2	5		1			1	29
总计	1	25	3	2	2	6	2	1			1	43

资料来源：根据［英］P. L. 休斯和J. F. 拉金的《都铎王室公告》一书进行统计并制表。

进入16世纪，英国的封建传统经济逐渐衰落，新兴资本主义经济迅速上升；民族国家日益壮大，专制君主制日益成形；旧贵族与新贵族、资产阶级的力量对比呈现此消彼长的变化；民族国家的理念正在替代传统的王国观念。反映在对外关系上，商业利益日益取代领地利益的趋势逐渐主导了对法战争的指针。

因此，这一时期的英国对法政策呈现出显著的两重性，一方面，既要避免与法国爆发大规模的冲突或战争，缓和长期以来的敌对关系，又要争取欧洲大陆上的可能的盟友，以防范和制衡日益强大的法国；另一方面，既要照顾和安抚旧贵族们传统而深厚的仇法情绪，又要兼顾与考量新贵族、中产阶级的商业利益和国家利益。所以，英法之间的关系自1492年英法《埃塔普勒条约》订立以来已趋缓和，虽仍偶有战事，但极端的对立仇视状态已不再成为两国关系的主流。到了16世纪，在西欧大国关系格局中，出现了英法西三强鼎立的局面，西班牙这时已取代法国成为英国最主要的敌人，法国在更多的时候成为决定英西争霸胜负重要的砝码，英国对法国更多地需要拉拢和利用，分化乃至防止其与西结盟，英法两国的外交关系较为平和，贸易往来也基本正常化了。

关于英法之间贸易关系的诸多王室公告正是在这样的背景下出台的。一方面，在两国关系相对平稳的时期，为了笼络法国，以使其在英国同西班牙的斗争中保持中立，英王制定的若干王室公告体现了向法国商人示好、维护两国正常贸易联系的态度。例如，命令公正处理法国和丹麦的渔民的王室公告（1491）；对外国商人和英国人按同等税率征税的王室公告（1539）；特许所有进口的法国酒直到1580年3月20日的王室公告（1579）等。

但另一方面，在两国处于敌对甚至兵戎相见的时期，从当时颁布的王室公告的主导思想来看，它们仍反映出英国人传统的仇法态度，并且大都体现出严格限制法国商品进口以打击法国经济的导向。

由于法国酒长期以来构成英法贸易的一个大项，而英国是法国酒的主要海外市场之一，所以法国每年从向英国出口自己的酒而大获其利。因此，法国酒就成为英国针对法国贸易主要的打击对象。当时限制法国酒进口的主要手段是通过限定最高价格这种间接方式，正如一项王室公告中所说明的那样，"这主要是由于国内一些不法商人通过走私将法国的酒带入英国，并抬高了酒价，导致每年王国的大量财富被消耗，以至于使王国也变穷了"[1]。为此，一系列专门针对法国酒

---

[1] 1575年7月15日王室公告。P. L. Hughes & J. F. Larkin, *Tudor Royal Proclamations*, Vol. 2, p. 394.

的王室公告在都铎时期,特别是在伊丽莎白时期被制定并严厉实施,沉重地打击了法国酒的出口贸易。这些王室公告主要有:禁止进口法国的酒(1564年1月8日);确定最好的法国酒每桶价格为6镑6先令8便士(1564年12月22日);确定最好的法国酒每桶价格为7镑6先令8便士(1565年12月20日)等。

除了法国之外,英国与其他几个西欧外贸伙伴国之间的贸易关系走向也与双方外交关系保持着紧密联系。由于篇幅所限,这里就不一一列举了。

最后,值得一提的是,尽管关于英国与汉萨同盟之间外贸关系的王室公告仅有一项,但由于汉萨同盟在英国存在的历史实际上是英国自中世纪到近代早期全部对外贸易历史的缩影,所以有必要对该项王室公告专门进行分析和解读。

(二)"命令驱逐汉萨商人"王室公告(1598年1月9日)

伊丽莎白一世曾于1598年1月9日颁布过一项在英国外贸发展史上具有重大意义的王室公告,该王室公告题为"命令驱逐汉萨商人"。这项王室公告实际上既是对中世纪以来围绕英国的对外贸易主导权所展开的一场汉萨同盟与英国之间控制和反控制的斗争史的回顾,也是宣告汉萨同盟势力被驱逐出英国以及英国最终赢得国家贸易自主权的胜利的一种法律形式上的成果。通过对这一漫长而艰辛的斗争过程的考察,可以加深我们对这一王室公告重要意义的理解。

英国摆脱汉萨同盟等外国商人的控制,夺取对外贸易的主导权的过程,是一个漫长而艰辛的历程。

早在14世纪时,英国人在商业上就对汉萨同盟贸易体系存在着很大依赖性。当时在北欧贸易中,由于汉萨商人通过控制挪威和丹麦的统治权而迫使英国人撤出了冰岛贸易,英国商人几乎完全被排挤出了北海、波罗的海和斯堪的纳维亚地区。由此,汉萨商人控制了英国的对外出口运输业务。据统计,当时英国"呢绒出口的22%、蜂蜡出口的97%,以及英国其他近7%的外贸,都用汉萨船只装运"①。在英国，汉萨商人也享有特权地位，包括设在伦敦办事处斯蒂尔雅德（Steelyard）的治外法权，并享有所有进出口贸易镑税免除权。这种镑税在当时是连英国商人都要缴纳的一种法定关税，其规定按货物价值征收，每镑为12便士，而汉萨商人却享有免除权。

显然，英国人要掌握国家的贸易自主权，首先要排除的障碍就是汉萨同盟，所以他们反对汉萨商人的斗争也最为激烈。

到爱德华四世（1461—1483年在位）时期，曾借口汉萨商人反对英国人穿越北海的航行活动而决心取消汉萨商人在英国的经商特权，以实行报复，但由于汉萨商人曾支持他恢复王位，所以他很快又迫于压力被迫恢复了他们的特权。根据1474年签订的《乌特勒支条约》，在英国，汉萨同盟享有爱德华四世及其先祖们所赐予的全部特权（例如司法豁免权等），如汉萨商人在英牵涉民事和刑事纠纷，海事法庭及其他法庭无权裁决，应由英王直接任命的两名以上的官员处理并不经任何法律程序等。②当时英商出口未修整的呢料每匹缴纳关税14便士，而汉萨商人只需交12便士。汉萨同盟的优势和特权此后进一步扩大了，英国的对外贸易继续受到阻碍。

都铎王朝的亨利七世国王上台后，顺应英国民族国家发展的潮流，采取了发展对外贸易、殖民探险和商业扩张为核心的重商主义政策，努力提高英国的国际地位。他借助市民阶级的支持，进行了抑制和打击汉萨同盟特权的斗争。

首先，他使英国和丹麦于1490年签订了《英丹条约》，结束了与丹麦之间长达40年的纠纷。该条约保护英国人在斯堪的纳维亚国家任何时候所享有的一切特权：如获准进行冰岛贸易；享有最惠国待遇等。③

同时，亨利七世还鼓励发展航运业，借此来削弱汉萨商人的势

---

① A. F. Pollard, *The Political History of England*, V, 1485—1547, London: Longmans, 1906, p. 97.

② D. Macpherson, *Annals of Commerce, Manufactures, Fishery and Navigation*, London: Mundell and Son, 1805, pp. 609–691.

③ A. F. Pollard, *The Political History of England*, V, 1485—1547, p. 98.

力。如 1485 年的一项法令规定，以后加斯科尼和基尼的酒，须由英吉利、爱尔兰或威尔士船只装运，而且船上的水手组成应以英吉利人、爱尔兰人、威尔士人或加来人为主，否则不得在英王领地内出售。而 1489 年的另一项法令则将这一禁令扩大到包括托鲁斯的菘蓝（一种染料）和酒，还规定船主和水手应为英王的臣民。并规定英国臣民在进出口贸易中禁止使用外国船只，如果在他们所在的港口有足够的英国船只的话。这两项航海方面的法令主要是针对汉萨同盟商人的。

在高涨的民族意识的推动下，英国人反对汉萨商人的斗争不断升级。1495 年，愤怒的伦敦市民袭击了汉萨同盟在伦敦的办事处。之后，亨利七世以外交手段进一步将矛头对准了汉萨商人及其特权地位。第一，他与丹麦国王签订条约，恢复英国人的权利，他们可以自由地航行，到冰岛渔场开展业务活动；第二，英国与里加港进行谈判，以便将其从汉萨同盟的阵营中分化出来，保证英国人获得相应的贸易特权。总之，在亨利七世时期，汉萨同盟的特权遭到了一定的打击和削弱，但根本动摇汉萨同盟在英国的特权地位的客观条件尚未成熟。

亨利八世时期是汉萨商人的特权在英国最为兴盛的年代，首先，因为他曾借用汉萨商人的商船来对国作战。而且他因为婚姻问题及宗教改革问题而与西班牙交恶，双方冲突激烈，所以他被迫与汉萨和解。这就使汉萨同盟获得了喘息之机。

年幼的爱德华六世继位后，由于其父亨利八世生前积欠巨额债务，国库空虚，相继以首席摄政名义控制实权的萨默塞特公爵和诺森伯兰公爵，迫于财政压力，不得已向托玛斯·格雷沙姆爵士主持的伦敦商人冒险家公司借债。格雷沙姆答应说服公司商人扩大向王室贷款，但要求政府采取坚决措施，打击商人冒险家公司的商业劲敌——汉萨商人，收回颁发给他们的特许状，彻底取消奠定在《乌特勒支条约》基础上的全部汉萨同盟特权。在政府的决策过程中，诺森伯兰公爵是关键人物。他坚定地主张取消汉萨同盟的贸易特权，维护英国商人的利益。由他掌控的枢密院同意立即取缔汉萨同盟商人的特权，并

有形之手：16世纪英国工商业领域的国家治理

于1552年2月24日宣布"反对斯蒂尔雅德的判决"，该判决表达了英国人打击和剥夺汉萨商人所有特权的决心。由此基本废除了汉萨同盟的贸易特权，德国商人的地位被降至与其他外国国家同等的地步。[1]但枢密院的判决并未彻底剥夺汉萨商人的特权，因为根据当时的进出口关税税率，汉萨商人缴纳的进口税（3便士）仍然要低于英商（12便士）。

玛丽女王上台后，执行了亲哈布斯堡王朝的外交政策。由于她当时意欲和德国皇帝查理五世之子联姻，而汉萨商人却是皇帝的臣民，于是所有针对汉萨商人的禁令都被取消了，当时汉萨同盟的势力大有卷土重来的势头。英商在大陆处境大大恶化了，他们不仅被挤出了波罗的海各港口，而且在尼德兰也受到汉萨商人的竞争。

玛丽死后，最初主张废除汉萨同盟特权的促进者之一的威廉·塞西尔在伊丽莎白女王治下主政。他积极主张废除汉萨商人的特权。1560年英国与汉萨同盟签订了新条约，新约尽管允许汉萨同盟商人重返英国，他们仍保有在伦敦的斯蒂尔雅德，可出口呢料至他们自己的城市，出口关税与英商相同，但条件是他们不能出口到意大利或尼德兰等，也不得享有任何特权，而"英国商人冒险家则获得了运送呢料到荷兰和德国西部的垄断权"[2]，该条约最终打破了德国人在北海和尼德兰贸易中的传统优势地位。

到1579年，女王进一步将汉萨商人的地位降到其他外商之下，并最终于1598年将他们彻底驱逐出英国，是年，英国政府占领了汉萨商人在伦敦的大本营——斯蒂尔雅德，并驱逐了其雇员。这样就彻底铲除了汉萨同盟商人在英国的残余势力，取得了反对汉萨同盟的胜利。这一胜利对英国的意义十分重大，因为"这一与汉萨同盟的争斗是赢得商业自治权所必不可少的开端"[3]，其标志着英国自此赢得了

---

[1] J. A. Williamson, *Maritime Enterprise 1485–1558*, New York: The Macmillan Company, 1913, pp. 164–167.

[2] J. Holland Rose, eds., *The Cambridge History of British Empire*, Vol. 1, New York, Cambridge: Cambridge University Press, 1929, p. 39.

[3] J. Holland Rose, eds., *The Cambridge History of British Empire*, Vol. 1, p. 39.

国家对外贸易的主导权。

此后，尽管汉萨同盟仍对英国不时造成一定的威胁，但由于当时英国政治和经济实力的长足增长，汉萨同盟也处于衰落之中，其敌对影响日益式微，已对英国构成不了实质性威胁了。

值得指出的是，在都铎时期，英国已成为中央集权的民族国家，因此英国人同汉萨同盟之间斗争的性质发生了一定变化。近代早期英国人反对汉萨商人的斗争，已不再是中世纪那种不同封建利益集团之间的争斗，而是英吉利民族国家与汉萨集团这一松散的城市联盟之间进行的民族斗争，具有反对外来侵略、争取民族独立的鲜明特色。

第五章

国家治理工商业相关立法执行问题

在 16 世纪英国，工商业治理的贯彻和执行主要依靠行政、司法两种途径来进行。这两种途径分别具有自己相对独立的组织体系。它们也是都铎王朝国家机器的重要组成部分，都铎政府的任何大政方针必须通过它们方可顺利实施。同样，只有借助这两大执行体系的配合，政府治理的各项政策目标才能得以实现。

第一节 工商业立法的行政执行

在都铎英国，工商业治理的推行依赖于当时较为系统而严密的行政组织体系，其中枢密院充当着主导者和组织者的角色，而地方上的郡守、市长等市政官员、治安法官等则是具体实施者。这种体制比较符合英国的国情，有利于充分发挥都铎时期政权运作体系各组成部分的职能，对于保证工商业经济治理的顺利实施起到了一定作用。

一 都铎行政执行体系

（一）枢密院

早在诺曼王朝（1066—1154）时代，国王设立了御前会议组织以加强自身统治，该组织当时称为"咨议院"。咨议院又下分为两部分。其中一部分伴驾国王，成为后来的枢密院的雏形，其享有咨询、

第五章　国家治理工商业相关立法执行问题

决策等职能。其设有主席一人，负责在国王缺席时主持枢密院会议及其日常事务。还设有常任秘书，负责记录会议内容。另一部分咨议院大臣和少数高级法官留在威斯敏斯特王宫中的星室房间，负责受理诉讼，由此产生了星室法庭。咨议院的机构设置及职能直到都铎王朝初期基本没有大的变化。

亨利八世时期，当时英国面临的国内外形势非常严峻。内政上，对法战争屡屡受挫，为筹集军费而被迫在国内征收重税，使得国内反战和抵制重税的呼声日益高涨；外交上，亨利八世因与王后离婚遭到罗马教廷、神圣罗马帝国及国内旧贵族的一致反对而被孤立。为了摆脱困境，推行宗教改革，加强王权，亨利八世只得起用代表新兴改革势力的乡绅与资产阶级阶层人士来改革内政，加强国家机器。

至16世纪30年代，咨议院逐渐嬗变为一个常设性正式中央机构，即后世所称的"枢密院"（Privy Council）。在这一演变过程中，出身于乡绅阶层的首席国务大臣克伦威尔起到了至关重要的作用。他和议会下院议长奥德利及后来担任坎特伯雷大主教的克兰默等改革派利用掌握中央权力中枢的机会，对都铎政府机构和体制进行了被称为都铎"政府革命"的全面改革。首先，克伦威尔扩大了首席国务秘书（The Secretary of State）的职权。他将首席秘书原先只负责替国王起草文件、掌管国王私玺和处理外交事务的职权，扩大到处理立法、司法、军事、行政、财政、教会、宫廷及地方行政等领域。这样，首席秘书不仅由以前的国王私臣变成了正式的政府大臣，而且也成为实际上的政府核心。英国著名法律史家霍尔兹沃斯曾评价说，国务秘书这一职位的设置是"近代意义上的国家政府出现的标志"[1]。其次，他改革了中央权力的运作方式。将以前中央政令下达要经历国王签字、首席秘书加盖私玺（Privy Signet）[2]、掌玺大臣加盖御玺、大法官加盖国玺的烦冗程序，改变为由首席秘书为首的书记处起草各种令状，再以国王和首席秘书的名义将这些令状直接下达给有关部门以指

---

[1] W. S. Holdsworth, *A History of Law*, Vol. 4, p. 67.
[2] 一种用于私人信件和依法规定应由国王签发的授权书的君主印玺。

导政务的处理。这样，"大约在1534—1536年左右，他（即克伦威尔，）把国王咨议院中的核心组织改组为一个完全的中央政府机构，以枢密院的名字为世人所知"①。

因为枢密院的成员由国王选择，国王拥有随时撤换他们的权力，国王是实际上的中心人物，因而，枢密院的人员都唯王命是从，正如克伦威尔所说："和世界上其他国家的臣民一样，我将相信自己的主人，相信国王所做的一切。"②

都铎时期，由于枢密院组织精干，办事高效，日益受国王倚重，其权力也不断增强，俨然国家最高行政机构，同时又充当了联系王室与议会、中央与地方的重要纽带。其职责遍及内政、外交等国务要津，包括对外战争与媾和、外交谈判、陆海军防务、财政、宗教和教会问题、国内治安、地方政府事务③等，甚至有时还颁布法令、王室公告等。因此，有人认为："在英国的宪政发展中仅次于议会的主要机构即国王的咨议院。诚然如此，在都铎时期，国王的咨议院似乎比他的议会更为重要。"④

所以，鉴于枢密院的上述特殊地位，由其充当行政执行体系的最高领导机构和组织者就是顺理成章的了。

都铎时期，英国地方官员序列中最为重要的是郡守与治安法官⑤，下面分别予以讨论。

（二）郡守

郡守（Sheriff）这一官职早在诺曼征服之前就已存在。郡守起初是英国郡一级的地方官员，行使郡的各种行政权力，并负责征收应向国王缴纳的税款。在威廉一世将法院划分为世俗法院和教会法院之

---

① G. R. Elton, *England under the Tudors*, London: Methuen, 1974, p. 184.
② G. R. Elton, *Reform and Reformation*, Cambridge, Massachusetts: Harvard University Press, 1977, p. 171.
③ G. R. Elton, *England Under the Tudors*, p. 406.
④ A. F. Pollard, "Council, Star Chamber, and Privy Council under the Tudors: I. The Council", *The English Historical Review*, Vol. 37, No. 147 (Jul., 1922), p. 337.
⑤ David Lindsay Keir, *The Constitutional History of Modern Britain, 1485 - 1937*, London: Adam and Charles Black, 1950, pp. 3 - 4.

后，郡守成为郡的最高长官，在郡中代表国王，国王与地方行政机构之间的联络主要通过郡守进行；他还领导郡法庭，在郡法庭中代表国王。他有权执行王室令状，审理民事和刑事案件。此外，他还负责征集和领导该郡的军队。因此，郡守是各郡最重要的中世纪官员。[1]

但从 12 世纪中叶起，由于王座法院的发展，郡守的管辖权受到了限制，其职权降低为对被指控的人进行初步调查，审理一些轻罪案件和在巡回法官到来之前羁押重案犯。验尸官、地方警官，尤其是治安法官等职位的出现，也取代了郡守的部分职权。从都铎王朝开始，郡守就逐渐成为一种礼仪性的官职了。

虽然郡守的实际权力在 16 世纪里已被极大地削弱了，但其工作负担并未减轻。在都铎时期，他仍旧主持郡法庭的会议，负责民事案件，并且他有义务与巡回法庭和季会法庭（The Quarter Sessions）保持联系；他要负责监督所有下达该郡的王室令状到达它们的目的地，负责征集王室赋税。由于郡守所拥有的有限权力与这些繁重的行政和司法职责极不相称，因此伊丽莎白时期的绅士们经常不情愿地接受郡守的头衔，即便任期只有一年。同时，尽管郡守有权因递送令状和执行其他职责而获得相应的报酬，但这些报酬经常只有几便士或几先令，而他的支出却多达数百镑，所以这种沉重的经济负担也使得郡守职位不受欢迎。因此，在伊丽莎白时期，郡守的职位只是一种没有实权作为补偿的令人烦恼而昂贵的荣誉职位。[2]

都铎时期，郡守充当着国王与各地地方政府的联系枢纽，王室公告在各地的公布主要依靠郡守来进行，王室公告执行情况的上报也要由其来承担。所以，郡守是地方行政执行体系中的一个重要环节。

（三）治安法官

前文提到，在都铎"政府革命"中，各地治安法官的职能大为加强，其权力从司法行政领域扩展到社会经济领域。而治安法官在社会

---

[1] Alan G. R. Smith, *The Government of Elizabethan England*, London: Edward Arnold, 1967, p. 85.

[2] Conyers Read, *The Government of England under Elizabeth*, Washington: Folger Books, 1960, p. 86.

经济生活中所承担的行政权能，是由其作为基层司法文官所拥有的司法和监察权力衍生而来的。下面概要介绍治安法官在英国司法史上留下的痕迹。

治安法官的最初雏形要追溯到爱德华一世（1272—1307年在位）时期的治安维持官（Keeper of Peace），其主要职责是协助郡守维护公共秩序。1330年的一项法令赋予治安维持官单独受理个人报案或应诉大陪审团的起诉状等权力，该职位自此获得了一定司法权。治安维持官更名为"治安法官"（Justices of the Peace），最早见于1360年的一项法令。该法令要求治安法官应由通晓法律的人士担任，被授权受理和判决所有重罪及侵犯地产案件。这标志着治安法官制度正式确立起来。该职位的任命一般由大法官以国王的名义根据各郡的推荐随时做出，一般每年任命，平均每郡有四五十位。[①] 14世纪后期，治安法官的权力与地位开始超越和凌驾于其他地方官员之上，他们甚至有权审理控诉郡长、市长的案件。至1380年，治安法官获得了镇压公共秩序破坏者、搜捕犯罪嫌疑人和受理叛逆罪之外的所有刑事犯罪的广泛权力。15世纪时，地方上的原最高行政长官——郡守已被治安法官取代，后者成为地方上国王权力的主要代理人。随着治安法官权力的不断上升，对其任职资格的限制也日益严格，如1439年的一项议会法令规定，任治安法官者每年的土地收入应超过20镑（但拥有法律知识背景的人士除外）。值得指出的是，治安法官的职位没有薪俸，只在季会法庭开庭期间有每日4先令的津贴。

都铎王朝时期，治安法官已几乎把持了地方上的所有权力，以至许多国家大政方针要自上而下顺利推行，也必须得到他们的支持与配合，否则难以执行。甚至于在17世纪初期，"凡乡间所有的公务几无不尽归治安法官处理"[②]。

治安法官之所以能在都铎"政府革命"中成为推行地方行政司法改革最为合适和得力的工具，进而获得广泛的司法、行政权力，一方

[①] G. R. Elton, *The Tudor Constitution: Documents and Commentary*, Cambridge: Cambridge University Press, 1960, p. 465.

[②] ［英］屈勒味林：《英国史》，钱端升译，商务印书馆1933年版，第350页。

第五章 国家治理工商业相关立法执行问题

面,因为其作为中央权力派驻地方的代表,既可以监督地方其他官员是否恪尽职守,又系监督国家法案和法令执行情况的关键角色和枢纽;另一方面,由于其来自地方并代表地方利益,同地方各阶层有着千丝万缕的联系,在地方社会中有稳固的人脉基础,能够较好地平衡调和国家利益和地方利益。所以,都铎国家的各项法令和措施无不仰仗治安法官的配合方能贯彻落实。正如豪斯赫尔所指出的,除伯爵领地的治安法官以外,在英国不存在其他执法机关。都铎王朝所依赖的阶层,便是这些乡间小贵族以及本身即是圈地的受益者或同受益者结盟的中产阶级,两个阶层有关联或结有姻亲关系。①

此外,都铎时期普遍而严重的流民问题使各地治安法官拥有了广泛的行政权力,为他们开始治理社会经济生活,提供了重要的社会背景与契机。在15、16世纪英国的一系列社会经济大变革和大震荡(诸如圈地运动等)中,大批农民失去生计和家园,他们流离失所,无处安身,被迫背井离乡,沦为无业游民和城市流浪者,对各地的社会秩序造成了突如其来的巨大威胁。当时政府针对流民问题实行"恩""威"并济的两手政策,即一方面颁布严刑峻法进行严厉惩罚,另一方面采取扶危济困的政策以安抚稳定民心。而作为地方基层司法官员的治安法官,因其比较了解地方民情,恰好是执行上述政策的适宜人选。

时势造就"舞台"。治安法官由原来单纯的监察官员成为广泛参与经济社会生活管理的地方官员,是都铎专制王权的日益强化,对全国政治、经济治理和控制力度的不断加大,声势浩大的圈地运动和宗教改革等社会变革的"时势"所造就的。

于是,通过管制和安置流民,治安法官继而逐步掌握了地方上的财权和事权,对一切地方性事务不论巨细俱揽入手中,其行政权力日益得到了扩大和加强。诸如1552年的一项议会法案授权治安法官核发酒店的营业执照;1563年著名的"学徒法令"授权治安法官对当地技术工人的工资每年厘定一次,监督管理手工业学徒和农业学徒,

---

① [德]汉斯·豪斯赫尔:《近代经济史》,第121页。

并司法裁决劳工与雇主之间的纷争。① 另外，治安法官还有权管制和确定物价，颁布地方性工商业条例，规定度量衡器具，监督谷物的生产、储存与售卖，核查慈善机构的账目，监督呢绒和酒类的加工质量，并打击市场投机和垄断，等等。这些都说明治安法官已然获得了管理社会经济的广泛权力，他们也由此被戏称为"都铎王朝的杂役女佣"。

值得一提的是，治安法官在各地又主要是依靠当地的基层教区来行使广泛的行政权力的。教区原为天主教会的一种基础组织，基本与世俗事务无甚联系。但宗教改革期间教区被改造为一种基层地方行政单位。其职责范围颇为广泛，包括宗教事务、行政管理、社会治安、贫民救济、户口登记、捐税征收、劳力安置、儿童培训、兴建公共设施等等所有地方民生领域。为处理这类事务，各教区一般会从教区居民中遴选出专门的职员。因此，只有通过教区及其职员，治安法官才能有效履行其行政职能。可以说，如果没有治安法官和教区这些上传下达的中间枢纽，都铎政府的政策法令是难以普遍深入地贯彻实施的。

（四）市政当局

英国城市的迅速发展大致是在12、13世纪，当时许多富裕的城市通过向国王支付一定货币的方式获得了自治权。到13世纪时，许多大城市相继成为自治市（Municipality），它们依据国王颁发的特许状而享有一系列特权，诸如自主管理城市，设立市法庭（Municipality Courts），以及有权派出代表参加全国议会等。到都铎时期，英国的大城市基本都已实行自治，市政生活的几乎所有领域，包括城市治安、商业贸易、物价调整、市民的日常行为等等，都由市政当局（一般包括各市自行产生的市长、市议员和少数职员），独立而自主地掌管着。所以，各地的市政当局也是保证议会法令，尤其是王室公告在地方上得以实施的一个重要环节。

与王室公告执行有关的地方官员体系的组成情况可以从下表（表5-1）得到基本反映。

---

① J. R. Tanner, *Tudor Constitutional Documents*, *A. D. 1485 – 1603 with An Historical Commentary*, Cambridge: Cambridge University Press, 1930, pp. 500 – 506.

第五章　国家治理工商业相关立法执行问题

表 5-1　　　　　接受王室公告的地方当局简况表

市的市长及郡守	市镇的市长及郡守	市镇的治安官
伦敦	剑桥	科尔切斯特
布里斯托尔	北安普顿	奥尔伯里
诺威奇	莱斯特	伊普斯威奇
林肯	贝德福德	沃威克
坎特伯雷	国王的林恩	什鲁斯伯里
		斯塔福德

资料来源：F. A. Youngs, *The Proclamations of the Tudor Queens*, Cambridge: Cambridge University Press, 1976, p. 22.

从这份目录可以看出，王室和枢密院所针对的地方当局主要包括各市镇的市长、郡守、治安法官等。显然，只有通过这些地方上的实力人物的配合和支持，政令才能在全国顺利地得到执行。因此，诸多都铎法令中都出现过上述官员的名称，这些法令不仅命令他们要严格落实法令下达的目标，而且还就法令的执行结果规定了详细的赏罚措施，以督促他们更为尽职尽责。

二　工商业立法的行政执行

在都铎时期的英国，枢密院实际上是"都铎王朝国家机器的核心"[①]。其对当时的国民经济生活进行了积极的治理和调控。

第一，监督管理军事工业及关联产业。

中世纪晚期的欧洲盛行丛林法则，崇奉实力，非常重视增强自身的国力，尤其是军事力量，从而与其他国家抗衡争胜，英国自然也不例外。都铎时期的英国对外战争频仍，为应对与西班牙、法国等敌对国随时可能爆发的冲突，务必快速发展军事工业。这一倾向集中反映于都铎时期乃至后世的政府经济政策上，有人曾对此评说道："甚至于像英国这样的国家，直至 18 世纪中叶，在一切经济政策的考虑中，

---

① ［英］佩里·安德森：《绝对主义国家的系谱》，第 120 页。

军事上的利益都位居前列。"①

首先，伊丽莎白女王执政之初，因为自身军事工业水平比较落后低下，英国军事装备严重依赖国外军火市场，枢密院对此颇为焦虑和不安。② 为此，枢密院多措并举，积极筹措从荷兰等国进口军用物资；并大力发展国内军事工业，增强自给生产能力，以强化军事实力。③

其次，为了增加王室收入，缓解政府财政压力，并且最主要是出于改善王国的军备条件的目标，④ 许多王室宠臣、贵族和大商人都曾出资购买由伊丽莎白一世授予的专卖特许状（patents of monopoly），并附加一个要求，即专卖特许状享有人应承诺研制特定的专利产品或兴办与该专利有关的工业项目，政府会提供一定的经济扶持和规范指导以资鼓励。这时，女王就会责成枢密院代表自己负责监督专利相关项目的创办者。由于许多专利与军事工业有关，所以枢密院的主导思想是从提高王国的军事实力出发；与此相类似，当时枢密院促进英国造船业发展的目的，同样也是出于实现重整英国军事力量的强烈愿望。同时，这种指导思想也对枢密院制定针对海外贸易公司的政策起了一定作用。例如，为了刺激英国造船业的发展，进而增强王国的军事潜力，⑤ 枢密院曾明确要求一些被授予特许状的从事海外贸易的船运公司务必优先使用英国的船只。

第二，监管工商业事务。

16世纪，英国既缺乏系统完备的官僚机器且政府的规模也较小。由于以农业为主的经济结构与发展层次及宏观经济管理水平所限，都铎时期的政府机构里尚无监管农林渔业、商业贸易、工业规划等经济事务的对应管理机构或部门。因此，从事上述专业化要求较高且需要

---

① [德] 伟·桑巴特：《现代资本主义》，李季译，商务印书馆1958年版，第546页。
② C. Read, *Mr. Secretray Cecil and Queen Elizabeth*, London: Jonathan Cape, 1965, pp. 151–172.
③ W. R. Scott, *The Constitution and Finance of English, Scottish and Irish Joint-Stock Companies to 1720*, Vol. 1, Cambridge: Cambridge University Press, 1912, p. 30.
④ R. H. Tawney & E. Power, *Tudor Economic Documents*, Vol. 1, p. 244.
⑤ W. R. Scott, *The Constitution and Finance of English, Scottish and Irish Joint-Stock Companies to 1720*, Vol. 1, p. 30.

第五章 国家治理工商业相关立法执行问题

专业人员或部门协助的艰巨工作就由枢密院承担起来，枢密院努力而有效地控制着这些部门及其活动。正如有学者指出的那样："在16世纪和17世纪初，枢密院急切地让地方当局控制物价与工资，就像让它们施行法定的学徒制要求一样。枢密院的许多成员决心通过压低谷物、面包、麦芽酒和啤酒的价格来保护穷人，并通过在织布业中规定合理的工资标准来保护纺纱工和织布工。"①

毛纺织业是英国传统的民族工业。鉴于毛纺织业的这种特殊重要性，枢密院将监督该产业相关法规（议会法令、王室公告）的执行作为自身的重要工作之一。枢密院严密监管着毛纺织业的生产、销售、出口的各个环节。英国国王依法享有以枢密院令的形式制定法律的权力，此种枢密院令系国王依据或参照枢密院的建议所发布的法令或命令，所以，枢密院时常派遣专员去各郡监督执行羊毛生产加工业的王室公告和枢密院令。如1579年2月的一则王室公告就禁止在星期二忏悔日和7月底之前剪羊毛，违者将处以监禁。②

为了促进英国造船业的发展，种植大麻和亚麻受到政府的鼓励。因为发展造船业需要大批帆布和亚麻布，大麻和亚麻成为重要原料。但这两种作物当时在英国种植面积很小且产量也很低。为此，政府大力鼓励英国人种植大麻和亚麻，以刺激亚麻布和帆布制造业的发展。1532年，亨利八世国王曾颁布法令规定，在每60英亩耕地中务必留出半亩以种植大麻及亚麻。这一法令于1563年被伊丽莎白一世重颁。③ 与此相反，种植菘蓝却是被禁止的，因为种植这种作物会既影响正常的农耕也干扰呢布工业的生产；等等。枢密院为此向全国各地寄发了大量信件，以督促和确保上述法规贯彻到位，而地方政府一般情况下都能遵照枢密院的要求认真执行。

都铎历代国王都非常重视渔业这一英国传统民族产业的发展。都铎时期的枢密院极为频繁地调控渔业事务，其最为常见的活动就是监

---

① John U. Nef, *Industry and Government in France and England*, 1540–1640, p. 47
② Michael Barraclough Pulman, *The Elizabethan Privy Council in the Fifteen-Seventies*, Berkeley and Los Angeles: California University Press, 1971, p. 140.
③ *Statutes of the Realm*, 24 Henry Ⅷ, c. 4.

督全国遵守四旬斋和食鱼日的规定，以求增大国内对各种鱼类的食用量。为了确保顺利实施四旬斋相关法规，枢密院几乎在每年复活节前的2月开始即严令禁止在禁食期内宰杀和食用鲜肉。为了有效督促有关执行官员，首次是在1574年，以后从1577年开始定期化，枢密院直接致信各地郡守们和治安法官们。首先要求他们严格自律以为榜样，其次责成他们同肉店主人和食品商等签订契约，后者须保证在禁食期内不得宰杀或出售鲜肉，违者所缴罚金一般高达50镑。治安法官被要求每14天向首席治安法官上交违反者的名单，该名单由首席治安法官递交枢密院。罚金被定期向郡守上缴，再由郡守将它们交至财务署。为了更为严明有效地监督地方官员执行四旬斋方面的王室公告，枢密院自1589年开始向各地发布《法令全集》，写明了各种王室公告法规的执行要领。而执行这种四旬斋政策背后最重要的原因，实际上是为了维持船运业和水手的生计，而他们是保卫王国的最有力的屏障。通过枢密院的上述措施，就可以通过刺激和扩大鱼的消费量，促进渔业的发展，进而带动造船业的进步。

枢密院还负责监督管理物价。在都铎时期的"价格革命"期间，由于物价飞涨，市场投机行为异常猖獗，正如一则王室公告所说的那样："食品价格被多次抬高，造成了极大的危害并使国王的臣民们变得贫困了。"[①] 形势要求政府必须强力治理。因此，枢密院曾于1576年致信各地治安委员会，命令后者监督酒类的销售；并督促伦敦市长通告将赴波尔多的酒商们，责令他们返回伦敦后销售所载运的货物时务必"按照女王陛下所确定的价格"[②]。

枢密院也监督劳工工资。如在1563年《学徒法令》的序言里曾言明："工资和津贴……在许多地方不合时宜地过低……一项统一的命令……是关于工资的……应该……给予被雇佣的人与饥馑和丰裕年景相适应的工资"，因此该法令第11款规定，由治安法官厘定工资，

---

① P. L. Hughes & J. F. Larkin, *Tudor Royal Proclamations*, nos. 607.
② Michael Barraclough Pulman, *The Elizabethan Privy Council in the Fifteen-Seventies*, p. 141.

第五章　国家治理工商业相关立法执行问题

转大法官当庭公证,再经枢密院批准,最后由郡守公布。①

枢密院还监管出口事务。以粮食为例,英国曾在15世纪末至16世纪上半期先后遭受了多次较为严重的农业歉收,因而粮食大幅减产。据有关统计,1550—1599年粮食产量竟然下降了13%。② 所以,16世纪时,当时粮食供给情况日益恶化,尤其各个城镇的供给情况更是糟糕。③ 为保证国内粮食的供应,政府一方面严令各城市贮备粮食,同时积极治理和监督粮食出口贸易。例如在1572年的9月16日,伊丽莎白一世从伍德斯托克发布了一则王室公告就命令完全禁止出口谷物。④ 根据这项王室公告,各郡都设有主管限制谷物和食品出口的委员,只准许盖有国玺的专营特许证的粮食出口。枢密院通常写信给这些委员,指令他们自何时起谷物出口应该停止。如1576年6月,枢密院写信给所有沿海各郡的委员们,要求他们严格执行限制谷物出口的措施。有时港口的官员也收到相同内容的信。枢密院还派人监督一些大型贸易公司的进出口事务。此外,枢密院还时常禁止向国外出口金银锭和船只等等。

当然,枢密院也并非一味地进行监督和限制,有时也采取鼓励和促进措施。例如,英国商人冒险家公司的四艘船只于1569年初在佛兰德被扣押时,他们向枢密院求助。由于英国当时与西班牙两国外交关系紧张,英国政府禁止本国商船越过佛兰德,商人冒险家公司明显违反了政府的禁令,但在枢密院的斡旋下,商人冒险家公司的损失通过以英国所扣押的西班牙的物资作了补偿。在1570年,他们的船队又在海军的护送下航行去了汉堡。甚至于有一次,枢密院还被商人冒险家公司说服来阻止非该公司的成员进入其专营贸易区域。他们的游说显然收到了效果,因为1570年伊丽莎白一世亲自写信给商人冒险家公司,授权他们禁止任何非该公司的公民,从事与低地国家的贸

---

① 伊丽莎白一世第5年法令第4章(5 Eliz. c. 4.)。
② [法]费尔南·布罗代尔:《15至18世纪的物质文明、经济和资本主义》第1卷,顾良等译,生活·读书·新知三联书店1992年版,第141页。
③ [意]卡洛·M. 奇波拉主编:《欧洲经济史》第2卷,第390页。
④ P. L. Hughes & J. F. Larkin, *Tudor Royal Proclamations*, nos. 589.

易。任何无视该禁令的人将被送至枢密院受审。①

都铎时期是英国大规模商业扩张的时代，在政府支持下，众多享有特定地区贸易特许权的对外贸易公司纷纷成立，其中以商人冒险家公司、非洲公司、俄罗斯公司、东地公司、利凡特公司较为重要。枢密院时常受国王委托调解和仲裁这些公司之间因为利益冲突而发生的矛盾和争端。例如，商人冒险家公司曾请求国王批准其在利凡特可自由地贸易，就如土耳其商人公司②被合并之前那般。两大公司因之矛盾不断激化升级，直至枢密院出面调解。

枢密院还设法维护来自佛兰德和法国的技术移民们的利益。这些外来的优秀工匠因为发明出了新型织物（如细哔叽），但却遭到了他们所定居的英国东部若干郡里当地大衣商们的嫉恨和迫害，所以枢密院曾多次责令当地郡守为这些宝贵的技术人才提供庇护。

枢密院作为都铎时期实际上的中央行政机构，是负责执行王室公告的最高机关。枢密院凭借它的这种权威地位，就可以运用各种方式来影响地方官员的执行工作。

首先，为了确保王室公告得到有效执行，许多王室公告都授权枢密院对各地官员下达各种指令并对执行不力的官员予以处罚。此外，枢密院还通过向相关的地方官员寄发信件以示督促。这种信在爱德华六世时期非常普遍，当时的枢密院工作记录中就有许多这种信件。例如，当一些关于禁止囤积粮食和限制物价的王室公告发出时，枢密院的命令清查粮食和对肉类定价的大量信件就纷纷发往各地。有时枢密院的信件也会直接寄送给一些地方官员个人，比如埃塞克特市的市长就曾接到命令，要求他"应依据王室公告的规定，经常惩罚那些传播任何关于货币的谣言的罪犯"③。

---

① Michael Barraclough Pulman, *The Elizabethan Privy Council in the Fifteen-Seventies*, pp. 142 – 143.

② 系英国都铎时期享有垄断权的对外贸易公司之一，于1581年由伊丽莎白女王批准成立，后改名为利凡特公司。其垄断了英国同土耳其的贸易，于1592年同另一对外贸易公司威尼斯公司合并，从而垄断了英国同威尼斯、土耳其之间的贸易。

③ P. W. Heinze, *The proclamations of the Tudor Kings*, pp. 252 – 253.

第五章　国家治理工商业相关立法执行问题

后来，枢密院还采取寄发巡回信给全体治安法官和郡守的方式。例如，克伦威尔就曾每年都寄发这种巡回信给各地的治安法官们，指示他们监督王室公告的执行。① 再如，在爱德华六世时期，有一封巡回信被寄往各地，命令官员们"更加谨慎和更为勤勉地"执行以前的一项关于肉价的王室公告。② 有些信件有时还命令地方官员去调查违反王室公告的犯罪或者嫌疑犯。有时枢密院甚至直接指令要求对信中被点名的人进行处罚。如在1552年3月2日，贝德福德市的市长被命令"押送约翰·怀亚等人到最近的治安法官处并根据王室公告罚他们戴枷，因为他们编造关于半先令将要贬值的谣言"③。

由于治安法官是王室公告在各地顺利执行的关键，所以枢密院特别关注他们，并经常对他们下达命令。为加强对他们的监督，枢密院有时还授权巡回法官④等官员来监督治安法官。

粮食问题关乎国计民生，尤其是在饥馑年份里更是关系重大，所以这方面的王室公告历来是枢密院的重点执行对象。例如，1550年先后有两项关于清查各地粮食的王室公告出台，枢密院也下达了一系列命令来确保王室公告得以执行，地方官员对此自然不敢懈怠。比如，新罗姆尼的官员们立即根据王室公告组织了一次清查，并在第一项王室公告颁布两周多之后，就返回了一份该市清查粮食数量的报告。林肯城在同年11月6日也向枢密院汇报说，第二项王室公告将会被公布"于集市日在若干地点，然后由该市的治安法官根据王室公告予以迅速地执行"⑤。

在枢密院的严厉督促之下，地方官员们在大多数情况下也都能认真地执行王室公告的要求。如伦敦市曾于1550年2月四旬斋期间接到一项禁止宰杀肉的王室公告，该市市长及市议员们迅速召集各肉店

---

① G. R. Elton, *Policy and Police: The Enforcement of the Reformation in the age of Thomas Cromwell*, Cambridge: Cambridge University Press, 1972, pp. 253 – 254.
② P. W. Heinze, *The proclamations of the Tudor Kings*, p. 253.
③ P. W. Heinze, *The proclamations of the Tudor Kings*, p. 253.
④ 系英国于12世纪设立的一种由王室法院定期派出去全国各地巡回审案，以监督地方司法和行政工作的一种法官。其在英国法制史上对加强中央集权、完善法制曾起过积极作用。
⑤ R. W. Heinze, *The Proclamations of the Tudor Kings*, pp. 258 – 259.

的店主并命令他们"不得宰杀任何肉类",而且要向市议员法庭报告违规者的名字。①

各地地方政府在王室公告的执行方式上,除了指派专门的官员监督执行或召集违反者并命令他们停止违抗行为之外,有时还结合本地的实际采取其他多种形式。例如,诺威奇就于1543年10月24日设立了一个水上监狱,目的是更好地执行出口方面的王室公告,因为"皮革,油脂和各种食物"正在被出口"而与王国的法律相违背"②。

第二节　工商业立法的司法执行

一　都铎前后英国的司法体系

都铎王朝之前,英国的司法系统十分庞杂。教会拥有教规法庭,农村设有地方公共法庭和封建法庭③,城市商人享有市长法庭,在国际贸易领域有海事法庭。到都铎宗教改革期间,英国推行了以集中司法权为中心的司法改革,将全国司法系统划分为普通法法庭系统和特权法庭系统两大类。其中,普通法法庭系统包括王座法庭(King's Bench)、普通上诉法庭(Court of Common Pleas)和财务署法庭(Court of Exchequer),它们都是以普通法来审理刑事、民事和财务案件的中央法庭;④而大法官法庭(Court of Chancery,处理与国王有关的特殊案件)、高级委员会法庭(Court of High Commission,专管宗教事务)、请求法庭(Court of Requests,专管民事案件)、星室法庭(Star Chamber,专管政治犯)等法庭则构成了特权法庭系统。它们依据衡平法(equity)而非普通法来审理案件。所谓衡平法,指以自然

---

① R. W. Heinze, *The Proclamations of the Tudor Kings*, p. 254.
② R. W. Heinze, *The Proclamations of the Tudor Kings*, p. 254.
③ 地方公共法庭主要包括郡法庭和百户区法庭,封建法庭包括领主法庭(Honorial Court)和庄园法庭(Manorial Court)。参见程汉大《英国法制史》,第67—68页。另有专家认为,除上述法庭之外,中古英国农村还有郡守法庭(Sheriff's tourn)和庄园刑事法庭(Courtleet)之类具有特权性质的法庭。参见徐浩《英国中世纪的法律结构与法制传统》,《历史研究》1990年第6期。
④ G. R. Elton, *The Tudor Constitution*, Documents and Commentary, pp. 148-149.

第五章 国家治理工商业相关立法执行问题

法的正义，常识的公平合理为宗旨的一种法律观念，其是为弥补普通法囿于惯例和传统程序的缺陷而产生的。

在都铎早期，王室公告案件的审理地点尚不固定，主要是在星室法庭等特权法庭。但有时也在财务署法庭、地方法庭和季会法庭。但绝大多数违反王室公告者都被送到星室法庭进行审判。

英国的星室法庭，其前身是英王的御用机构——咨议院。因为该机构的活动地点固定于威斯敏斯特王宫里的星室房间，后来的星室法庭即由此得名。咨议院分为两部分，一部分组成了以后的枢密院。另一部分咨议院大臣和少数高级法官留在星室房间，负责受理诉讼，由此产生星室法庭。一般认为，星室法庭出现于1487年，因为在这一年议会通过法规，授权大法官、司库、掌玺大臣等5名咨议院大臣和国王裁判所、高等法院的首席法官，组成特别法庭，审理有关私自豢养家兵、非法集会、贿赂陪审员、地方官员滥用权力等案件。到1494年，星室法庭正式与枢密院分开。1504年星室法庭的名字开始见诸法规。[①] 在都铎时期，由于星室法庭的司法程序迅速、简捷，因而在镇压叛乱贵族、消灭国王敌对势力、恢复国内正常秩序中曾发挥积极作用，是都铎王朝实行专制统治的得力工具。但因为星室法庭不采用普通法法庭的审判程序和陪审团，可以使用严刑拷打审问被告，并可以对犯人处以死刑外的断肢、烙印等任何刑罚而恶名昭著，长期被视为都铎专制统治的标志之一。

1539年的《公告法》在王室公告执行的历史上是一个重大事件。该法令为保障国王的公告行使权而特设了一个专门审理违反王室公告犯罪的委员会法庭。这一委员会法庭由26位法官组成，包括枢密院的成员以及政府各部门的首脑，其中有下列王国最为重要的一些官员，如大法官、财政大臣、枢密大臣、掌玺大臣、王室总管等，其中两位大法官是当然人选。该法庭位于威斯敏斯特的星室法庭。其基本审理程序大致如下，大法官和掌玺大臣在6位法庭成员的同意下，根

---

① D. L. Keir, *The Constitutional History of Modern Britain Since 1485*, London: Adam and Charles Black, 1964. p. 23.

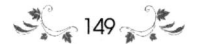

据提交给他们的报告,可以提起诉讼。控告必须在犯罪后的 6 个月内提出,而且案件也必须在犯罪后的 18 个月内结案。该法庭可以实施监禁和罚金并被授权酌情减轻王室公告所规定的处罚。

但由于种种原因,根据该法令建立的委员会法庭长期闲置无事,从未实现其应有的职能,从而逐渐沦为了星室法庭的辅助机构。对此,埃尔顿也说:"尽管一个专门而且非常特殊的委员会根据这一法令被建立起来,但其的主要作用是协助向星室法庭请求追索。"[1]

随着 1547 年《公告法》被议会废除,这种委员会法庭也就自然解体了。而且,该法令的废除也结束了以前主要由星室法庭审理王室公告案件的局面。

因为,自此以后,除了原有的星室法庭之外,王座法庭、普通上诉法庭以及财务署法庭和季会法庭[2]等各种特权或普通法法庭都程度不同地参与了王室公告的司法审判工作。例如,在 16 世纪 40 年代有两项王室公告提到了财务署法庭,普通法法庭也至少有 2 次被提到。[3]在萨默塞特时期,有 3 项王室公告提到或暗示与王室公告有关的犯罪可以在任何普通法庭审判,有两项提及了地方法庭。[4] 在萨默塞特下台后,王室公告中专门法庭的出现日益普遍了。有 1 项王室公告提到了星室法庭、王座法庭、普通上诉法庭以及财务署法庭和季会法庭。此外,有 3 项提到了财务署法庭,2 项提到了季会法庭。2 项提到了地方法庭,还有 2 项提到了任何普通法法庭。[5] 上述种种情形一直延

---

[1] G. R. Elton, "Informing for Profit: A Sidelight on Tudor Methods of Law-Enforcement", *The Cambridge Historical Journal*, Vol. 11, No. 2 (1954), p. 156.
[2] 亦称季审法庭。系指为处理商事交易而由郡的全体治安法官按季举行的会审。其拥有初审刑事管辖权,审理所有可提起公诉的犯罪。1971 年被巡回刑事法庭代替。
[3] P. L. Hughes & J. F. Larkin, *Tudor Royal Proclamations*, nos. 133, 134(财务署)。nos. 231, 242(普通法法庭)。
[4] P. L. Hughes & J. F. Larkin, *Tudor Royal Proclamations*, nos. 326, 336, 332, 292, 322.
[5] P. L. Hughes & J. F. Larkin, *Tudor Royal Proclamations*, nos. 365(星室法庭、王座法庭、普通上诉法庭、财务署法庭和季会法庭)。P. L. Hughes & J. F. Larkin, *Tudor Royal Proclamations*, nos. 357, 359, 361(财务署法庭);374, 380(季会法庭);378, 382.5(地方法庭);366, 380(任何普通法法庭)。

续到都铎王朝结束。

二 工商业治理的司法执行

关于工商业经济方面法律的实施情况,英国学者认为:"这些法规的施行主要依赖于诸多法庭的运转。违反刑事法律的种种行为可以被移送到几乎全部的法庭,从位于百户邑的最低级的法庭到设在威斯敏斯特的最高级法庭。"①

即决法庭②(Petty sessions)或众多百户邑法庭③(Hundred court)负责强制执行劳工的服务期限,起诉谷物囤积者,登记服务合约,并拘捕未能向其雇员支付适当工资的布匹商。

关于诸自治市所设法庭执行工商业监督的情况,据记载:"各自治市拥有的若干法庭大致相当于这些'即决法庭',很可能的是,各自治市法庭要比其乡村对应机构在关心强制执行经济法规方面更为精力充沛。例如,在伍斯特,'十户连保审查制'(Frankpledge)④,类似于庄园刑事法庭(court leet)⑤,一年开会三次以规定最低价格,规范工资,发放许可证给客栈老板与啤酒售卖者,并惩罚那些索价过高者。每周(或每日),对市场的检查由伍斯特的两名市议员进行,他们有权没收定价过高的或有缺陷的商品,并为了征收罚金而另外在市政厅主持一种季度性法庭。"各地的季会法庭被视为"强制执行经济

---

① Penry Williams, *The Tudor Regime*, p. 146.
② 由两名或两名以上治安法官组成的小型法庭。
③ 指诺曼人征服英格兰前的村镇群—百户邑的法庭。其享有对标的价值不超过40先令的债务、合同以及侵权诉讼的管辖权。都铎王朝时期,由于货币贬值而迅速衰落,1867年大多数已销声匿迹。
④ 十户连保审查制:诺曼人统治时代英格兰实行的一种制度。依据该制度,年满12岁的自由公民都须登记为十户连保制的成员;十人组成一个联合体,必要时为任何一个必须出庭的成员提供担保。
⑤ Leet系盎格鲁人指地域和管辖范围的术语。庄园刑事法庭为一根据特许权设立的、由私人领主行使司法行政官的巡回管辖权的法庭。14世纪时曾遍及英格兰各地。庄园刑事管辖权通常由庄园领主和自治市行使,既是政府机构又是司法机构。该法庭每年开庭两次。其主要职责是检查十户联保制。16世纪起,随着治安官的重要性日益提高,其开始衰落。一般认为其存在到19世纪。参见[英]戴维·M. 沃克《牛津法律大辞典》,第274—275页。

管制的最为著名的地方法庭。"① 它们的职责范围十分广泛，譬如惩治高利贷，打击谷物囤积与垄断，监督制造皮革、毛线、布料，麦芽啤酒酿造，规定度量衡、食品与酒的价格，监管输出食品，确定学徒与其他形式服务的期限，等等。

按照有关规定，每两年组织一次的巡回审判法庭也被授权审理同季度性法庭一样多的经济犯罪行为。巡回审判制度始于11世纪的英格兰诺曼王朝首任国王"征服者"威廉一世当政时期，当时他为了推进法治统一和解决法院集中在伦敦带来的麻烦，引入了法兰克王国的特派专员调查制度。1100年，亨利一世将"特派专员"变为"巡回司法长官"，每年进行四次巡回审判。1166年和1176年，亨利二世先后颁布《克拉灵顿诏令》和《北安普顿法令》，在全国设置了6个巡回区。在巡回审判期间，除王座法庭及财务署法庭之外，所有地方法庭均应停止审判活动。兹后巡回审判逐渐发展为稳定的制度。

值得一提的是，在地方层面，北部委员会（Council of the North）② 与威尔士边界委员会（Council of the Marches of Wales）③ 被授权审理所辖地区触犯经济方面刑事法律的罪犯。

审理经济犯罪方面最重要的中央法庭是财务署④。从16世纪40年代中期起，提交给该法庭的告发数目迅速增加并直至1617年前居高不下。⑤

---

① Penry Williams, *The Tudor Regime*, p. 147.
② 北部委员会：都铎王朝和斯图亚特王朝早期，英格兰政府在约克郡、达勒姆、坎伯兰、威斯特摩兰和诺森伯兰这些动荡不安的北部各郡设置的主要权力机构。其拥有民事和刑事方面的普通法管辖权，亦拥有衡平法管辖权；在镇压暴动和监督行政方面拥有星室法庭管辖权。大约在1640年解体。
③ 威尔士边界委员会：一个从管理爱德华四世（1461—1483年在位）的边界土地的委员会发展演变而来的机构，亨利七世时（1485—1509年在位）时再度出现，对威尔士及其边界地区行使管辖权。其于1525年重新设立，1530年又成立了一个专门委员会，用于维护威尔士及其边界地区的秩序。其行使议会的管辖权，既是地方星室法庭又是地方大法官法庭，同时对普通法事项亦拥有管辖权。其承担许多行政事务。该委员会在内战和摄政时期被中止工作，在王政复辟时期被恢复，直至1689年被取消。
④ 财务署（Exchequer）治安官：英国中世纪负责皇家税收和管理，裁定税务案件的官署。
⑤ Penry Williams, *The Tudor Regime*, p. 148.

第五章　国家治理工商业相关立法执行问题

下级与高级治安官（constables）① 是打击经济犯罪的主要基层官员。他们的职责是发现并向上级治安法官报告经济犯罪行为。治安法官们在侦查和控诉方面扮演了一种相对小的作用，但他们可以在治安法官开庭之外行动，惩戒在服务期满前离开的主人的雇工，禁止啤酒售卖，规定度量衡，并惩罚未能向工人支付法定工资的布商们。②

诸自治市通常拥有负责监督执行经济法规的官员。例如，伍斯特市于1557年任命了多名官方的布料检查官，他们在市政厅检查由漂洗工带给他们的布料，他们还有权进入漂洗工与织工的房屋清查后者的设备。都铎政府高度重视民族工业——呢绒业与经济命脉——对外贸易，为此，一支海关官员队伍于14世纪被建立起来了，并且都铎王朝继承了伦敦的27位官员③，以这批专业化的官员来保障相关法律的执行。

在玛丽与伊丽莎白两位女王统治时期，财政大臣温切斯特试图将该制度置于更为有效的控制之下，为海关官员们制定了诸多指示，委派了总检查官，并在各大主教辖区口岸安置了更多的人员。④

早在爱德华一世（1272—1307年在位）时期，英国就在呢绒制造地区设置检查官（aulnager）以丈量每卷呢绒的长度。由于在16世纪之前很久，检查官们显然已停止去监管所查验生产呢绒的数量与质量，而且出口商们需要一种更为有效的检查制度。所以根据1550年的一项议会法令，政府向西南部各郡委派了监督官，并且两年之后，各城镇被责令任命一位呢绒检查官。然而由于地方上的监督并不能令商业游说团体满意，于是1560年又有一名拥有5名助手的特设伦敦检查官被任命。⑤

---

① 治安官：在英格兰，该职位于亨利一世时期开始为人所知，但在1521年被收归王室。此后，其任命仅为加冕典礼之用。该官衔也被授予统领军队和掌管城堡与要塞的官员。在每一地区，首席或高级治安官负有平息骚乱和暴动的责任。在其之下，每一村庄和十户区都有下级的或教区的治安官。其属于行政法律官员，直到19世纪的公共法令授权设立雇佣警察治安机构。

② Penry Williams, *The Tudor Regime*, p. 148.
③ Penry Williams, *The Tudor Regime*, p. 148.
④ Penry Williams, *The Tudor Regime*, p. 149.
⑤ Penry Williams, The Tudor Regime, p. 149.

但总体而言，16世纪由法令和王室公告所强加的大规模工商业管制，并未完全得到负责其执行的官僚机构的有效配合。"因此，控诉的主要负担就落在了告密者（Informer）们的私人活动上了。某些职业告密者至少一部分生计来自该行当，其他业余告密者则显然是受对被控诉者的个人恩怨或被商业竞争的魔鬼所驱使的。"① 据统计，在伊丽莎白女王时期，在依照学徒法令所提交的针对进入某行业而未以学徒身份服务的起诉中，仅有2%是由治安官或陪审团之类的政府机关作出的：根据戴维斯博士对15个郡的起诉情况所作的分析，大约500项来自职业告密者，还有大约150项来自业余告密者。② 而仅有14—16项是由官员们提起的。③

英国经济史家贝雷斯福德曾通过分析英国财务署所藏的大批告发案件数据，得出了如下结论：在16世纪中期的贸易大扩张之前，告发者告发事项的主要内容是关税和外贸方面的犯罪，甚至在1616—1624年的诸多改革之后，对这两方面的告发依然几乎是财务署告密者们的唯一工作。它们占据了1551—1624年全部告发的1/4到1/3。④

贝雷斯福德通过研究还发现，每年的告发案件数目存在波动现象，形成了所谓的"肥年"与"瘦年"。表5-2具体表现出"肥年"与"瘦年"中市场犯罪的情况差异。

表5-2　财务署所藏信息丰年与歉年中指控的市场犯罪（节录）

市场犯罪的类型	米迦勒节期间		
	1566	1567	1568
居中转售粮食	17	0	0
其他居中转售	3	0	0

---

① Penry Williams, *The Tudor Regime*, p. 149.
② Margaret G. Davis, *The Enforcement of English Apprenticeship, 1563 - 1642*.
③ Penry Williams, *The Tudor Regime*, p. 153.
④ M. W. Beresford, "The Common Informer, the Penal Statutes and Economic Regulation", *The Economic History Review*, New Series, Vol. 10, No. 2, 1957, p. 228.

第五章 国家治理工商业相关立法执行问题

续表

市场犯罪的类型	米迦勒节期间		
	1566	1567	1568
非法售卖动物	19	0	0
在市场与集市外销售物品	9	9	4
抢先批购	5	1	0
囤积居奇	0	0	1
其他的非法销售、物价与质量犯罪	6	36	68
非法羊毛交易	21	136	50
总计	80	182	123

资料来源：M. W. Beresford, "The Common Informer, the Penal Statutes and Economic Regulation", *The Economic History Review*, New Series, Vol. 10, No. 2, 1957, p. 231.

由表5-2可知，1567—1568年，非法的羊毛交易与违反物价和质量方面法律的行为是最为常见的。[1]

在都铎时期，这些以告密为业的人们的主要日常工作，就是秘密打探或侦查违犯王室公告的行为并直接报告法庭。为了表示鼓励，法庭通常会奖赏告密者事先约定的罚金的一半。或是依据来自法庭的特许状的与被诉方间的一笔和解金。[2]

亨利八世时期的职业告密者乔治·惠尔普赖是这些告密者中的典型代表。他在1538—1543年，一直以告密作为自己谋生的手段。当时，他不仅经常"光顾"枢密院、星室法庭、财务署法庭等机构，甚至经他举报的个别案件还被呈送于国王，某些王室公告便由此促成。例如，颁布于1541年2月16日的关于公开禁止无国王特许证的粮食和其他食品的出口的王室公告，即根据他的举报做出，因为当时粮食的过量出口导致了国内粮食匮乏和粮价飞涨。另有一次，他因举报有一艘违反法令和王室公告而出口英国硬币的海船而得到了这笔硬

---

[1] M. W. Beresford, "The Common Informer, the Penal Statutes and Economic Regulation", *The Economic History Review*, New Series, Vol. 10, No. 2, 1957, p. 230.

[2] Penry Williams, *The Tudor Regime*, p. 150.

币的一半。①

对于作用日益明显的告密者们，若干王室公告为此专门颁布公告激励并保护他们，如1556年的"奖励提供货币交易信息者"的王室公告等。

客观而言，尽管这些告密人的行为在一定程度上促进了王室公告的执行，以至于有人说："在16世纪，告密的职业肯定是具有积极意义的，可能由告密者呈送给法庭的案件要比官员们还要多。"② 但由于这种做法容易成为某些不法分子提供蒙骗和敲诈的机会，滋生种种弊端且不得人心，所以之后就渐渐被废弃了。

第三节 工商业立法的执行难问题及其原因

一 王室公告执行之难

对各级都铎官员来说，执行王室公告的工作无疑是一个充满了各种阻力和困难的苦差事。因此，在王室公告的执行过程中存在着明显的执行难问题。在都铎王室公告中，尤以粮食贸易管制方面王室公告的执行情况最能充分体现王室公告执行的艰难程度。下面具体以16世纪30年代的粮食贸易管制王室公告的执行为例来说明。

这时正值亨利八世的权臣克伦威尔当政时期。当时由各地的港口官员负责管制粮食出口和打击非法出口行为，他们每天工作繁忙，而最棘手的任务是要准确甄别出运粮到英格兰港口的合法船商和将粮食偷运往外国港口的非法船商。尽管为了阻止船商随意列出一个目的地，然后却把粮食运到外国港口，商人们需要报告他们的目的地并提供双倍于货物价值的抵押物。同时，他们还被要求在规定时间里带回一份来自目的地港口的官员的证明书。要顺利实施这一制度，必须依靠港口官员们认真监督以确保证明书被返还出发港，并对没收违反者的抵押物。但在实际执行中，这种管制措施的

---

① R. W. Heinze, *The Proclamations of the Tudor Kings*, pp. 274-275.
② Peter Ramsey, *Tudor Economic Problems*, p. 175.

第五章　国家治理工商业相关立法执行问题

效果常常不很理想。

所以在 1531 年末，亨利八世国王曾指示克伦威尔对此事给予特别注意，并专门颁布王室公告要求，"从顾客的手中收回"出口粮食的契约并就"运输玉米和粮食以及未报关的货物而违反国王的命令和限制及对他们的同类行为进行的诉讼不得延误"。① 克伦威尔立即布置各级官员进行了清查。但通过清查却发现，仅有少数粮食出口商能够提供符合规定的证明书。

尽管这一王室公告在后面的四年里得到了严厉的执行，但也收效有限。因为克伦威尔于 1535 年 10 月给一位名叫约翰·戈斯威克的港口官员写信说，某位财务署的稽查员向他报告说，自己已经放弃了收回大量契约的希望。②

在整个 16 世纪 30 年代里，由于对粮价过高和官员们放纵粮食非法出口或出口商逃避法规的各种控诉不断增多，克伦威尔经常为此疲于奔命。同时，因为某些商人通过囤积来肆意抬高粮食价格，克伦威尔也多次命令各地采取更为严厉的惩罚措施予以阻止。但即使如此，王室公告的执行情况仍不乐观。甚至在 1538 年春天，人们竟然发现罗切斯特的市长也参与了粮食偷运出口活动。因为科巴姆爵士在同年 5 月写信告发说，该市长正在允许麦芽和玉米出口。他请求克伦威尔写信给该市长以制止他的行为。克伦威尔即刻命令该市长"在你的管辖范围内不得再有玉米被输出"并要求他"自收到该信时即刻来为你所做的和准许的行为做出解释"③。

由于粮食囤积现象在各地的日益严重，亨利八世国王当时还曾亲自派出一个专门委员会进行调查。1538 年该委员会向他报告说，禁止囤积的王室公告没有得到应有的遵守；该委员会还建议说，应对囤积的诸如玉米、牛肉、羊肉、牛犊肉、猪肉、奶酪、油脂和其他任何食品迅即没收，并强制犯人们在国王的财务署进行供述，然后处以罚金，因为除

---

① R. W. Heinze, *The Proclamations of the Tudor Kings*, p. 149.
② R. W. Heinze, *The Proclamations of the Tudor Kings*, pp. 149 – 150.
③ Brewer, Gairdner and Brodie, *Letters and Papers*, *Foreign and Domestic*, *of the Reign of Henry* Ⅷ, *1509 – 1547*, ed. (13 Vols., 1862 – 1910). Addenda Vol. 1, nos. 98.

非予以迅速而坚决的审判，否则法律将继续受到罪犯们的蔑视。①

上面无论是克伦威尔的书信，还是调查委员会的报告，实际上都暴露出政府无力控制当时粮食出口中的各种违反王室公告行为。尽管这些王室公告都规定了严厉的惩罚措施，并对渎职官员也予以严惩，但这些措施和王室公告本身的执行一样都未取得真正成效。

实际上，在其他工商业领域内也都不同程度地存在着王室公告执行不到位的情况，只不过粮食出口方面王室公告的执行难问题更为突出罢了。这一方面既反映了王室公告权威的有限性，也与都铎时期的经济社会发展特点和王室公告的主要执行者——治安法官及其所属的乡绅阶层的利益诉求及其他因素有关。下面结合粮食贸易方面王室公告执行难的原因一并进行分析。

二 王室公告执行难的原因

造成都铎时期王室公告执行难的原因十分复杂，其中既有人为因素，也有制度上的因素，还与某些客观因素有关。

（一）来自地方执行者的阻力

在王室公告的执行过程中，造成执行难的主要阻力来自地方官员，尤其是各郡的治安法官。他们既是王室公告在各地执行中最为重要的环节，同时也是王室公告执行难的主要制造者。对此，可以以枢密大臣理查德·里奇于1549年在星室法庭里对治安法官们发表的一番训诫为例："我们已得到报告，你们中的许多人如此玩忽职守和如此懈怠失职，宁肯听任法令和王室公告从手下滑过也不肯卖力去执行。"②

而治安法官之所以如此，这与他们所依赖的社会集团——乡绅阶层对王室公告的态度有着密切联系。那么，乡绅这一社会阶层为何能有如此之大的能量和影响呢？这又与都铎时期英国乡绅的兴起问题

---

① Brewer, Gairdner and Brodie, *Letters and Papers, Foreign and Domestic, of the Reign of Henry VIII, 1509–1547*, nos. 1026.

② Richard Grafton, *Chronicle of the History of England*, London: Johnson, 1809, Vol. 2, pp. 506–507.

有关。

1. 乡绅的兴起及对治安法官的把持

在英国社会史中，所谓的"乡绅"（gentry），泛指介于自耕农、农场主和有头衔的贵族之间的四个社会等级和集合体。具体包括：准男爵（baronets）、骑士（knights）、缙绅（esquires）及绅士（gentlemen）。① 乡绅中的准男爵和骑士两个等级具有法律领有身份。缙绅自中世纪即已存在，是骑士的附庸。绅士则多为贵族、准男爵和骑士的后代。乡绅一般都有自己独特的身份标志——绶带，虽然他们的社会地位要低于贵族集团。② 16、17世纪是乡绅崛起的时期，该社会集团的地位和影响日益上升，曾在都铎政治和经济领域内扮演了非常活跃和显要的角色。而乡绅阶层地位的上升则是都铎时期的宗教改革和圈地运动等社会变革的结果。

在宗教改革后瓜分教产还俗土地的过程中，乡绅是最大的受益者。著名经济史家托尼在考察分布于格罗特郡、北安普顿郡等地的250个教会庄园后发现，大部分庄园已落入地方乡绅之手。③ 学者萨文也指出，"'没收的教产土地的主要部分为殷实的乡绅所得'"，特别是"'为大官僚、宫庭官吏、中央部门官吏'所得"。④

都铎王朝时期，英国农村大规模的圈地运动开启。在这场农村土地关系和土地所有权的大变革运动中，乡绅实际上也获利最丰。例如1551—1607年的莱斯特郡，乡绅们圈占了高达圈地总面积的70%以上的土地。⑤ 通过圈地运动，不少乡绅迅速发财致富，他们的经济地位大为提高。

---

① G. E. Mingay, *The Gentry：The Rise and Fall of a Ruling Class*, London：Longman Group Ltd., 1976, pp. 2 - 3.
② L. Stone, *The Crisis of the Aristocracy, 1558 - 1641*, Oxford：Oxford University Press, 1967, pp. 40 - 41.
③ R. H. Tawney, "The Rise of the Gentry, 1558 - 1640", *The Economic History Review*, Vol. 11, 1941, pp. 23 - 28.
④ ［苏］波梁斯基：《外国经济史·资本主义时代》，郭吴新等译，生活·读书·新知三联书店1963年版，第31页。
⑤ W. G. Hoskins, *The Age of Plunder*, London：Longman, 1976, p. 71.

由于乡绅阶层在宗教改革、圈地运动过程中经济实力大大增长，并将原来属于教俗封建贵族的部分政治经济特权夺取至自己手中。所以，到伊丽莎白女王时期，不仅议会下院中乡绅人数已占绝对多数，而且乡绅阶层也基本掌握了地方上各郡治安法官的职位。那么，乡绅阶层为何对治安法官这一基层官职如此青睐呢？

首先，乡绅们尽管在当地拥有一定的政治、经济、社会地位及影响，受人尊敬，但由于他们遍布全国各地，个人并无强大的力量，而且因为过于分散也无法组织联合起来，只有紧密依靠王权和中央政府，他们才能凝聚成一股政治力量并在国家政治和地方社会生活中有所作为，而通过其精英分子充当的治安法官来控制和管理地方事务，就可以形成王权依靠他们的局面，这样客观上有利于维护自己本阶层的利益。其次，前面提到，治安法官到都铎时期已取代郡守的地位，成为地方政权系统中最为重要的官员，但他们既非职业官僚，也无中央供给薪金，因此爱德华六世时期的议会于1439年颁布法案，明确规定了担任治安法官者的财产资格要求（每年应有超过20镑的土地收入）。这种财产资格上的"门槛"，使得乡绅毫无疑问成为治安法官职务最有力的竞争者。[①] 因此，在都铎地方政权系统中就出现了各地绝大部分治安法官来自当地乡绅阶层的情况，并且虽然治安法官纯属无薪俸的义务性职位，但他们依然甘于不计酬劳地担当着繁重而复杂的地方事务。这是因为，在英国地方社会上担任治安法官之类职务代表和体现着乡绅们的社会地位，所以他们将其视为一种荣耀之事而竭力争取并勉力承担。

2. 乡绅及治安法官对王室公告的执行阻力

在都铎时期，乡绅阶层及其政治上的代理人——治安法官对执行那些与自身和本地区利益有关的王室公告还是比较积极的。关于这一点，前面在介绍工资、价格等方面王室公告的执行情况时已多有交代。

但是对那些直接或间接地影响和威胁到本地方及其自身利益的王

[①] J. V. Beckett, *The Aristocracy in England 1660 – 1914*, Oxford：Basil Blackwell, 1986, pp. 375 – 380.

第五章　国家治理工商业相关立法执行问题

室公告，他们的执行则是消极被动的，有时甚至是变相地抵制和反对。下面以粮食出口方面王室公告的执行为例来说明。

都铎时期，政府建立了全国性的粮食市场管理体系，以控制国内粮食贸易。在地方层面负责监管的官员则包括各郡的郡守、治安法官及各市市长等。

16世纪中期之后，由于英国粮食价格不断上涨，在市场力量的刺激下，粮食生产日益增加，粮食市场也日益扩大，以伦敦为中心的全国粮食市场逐步形成，各地出现了一些粮商，在他们的推动下，粮食贸易日趋活跃，农村生产商品化的步伐明显加快，而且粮食收购的货币化使得粮食供应日益依赖于市场。

但当时政府为保障城市市民利益而实行的粮食相关政策，不可避免地要与唯利是图的粮商们产生矛盾和冲突，因为政府当时所建立的粮食储备、供应制度，就旨在平抑粮食价格，保证粮食供应，从而维护社会经济秩序的稳定。但是，站在政府对立面的不仅有粮商，还有乡绅阶层。他们在圈地运动过程中顺势崛起，经营着新式农业，作为粮食生产经营者，他们同粮商的利益相一致，都主张将粮食出口到国际市场以牟取暴利，都鼓噪要求粮食出口，都对政府的禁止粮食出口的王室公告及其他措施竭力反对和抵触。而大多由乡绅们所充任的执行禁止粮食出口王室公告的主要地方官员——治安法官，为了维护本阶层的利益，必然要以消极抵制的态度来对付政府禁止粮食出口的政策，所以他们对粮商的违法行为往往要么暗地支持，要么变相纵容。甚至有些治安法官禁不住粮商的恩惠和厚利的诱惑，参与粮食非法出口活动。粮食出口方面的王室公告遭遇上述这些反对力量的合力阻碍，势必无法顺利实施了。

此外，其他地方官员如市长、郡守等对王室公告的执行，也出现过类似于前述治安法官般的情况。前面我们曾提到过，在禁止粮食囤积王室公告的执行中，有个别市长甚至也参与了囤积活动。这些执法者实际上是被当时粮价飞涨的巨大利润所诱惑和驱使，才会"执法犯法"，铤而走险的。

当然，上面提及的种种消极抵制的方式是潜藏的和有限的，其程度不应过分夸大。因为毕竟治安法官等官员的身份是一种宝贵的社会资源，而被剥夺治安法官等头衔则意味着不久将会在当地名誉扫地。因此，尽管执行王室公告的繁重任务落在治安法官等地方官员的肩上，他们一般情况下还是会尽力而为的。

（二）特许制度对王室公告执行的阻力

从制度角度上来看，都铎时期存在的特许制也是导致王室公告有时执行困难的因素之一。

为了缓解财政方面的压力，填补政府的财政亏空，都铎时期的有些君主时常向某些个人或团体授予一种需要购买的特许状，从中赚取金钱以牟利。另外，国王还常将此种特许状作为奖励赏赐给大臣和身边的宫廷侍臣们。亨利八世时期和伊丽莎白一世统治时期，这种做法较为普遍常见。那些被授予特许状的个人或团体往往享有对政府法律的豁免权，因为这些特许状中都含有一种所谓的无障碍（non obstante）性，即不受法律约束的条款。显而易见，如果这种特许状被滥发以致特权泛滥的话，将严重损害国家的法律权威，造成法令以及王室公告难以执行。

例如在当时的粮食贸易中，尽管法令和王室公告经常严格限制粮食中间商，尽管政府偶尔也会声称为了保护穷人而对粮商们进行象征性的"限制"和"打击"，但由于首都伦敦（甚至包括军队）长期依靠这些中间商来供应粮食，所以实际上从未真正严格地禁止过粮食中间商们的活动。这些粮食中间商正是凭借这种特许制度为其所提供的"护身符"，所以才能长期"逍遥法外"，我行我素。

以粮食囤积行为为例，虽然都铎政府明令禁止这一行为，并颁布过多项王室公告，但中间商们却能倚仗国王的特许状而公然在公开的粮食市场上大肆购进粮食，然后再高价转售至其他市场牟取暴利。更有甚者，政府竟于1552年规定：粮食中间商只要获得三位治安法官的特许，即可自由交易。尽管后来限定唯有年满13岁的已婚男人和户主方能获准得到特许状，使得这种特许制自1563年后才稍有收敛，但是又由于有相当社会地位的人们被保证，如果他们得到一项专门的特许状，就可以像之前一样做生意，甚至还被准许在市场之

第五章 国家治理工商业相关立法执行问题

外购进粮食。① 如此，人们对限制和打击粮食囤积方面王室公告的执行不力现象也就司空见惯了。

在都铎王朝后期的酒类贸易中，这种特许制度对王室公告执行带来的阻力则要更为严重。

当时伦敦的酒类专营权主要把持在势力强大的葡萄酒商公会手中，他们之所以能够控制伦敦的酒类销售大权，就是因为他们享有伊丽莎白女王所授的一种酒类专营特许状。这一专营特许状授权他们可以任意制定酒价，并对相关的政府法律享有豁免权。这种现象就引起了伦敦其他酒商的强烈不满。

例如，1552 年的一项议会法令为抑制当时酒价的上涨专门规定了最高限价，但该葡萄酒商公会却凭借上述特许状而不受该法令的限制。但根据伦敦市的有关惯例，伦敦市长也享有规定该市食物法定价格（包括酒）的权力，他倾向于支持伦敦其他酒商的利益而反对葡萄酒商公会，这就使双方的矛盾日益激化了。1570 年，女王曾授权一位名叫爱德华·霍西的葡萄酒商公会商人为 14 个城镇的酒类销售商核发特许状。当 1575 年女王再次授权他在伦敦核发这种特许状时，葡萄酒商公会和伦敦市的冲突就不可避免地爆发了。

为抵制上面这项特许状在伦敦实施，1574 年 5 月，伦敦市对葡萄酒商公会提出了起诉。起初，葡萄酒商公会的商人们慑于压力，在同年 9 月的市议员法庭上承诺他们将实行政府的最高限价。但在 1575 年年初伦敦市长重新厘定酒价时，葡萄酒商们又出尔反尔，拒绝签订合同，并在同年 3 月向枢密院申辩说，伦敦市长无权干涉他们的经营活动。结果，枢密院支持了他们的要求，并在同年 5 月命令伦敦市政当局对市长厘定价格的权力进行审查。随后，葡萄酒商公会更为明目张胆地任意制定酒价，由于他们的价格高于政府的限价，从而导致伦敦酒价不断上涨。政府被迫于 1575 年 7 月颁布了一项王室公告，通过对从国外进口的酒类规定最高限价以阻止酒价的上涨。②

---

① L. A. Clarkson, *The Pre-Industrial Economy in England, 1500–1750*, p. 176.
② F. A. Youngs, *The Proclamations of the Tudor Queens*, p 127.

这样双方的矛盾就在1575—1576年的冬天达到了白热化。当时枢密院命令伦敦市执行王室公告，而伦敦市政当局又重新开始起诉葡萄酒商。1576年4月，伦敦市长发布了该市关于确定酒类零售价的条例。但葡萄酒商公会拒绝接受该条例。伦敦市长就命令市议员法庭对那些拒不服从他的条例的葡萄酒商进行审判，甚至还剥夺了其中一些人的公民权。

为平息这场风波，枢密院只得出面进行处理。为了使市长执行王室公告，枢密院一方面支持市长的行为，并把市长揭发出的不服从其的葡萄酒商传唤进了星室法庭，还许可市议员法庭对那些公然藐视市长权威的人进行惩罚。① 同时，枢密院也命令市长收回他发布的条例，并于1576年7月27日发布了一项规定了酒类批发和零售价格的王室公告。② 但葡萄酒商们对枢密院的命令置若罔闻，仍然擅自定价，以至于来自枢密院的一封信控告他们滥用特权而毫无理由地使酒价上涨了一倍。③ 在整个冬季，枢密院一面强令他们不得以高于王室公告规定的价格出售酒，另一面也在伦敦尤其是在港口严密警戒。

但枢密院的上述种种努力最终还是失败了，因为霍西等葡萄酒商倚仗女王授予他们的特许状而拒绝妥协。枢密院最后只得忍气吞声地劝告伦敦的官员允许葡萄酒商们以任何他们自定的价格销售酒类。④ 这样，葡萄酒商们赢得了最终的胜利，而王室公告和伦敦酒商们则成了牺牲品。

上面这些例证都有力地说明了特许制度对王室公告执行的巨大阻力。从实质上来看，这种特许制度实质上是都铎专制政治的产物，由于特许状持有人往往依靠国王"狐假虎威"，所以，虽然以枢密院为首的王室公告执行者殚精竭虑，尽职尽力，但他们作为都铎统治机器的组成部分的本质决定了他们是不可能，也无法来要求自己的主人——国王来取消其所享有的种种特权的。因此，王室公告在有强大

---

① Acts of the Privy Council of England, Ⅷ, pp. 128 – 130, 132, 164.
② P. L. Hughes & J. F. Larkin, Tudor Royal Proclamations, nos. 614.
③ Acts of the Privy Council of England, Ⅷ, pp. 176 – 177.
④ Acts of the Privy Council of England, Ⅹ, pp. 126 – 127, 150.

第五章　国家治理工商业相关立法执行问题

的王权作为后盾的特许状面前只能俯首败北。

（三）其他因素

此外，王室公告的执行难还与执行工作的过于繁重有关。例如，有人曾这样描述过一位名叫威廉·卡佩尔的萨莫塞特郡的治安法官的日常生活："我每天整天从早到晚都待在治安法庭里，没有时间顾及自己的私事，几乎不能把肉放进自己嘴里……昨天有14起案件呈报和控诉到我这里。"[1] 由此可见治安法官工作量之大和工作之繁重程度。

因此，如果各地的地方官员们去执行所有王室公告的话，与此相关的工作量之大，尤其是对各地的治安法官们，将是难以完成的。所以有人说："尽管他们经常制定一大堆辖区的条例或是对该辖区有重要影响的中央政府的立法的措施，但他们既没有时间也没有愿望去执行中央政府的所有立法。"[2]

最后值得一提的是，在王室公告的地方执行程序中也存在很大缺陷，这也在一定程度上使王室公告的实际效果大打折扣。在都铎时期，因为地方官员执行王室公告的程序一般是这样，首先是发布一项地方性命令来规定实行王室公告的细则，例如在伦敦，市长在接到枢密院要求执行王室公告的命令后，会将伦敦市的执行命令下达给市议员和各商人公会。接着，再从市里的社会贤达人士中选拔专人组建一个陪审团以审理对违反王室公告案件的控诉。但一般情况下针对违反王室公告者的处罚，往往是远远低于王室公告所规定数目的罚金和监禁。同时，因为许多王室公告都允许那些持有特许状的人获得豁免权，而这种特许状又主要是由各级地方官员颁发的，所以有些有权有势的人就利用各种关系，甚至有时就干脆花钱购买特许状，因此有些罪犯就很容易地逃避了处罚。长此以往，这种做法的直接后果就是导致王室公告逐渐沦落到"次要的法律种类"的地步。[3]

---

[1] Wallace Notestein, *The English People on the Eve of Colonization*, 1603 – 1630, New York: Harper & Row publishers, 1962, p. 211.
[2] M. Gg. Davies, *The Enforcement of English Apprenticeship 1563 – 1642*, p. 161.
[3] F. A. Youngs, *The Proclamations of the Tudor Queens*, p. 125.

第六章

工商业领域国家治理之影响及其评价

在16世纪英国,通过对工商业部门实施政府治理,首先对当时的工商业发展,其次也对这一时期的经济社会生活产生了种种影响。客观地评价这些影响,对于认识16世纪英国专制国家政权的特点和本质有着重要意义。

第一节 工商业领域国家治理的积极意义

首先,工商业治理是16世纪英国总体国策的重要组成部分。工商业治理这一举措在当时的历史条件下具有一定的积极意义,这主要体现在下述方面:

一 塑造法制环境和经济秩序

首先,通过带有明显的重商色彩的一系列工商业治理行为的施行,顺应了英国商业发展的趋势和商人阶层的要求,因为商人们认识到,强大的政策既是经济稳定又是发展的结果。他们寄希望于中央政府规范度量衡,统一市场,维护国内和平和秩序,保护产权。[①] 为重商主义政策的施行乃至以后的工业革命创造了良好条件,客观上有利

[①] R. Grassby. *The Business Community of Seventeenth-Century England*, Cambridge:Cambridge University Press, 1995, p. 213.

第六章 工商业领域国家治理之影响及其评价

于英国民族经济的进步和新兴资产阶级的成长,揭开了英国资本主义工业化的序幕,从而对近代英国具有重要意义。

在国内商业方面,通过工商业治理的推行,在一定意义上有利于粉碎封建割据的局面,培育形成统一的国内市场,建立井然的经济秩序,促进资本主义的顺利发展。

通过施行币制改革,重建国家信用,为英国商业贸易的发展奠定了坚实基础。借助币制改革,因为"在伊丽莎白一世和托马斯·格雷欣爵士英明地修复遭受亨利八世贬值的铸币之后的一个世纪的时间里,英格兰硬币的重量标准一直没有正式地变动过"①。英国的币值逐渐稳定下来,货币制度也有序恢复了,国家信用得到了维护。

对度量衡制的管制和统一为英国商业贸易的发展扫清了障碍。度量衡是商品交换不可或缺的重要工具,贸易的顺利发展依赖于可靠而稳定的度量衡制度。首先,通过立法手段统一度量衡制,有利于破除封建经济割据,取消封建经济壁垒,推动国内商品的交流,强化国内各地之间的经济联系,实现全国经济的整合统一。其次,通过加强监管度量衡制,严格监督出口商品的质量,可以更好地维护英国商品在国外市场上的信誉。② 再次,统一度量衡,可以达到增加英国国家赋税收入的目的。在中世纪英国,由于全国范围内的度量衡制难以建立,导致各地征税计量标准混乱不一,严重影响了国家税收的征缴。16世纪,随着英国近代国家体制逐渐确立,国家管理范围向全国不断扩张,公共财政开支大幅增加,税收也水涨船高,因此实现税收体制的完善化和近代化目标日益迫切。而统一全国的度量衡制,是保证税收体制公正、有序、高效的前提条件。显然,统合划一的度量衡制大为提高了政府的征税效率,在一定程度上使得英国的税收总量乃至国力有所增强。最后,英国在度量衡制的统一化方面早于欧洲大陆诸国,为其经济后来居上,实现跨越和长足发展奠定了基石。

通过16世纪政府的行政干预,强化粮食市场管理,打击囤积等

---

① [英]约翰·F. 乔恩:《货币史:从公元800年起》,第96页。
② Cunningham. *The Growth of English Industry and Commerce in Modern Times*, Vol. II, Cambridge: Cambridge University Press, 1921, pp. 239–240.

不法行为，维持正常的粮食流通秩序，保证城市的粮食供应，维护社会稳定。特别是政府利用价格杠杆实施粮食进出口管制的政策，有利于国家调节粮食生产者和消费者之间的平衡关系，维护有序的国家粮食产销秩序，捍卫农本经济这一英国当时的国家命脉。

16世纪英国国王们为维护社会稳定，巩固自身统治，所颁布的抑制物价（尤其是粮食价格）的众多立法，尽管不能也不可能彻底解决贫困及失业问题，但是社会下层民众（特别是贫困阶层民众）的利益在一定程度上得到了保护，社会矛盾有所缓解，避免了社会危机所带来的巨大震荡，政府承受的社会压力得以减轻。同时，打击垄断市场、囤积居奇等商业投机行为也在一定程度上抑制了不公平竞争现象，有益于市场的培育和成长，维持了相对稳定的经济秩序。

在营建国内工业秩序方面，英国政府可谓用心良苦，殚精竭虑。

由治安法官和立法来详细规定劳工工资，保持劳工工资与他们的生活费用相适应，劳工的最低工资也被明确划定，这样就保障了劳工的利益，使他们避免遭受雇主的过分剥削，并在一定程度上兼顾了雇主和工人两方的利益，调和与缓解了劳资矛盾，维护了生产秩序的正常化。

尤其值得一提的是国家立法所维护的工业专利制度，对于后世的影响非常深远。

虽然这种专利制度在伊丽莎白后期出现了诸多弊端，但这并不意味着这种制度本身是不合理的，相反，其在客观上具有一定的积极意义。所以有人说："尽管直观地看专利政策是以失败告终了，但其也存在某些带来明显收益的间接结果。其中最值得一提的就是专利制度的发展有效地鼓励了发明和创新。这一政策的这种初衷，却被这一制度的赘瘤所掩盖了。"[1]

尽管英国早在14世纪时就有了保护专利的专利权垄断的法律，但16世纪却是英国专利制度的确立和初步发展时期。正是在16世纪专利制度的基础上，英国于1624年诞生了有名的《垄断法》。该法案

---

[1] W. H. Price, *The English Patents of Monopoly*, p. 131.

第六章 工商业领域国家治理之影响及其评价

在禁止王室垄断的基础上,建立了鼓励所有真正创新的专利制度。该法案具有积极的制度创新意义,其使合法的发明专利创新收益内化为一种制度,成为社会制度的组成部分,并使这种收益获得了财产所有权方面的保障,为私人的创新提供了自由的空间,这种机制大大促进了发明创造活动的开展。也正是因为有了专利的所有权保护法律,才出现了瓦特的改良蒸汽机等一大批技术革新和发明。同时,正如马克斯·韦伯所说,没有这项专利权法的刺激,18世纪纺织工业领域内对于资本主义发展具有决定性的那些创造发明就未必会有可能。① 因此,16世纪形成的专利制度对推动英国的技术进步和创新起了积极作用,为以后的工业革命提供了较为理想的法律制度环境,在一定程度上间接推动了工业革命的进程。

而该世纪里王室在经济生活中通过对各种经济矛盾的调解也在一定程度上维护了经济秩序。

16世纪的英国经历了中世纪以来首次人口迅速增长、价格革命、农业革命以及工商业扩张等一系列重大历史事件,从而呈现出鲜明的社会转型的特征。在这一时期,资本主义商品经济逐步发展起来,原来旧的封建经济秩序被打破,市场规模不断扩大,为经营者提供了广阔的致富空间。但在这一时期,市场发育程度较低,市场机制还不健全,政府对市场经济的监管调控也极不完善和规范,自由公平竞争的观念和机制尚未形成,经营者的合法权益缺乏保障。当时传统的封建行会观念和旧的特权观念在社会上还"余威尚在",一些经营者受其影响,为了维护己方的经济利益,往往会采取诉诸专利特权,甚至不择手段以求垄断本地区或本行业市场的做法。长此以往,地区之间、行业之间、经营者之间的利益冲突就不可避免了,这就出现了通过经济立法来缓解上述种种矛盾,建立新的经济秩序的需要。

因此,尽管政府在大多数情况下会竭力维护雇主的利益,如奉行最高工资政策等;另外,为维持社会秩序与自身声誉,政府也会尽力

---

① [德]马克斯·维贝尔:《世界经济通史》,姚曾廙译,上海译文出版社1981年版,第264页。

督促保证市镇粮食供应，救济穷人。正像有学者所说的那样："而且，如我们已经看到的那样，当雇主和受雇者间发生冲突和有关权利问题的争论时，政府一般不站在后者的立场上干预。不过我们还需记得，粮食供给既是封建王公和城市共和国主要关切的一个问题，此时也没有被大国政府完全放弃。不让穷人饿死事关公共秩序与安全；政府还觉得，保证穷人维持生存的口粮关系到自己的颜面——如果不说是职责的话，为此不惜付出劳动力不足的代价。"①

在这一方面，议会制定法与王室公告相得益彰地实现了这一使命。尽管议会立法的地位和作用更为重要，但其形成程序较为繁冗，正式成文所需时间较长；而王室公告则只需由国王根据枢密院的建议而制定，形成过程较为迅捷，并以国王的特权保证实施，因而在调解各种经济纠纷、矛盾中有其独特的作用。前面在分析工商业王室公告的执行过程时，王室公告的这种调和作用不时得到了表现。

所以，通过16世纪工商业国家治理的施行，就在一定意义上为16世纪英国国家经济社会秩序的整合统一提供了前提，为重商政策的顺利实施创造了经济氛围，为后来的工业革命创造了良好有序的大环境。

二 促进国家实力增长

马克思曾就法律等政治上层建筑对经济基础的反作用有过精辟论断："国家权力对于经济发展的反作用可以有三种：它可以沿着同一方向起作用，在这种情况下就会发展得比较快；它可以沿着相反方向起作用，在这种情况下，像现在每个大民族的情况那样，它经过一定的时期都要崩溃；或者是它可以阻止经济发展沿着某些方向走，而给它规定另外的方向——这种情况归根到底还是归结为前两种情况中的一种。但是很明显，在第二和第三种情况下，政治权力会给经济发展带来巨大的损害，并造成大量人力和物力的浪费……法也与此相

---

① [法] G. 勒纳尔、G. 乌勒西：《近代欧洲的生活与劳作（从15—18世纪）》，第310页。

第六章 工商业领域国家治理之影响及其评价

似……这个领域虽然一般地依赖于生产和贸易,但是它仍然具有对这两个领域起反作用的特殊能力。"[1]

在16世纪这一商业时代里,工商业治理方面的立法以及举措,实际上都是英国政府保护工商业政策的产物,而政府的这种重视工商业的政策导向又是由当时国民经济发展的客观要求所决定的。在这方面,工商业立法乃至整个16世纪英国法律制度体系"是完全依赖于生产和贸易的";但另一方面,16世纪工商业立法和整个16世纪英国法律制度体系又具有影响当时的国民经济,即生产和贸易的特殊能力。这种特殊能力主要表现为一种重要的政治制度保障作用,即通过工商业立法的施行,为国民经济的发展构筑稳定有序的法制环境,从而间接地推动国内市场的形成,促进工商业的发展。

16世纪是英国从封建社会向资本主义社会过渡的时代。当时的英国尚为一个近乎纯粹的农业国,农业仍是国家支柱产业,全国人口的9/10为农业人口。英国的工业发展水平也在欧洲范围居于落后地位,在工业生产、技术、规模方面与绝大多数其欧洲大陆邻国存在一定差距。虽然这些工商业治理当时不可能立竿见影地扭转这种态势,但客观地评价16世纪工商业治理举措,它们的确起了一定的积极作用。这种积极作用主要体现在,在一定意义上推动了英国国民经济的发展,在一定程度上使英国的综合国力有所增强,在一定时期内为英国成为殖民帝国奠定了初步基础。

第一,在对外贸易方面。

通过一系列具有明显的贸易保护主义倾向的法令和王室公告的施行,一方面体现了16世纪英国国家加强国际贸易管理的决心和自觉维护本国经济利益的态度。在当时的历史背景下,英国政府的鼓励出口、限制进口的政策,具有增强国家实力、保护资本主义发展和刺激民族工业进步的积极意义。而对以汉萨同盟商人为首的外商的限制和打击,长达数世纪的外商控制英国对外贸易的局面被终结,民族经济发展的控制权被收复,英国商业揭开了本国商人独享本国贸易权益的

---

[1] 《马克思恩格斯选集》第4卷,人民出版社2012年版,第610页。

崭新时期，有利于民族经济的统一和壮大。所以，有学者认为："另一方面，王权对外贸的干预（即使被海关的低效率所制约）可能要远为有效得多，如在排除汉萨商人们，决定英国各出口业的方向以及将商业委托给若干大垄断公司方面。"①

第二，在工业方面。

因为"在16世纪和17世纪初期，君主们及其他们的顾问们以一种不同于他们的19世纪与20世纪初期的继任者的方式来看待种种工业问题（当他们看统计数字时）。他们起草和执行工业立法的目标与其说是为了促进工业增长与增加国民净产品，不如说是为了巩固王室的权威，促进社会公正，并改善工业品的质量。尽管这种种管制干扰了所生产商品数量的增加，但它们有助于保证高水平的工艺"②。所以，羊毛呢绒业生产方面的国家治理，在一定程度上提升了英国最重要的民族工业——呢绒工业的技术水平，确保了民族制品的品质，推动英国的呢绒产品走质量优良化、技术标准化的发展道路。同时也维护了呢绒产品在国内外市场上的良好声誉，在一定程度上保护了消费者的利益，增强了英国的呢绒产品在海外的竞争能力，确保了英国海外市场的稳步扩大，增加了政府的关税收入。

通过强制性的七年制学徒见习制度的施行，培养了大批合格的熟练技工，为工业生产提供了充足的劳动力，保证了英国工业制成品的质量和竞争力，促进了工业发展，并为后来的工业革命储备了宝贵的人力资源。

由王室公告等立法所保护的专利制度，尽管在16世纪英国是不受欢迎的，但这一制度客观上也造成了一定的积极影响。

首先，英国军事工业的实力和水平得以提升，有力地保障了对外战争的胜利。亨利八世时期，英国军需工业实力低下，甚至连制造火药所需的硝石、硫黄和铸造大炮的铁、铜等原料，都主要依赖于国外进口。至伊丽莎白女王时期，由于专利状被大量颁发，鼓励和保护发

---

① Penry Williams, *The Tudor Regime*, p. 173.
② John U. Nef, *Industry and Government in France and England, 1540–1640*, p. 137.

第六章　工商业领域国家治理之影响及其评价

明及改进，上述原料逐渐自给。另火炮制造技术也不断改良，新式轻便快发火炮已取代旧式火炮，英国海军的火力和进攻力大为增强。这支实力强大的海军为 1588 年击败西班牙"无敌舰队"这场国运之战提供了重要保证。

其次，煤炭开采业、金属冶炼业等许多新兴工业在王室的赞助和扶植下纷纷兴建，从而使英国的工业基础日益雄厚并趋于多元化，推动了英国民族经济的发展和进步。其中，煤炭业的成就最为显著。据统计，英国的煤炭年产量从 16 世纪中叶时的约 20 万吨，增至 17 世纪中叶的 300 万吨，产量位列全欧之冠。同一时期，铁、锡、铅等矿物的开采也都大有增加。经济史家内夫就此评价说："如果不考虑煤炭工业所起的作用，则对 1550—1700 年期间一般的经济和社会发展便不可理解了。"① 他甚至还大胆提出，英国在伊丽莎白一世时期发生了一次"工业革命"。

依靠上述新兴工业的强力推动，英国的民族工业获得了巨大的飞跃，英国资本主义工业化也开启了序幕。国内外市场不断急剧扩张；来自殖民掠夺、海外贸易等方面的财富充实了工业资本；圈地运动为工业市场抛入了大量廉价劳动力，所有这些都为英国 18 世纪工业革命积蓄和储备了资本、技术、劳动力方面的宝贵资源。所以，莫尔顿曾说："由于 1540—1640 年第一次产业革命达到了这样的程度，英国才能在 1760 年以后第二次产业革命中居于前列。"②

再次，专利权的授予实践，为英国工业的早期发展提供和积累了管理和资金运营方面的宝贵经验。所以有学者认为："从长远看来，专利为后人学习管理和控制公司机构提供了许多昂贵却有益的教训。"③ 例如 1568 年诞生的皇家矿业公司和金属矿务公司，系英国工业史上最早的股份公司，它们都经政府特许而建。其中，前者享有在位于英国北部和西部的主要产矿区开采铜等贵金属的特权，后者则被

---

① J. U. Nef, *The Rise of the British Coal Industry*, London：Gordge Routledge and Sons Ltd., Vol. 2, 1932, p. 330.
② ［英］莫尔顿：《人民的英国史》，第 129 页。
③ W. H. Price, *The English Patents of Monopoly*, p. 131.

特许从事锌矿开采和黄铜冶炼。这两家公司不仅吸收国内上层人物、政府要员等的资金（如塞西尔等是其股东），还积极引进国外的专家、技术和资金。之后，国内几乎所有重要的专利都普遍采用了这种投资资本而回报以股份的做法，该做法即今天的股份制这一制度的雏形。该制度在当时具有明显的先进性和重大的创新性，其有利于吸引社会资金力量来为国家工业"输血"，开拓了一条吸纳融汇社会资金以促进经济发展的新道路，对英国经济的长足进步颇有益处。

最后，由于国王授予专利权时一般会禁止进口同类产品，但这种做法客观上也对民族工商业提供了一定的间接保护，虽然其存有不少弊端。

因此有人说："在市场问题上，政府的干预曾经是广泛的和成功的。当伊丽莎白女王和早期斯图亚特王朝的君主们建立特权工业公司时，他们不仅保护公司免于英国人的竞争，当然也包括了来自国外的竞争。"[1]

而四旬斋方面王室公告的施行，通过增大民众对各种鱼类的消费量，刺激了英国传统产业——渔业的恢复和发展。由于四旬斋政策的强制推行，"国内鱼的消费，因强迫恢复从前罗马天主教每周的斋戒日（鱼日）和整个的四旬斋戒日而有所增长"[2]。而国内渔业产品消费市场的扩大，又连锁带动了英国渔业的发展。正如文献所记载的那样，实施鱼的交易日和四旬斋，吸引了伦敦的渔业公司以及其他重要城镇的渔商的兴趣。17世纪以前，英国的渔民们也的确要依赖于实施四旬斋。在北海和冰岛海域从事捕捞作业的渔民尤为如此。而下面的例子也反证了取消四旬斋政策所导致的消极后果。当17世纪60年代四旬斋被最后一次实施之后，在北海和冰岛海域，英国鳕鱼渔船队的衰退速度进一步加快，由此导致了16世纪90年代鱼产品价格大幅度地上升。[3]

---

[1] [法] G. 勒纳尔、G. 乌勒西：《近代欧洲的生活与劳作（从15—18世纪)》，第66页。

[2] M. Briggs & P. Percy, *Economic History of England*, London: University Tutorial Press Ltd., 1934, pp. 98-99.

[3] [英] E. E. 里奇、C. H. 威尔逊：《剑桥欧洲经济史》第5卷，第174页。

第六章 工商业领域国家治理之影响及其评价

通过推行四旬斋政策，增强了英国船运业的实力，客观上也刺激了英国航海业乃至海军的发展。通过鼓励和刺激造船业和渔业，大量的船只被增添，众多的合格水手成长起来，伊丽莎白时期将渔业视为"最自然、最容易、最持久地培养和维持水手的事业"的目标得以实现。[1] 从而壮大了英国海军的实力，为后来争夺海洋霸权准备了条件。所以，有人曾说："在早些年，虔诚的公民为了自己的灵魂在某些特定日子必须吃鱼而禁食牛肉。在伊丽莎白继承王位后，他仍旧必须吃鱼，但不是为了灵魂，而是为了海军。"[2]

的确，通过恢复四旬斋，不仅激发了渔业的兴盛，同时也产生了连锁反应，促进了航海业的进步，提升了海军实力。依据1576年的一份调查报告统计，自1563年法令颁布之后，被调查城市和地区的10至30吨的海上渔船和三桅帆船"已增加到140艘"[3]。1583—1629年的近50年期间，英国船舶总吨位年增长率达1.5%，即每年平均增长1000吨以上，从67000吨增加至115000吨。[4] 因此，通过"政治性的四旬斋"这一政策，英国航海业的发展得到了一定推动，大量船舶的新造入海，大批熟谙航海技艺的水手，成为日后英国进行海外扩张所需的宝贵物质及人力资源，从而为后世"日不落帝国"的崛起奠定了基石。

总之，重商主义政策作为16世纪英国所奉行的主导性政策，客观上要求国家政策体系，包括法律体系在内，都要服务于增加国家整体的工商业实力和财政收入的目标。在近代早期英国的政治生活中，作为一种重要执政工具的立法，不可避免地打上了这种重商主义的烙印，时常呈现出重商主义的倾向。其势必要不折不扣地执行重商政策，并通过对国家工商业生活施加种种治理来完成自己的"使命"。

16世纪工商业国家治理客观上对英国资本主义的生成起了一定

---

[1] R. H. Tawney & E. Power, eds. *Tudor Economic Document*, Vol. 2, p. 108.

[2] Liza Picard, *Elizabeth's London: Everyday Life in Elizabethan London*, p. 153.

[3] R. H. Tawney and Eileen. Power eds., *Tudor Economic Document*, Vol. 2, p. 122.

[4] Sybil. M. Jack, *Trade and Industry in Tudor and Stuart England*, London: George Allen and Unwin, Ltd., 1977, p. 98.

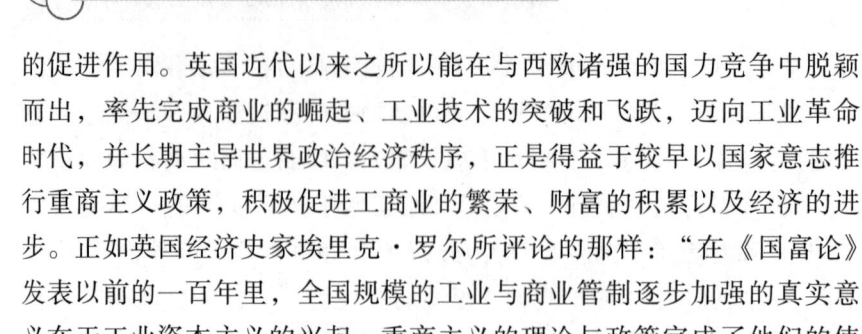

的促进作用。英国近代以来之所以能在与西欧诸强的国力竞争中脱颖而出，率先完成商业的崛起、工业技术的突破和飞跃，迈向工业革命时代，并长期主导世界政治经济秩序，正是得益于较早以国家意志推行重商主义政策，积极促进工商业的繁荣、财富的积累以及经济的进步。正如英国经济史家埃里克·罗尔所评论的那样："在《国富论》发表以前的一百年里，全国规模的工业与商业管制逐步加强的真实意义在于工业资本主义的兴起。重商主义的理论与政策完成了他们的使命。"① 而资本主义这种新生产方式在英国的生成，则是通过以重商主义为助推力的商业化进程对社会整体结构的彻底改造。正因为如此，也使得"英国资本主义的发展比其他所有国家更完整、方式更平和"②。历史地看，16世纪工商业国家治理部分地完成了这种任务。

第二节 工商业领域国家治理的局限性

16世纪英国君主们所主导的工商业国家治理，既具有上述的积极性，但也暴露出一些局限性，而这些局限性是由16世纪英国专制政权的本质所决定的。

一 封建保守性

16世纪英国社会经济立法事实上是对16世纪英国社会经济状况的一种确认和反映。可以说，16世纪英国政府所推行的所有政策，包括社会经济立法在内，均是由当时的客观社会经济条件所决定的，并作为前提的。

16世纪的英国仍属一封建专制国家，封建贵族阶级在经济和政治领域仍具有强大的实力。国体决定政体。16世纪英国国家的阶级性质决定了都铎君主们的专制统治主要代表着封建贵族阶级的意志和利益。当时，君主们迫切需要依靠城市和市民阶级财力、物力和人力

---

① [英]埃里克·罗尔：《经济思想史》，陆元诚译，商务印书馆1981年版，第84页。
② [法]G. 勒纳尔、G. 乌勒西：《近代欧洲的生活与劳作（从15—18世纪）》，第311页。

第六章　工商业领域国家治理之影响及其评价

的支持帮助，需要大力鼓励和促进工商业的进步，以巩固君主专制的统治，所以君主们实行了一些有利于资产阶级利益的政策，因此马克思说这一时期君主专制"保护工商业，以此鼓励过资产阶级上升"。"并且还曾经把工商业看做使国家富强，使自己显赫的必要条件。"①工商业国家治理就是在这种背景下被强制推行的。

通过带有明显的重商色彩的一系列工商业政府治理的施行，客观地说，专制统治的存在助力了英国民族经济的进步和新兴资产阶级的崛起。因为从一定意义上讲，专制统治为粉碎封建割据，促进国家政治统一，维护社会经济秩序，推动形成国内的统一市场，促进资本主义的发展，提供了有利的政治前提条件。正如马克思所论断的那样："但是在欧洲其他大国里，君主专制是作为文明中心、作为社会统一的开创者而出现的。在那里，君主专制是一个洪炉，各种社会成分都在其中搀合在一起发挥作用，这就使得城市愿意接受资产阶级的普遍统治和市民社会的公共政权而不要中世纪的地方自治。"②英国君主们遵奉重商主义，大力鼓励和刺激工商业活动，奖掖海外贸易的发展，既是为了笼络和利用资产阶级，也是为了充盈国库，稳固王室统治地位，在国内外赢得显赫地位，这样就使得资本主义生产方式借助封建母胎得以孕育成长。

尽管都铎王朝奉行重商主义政策，对于资本主义的发展和资产阶级的形成客观上起了一定积极作用。但不能据此认为，都铎国家就是一个资产阶级性质的政权，都铎君主专制就维护着资本主义经济基础。因为16世纪英国本质上仍系一个封建农业国家，基本上尚处于资本原始积累时期，尽管资本主义经济因素已有一定程度的发展，但仍较为有限。都铎国家这一封建政权始终只能为封建基础和封建主服务。都铎王朝的所有政策，包括重商政策在内，都旨在巩固和强化专制王权，从而维护封建主的根本利益。都铎王朝统治之初，面临着内

---

① 《马克思恩格斯全集》第4卷，人民出版社1958年版，第341—342页。语出自马克思《道德化的批评和批评化的道德》（1847年），《马克思恩格斯全集》第Ⅱ版相关部分暂未出版。

② 《马克思恩格斯全集》第13卷，人民出版社1998年版，第510页。

忧外患的重重压力，因此被迫"适应于国家政治威力，尤其是军事威力的需要"。而要保持强大的政治和军事威力则需要财力方面的保障。所以都铎政府实行重商政策的根本目的在于求富。因此佛兰西斯·培根说，"国王把对于'富'的考虑，从属于对'强'的考虑"①。

要判明一项政策的性质及实质，应主要考察其追求的目的和背后的动机。虽然16世纪英国政府所推行的重商政策客观上有利于资本主义萌芽的发展，但却不能凭此得出其已具资本主义政策这一性质的结论。在16世纪英国，政府之所以推行重商政策，主要是争取和寻求工商业阶级在经济上的援助和政治上的支持。而工商业者寄希望于利用重商政策，实现打击相竞争的外商势力，获得更高垄断价格和更多商业利润的目标。而有利于资本主义萌芽的发育和成长这一客观后果，则仅是某些重商措施捎带而来的附属性结果而已。

16世纪的英国国家，其身上既留有旧时代的烙印，也流动着新时代的血液，因为其是封建主义向资本主义过渡时期的产物。

16世纪英国发生的诸多政治经济行为（包括工商业国家治理在内）亦是如此。就其本质而言，工商业治理无非是当时英国特定政治经济生活的产物。一方面，作为英国总体经济政策的有机组成部分和推行工具，它带有显著的重商色彩，在大多数情况下对工商业采取了扶持和鼓励的态度；而另一方面，其又集中体现了英国君主的意志，有着鲜明的封建特征。因为英国君主们从维护封建统治集团的利益、巩固封建专制统治的需要出发，也实行了某些对工商业发展不利的政策。这方面最为典型的例证就是授予特许专利权的政策。

16世纪后期，因为这种专利权的日益泛滥滋生出种种弊端，工商业阶层的利益受到严重损害，他们对此强烈反对和抵制，并通过该阶层在政治上的代言机构——议会下院，掀起了反对专利权的斗争，并呼吁要求利用议会法来限制伊丽莎白女王的特权，最终迫使女王妥协并做出了一定让步。

---

① Eli F. Heckscher, *Mercantilism*, Vol. 2, London: George Allen & Unwin Ltd., 1935, p. 31.

第六章　工商业领域国家治理之影响及其评价

所以从该角度来看，作为16世纪英国专制统治的孳息物和工具，工商业国家治理势必不可避免地和天然地打上了鲜明的封建印记。

关于16世纪英国经济总体政策的特征，许多经济史家都曾作以评断。其中下面几则观点最有代表性。如英国经济史家劳伦司·斯通曾说："安全，而非繁荣，系都铎经济政策的主要目标。"① 拉姆齐也如是评论："在都铎时期，可以说'经济问题永远是第二位的，经济性的措施往往是为非经济目的而服务的。'"② 鲍登曾指出："大量都铎经济事务方面立法有两大共同特征，一为保守主义，其面对与日俱进的工业化和市场扩张而试图维持旧秩序，通过阻碍最为有利的农业形式，通过阻挠劳工的流动，通过禁止食物和原材料方面的中间人交易。另一特征（在监管呢绒工业上表现最为明显）则是失败。表现在规定需要遵守的统一标准之时，依据地方性或地区性的条件下的种种显著差异确定适当的补贴之时。"③ 上述论断在我们对16世纪英国工商业国家治理进行分析时有着一定的启示意义。

维持专制统治的长期稳定及和平延续是都铎王朝的根本政策，该政策也是主导都铎王权所有经济社会政策的基本方针。所以，在16世纪英国君主们看来，繁荣仅是维护秩序和确保安全的手段和工具而已，秩序和安全优先于一切。有学者曾如是评价亨利七世国王的政策特征："国家政策的最高目标即和平和安全。他的政策一贯是以政治，而非经济为主的，他也许重视的经济目标（除加强他自己的经济地位之外）是附属于其政治和外交目标的。"④ 实际上，上述论断不独适用于亨利七世时期的政策，应该说也适用于包括经济政策在内的整个都铎时期的总体政策。

都铎时期，英国长期承受着巨大的财政压力，由于战争支出、外

---

① Lawrence Stone, "State Control in Sixteenth-Century England", *Economic History Review*, Vol. 17, 1947, p. 111.

② P. Ramsey, *Tudor Economic Problems*, p. 177.

③ Peter J. Bowden, *The Wool Trade in Tudor and Stuart England*, London: Macmillan & CO Ltd., 1962, p. 118.

④ S. B. Chrimes, *Henry* Ⅶ, pp. 219–220.

有形之手：16世纪英国工商业领域的国家治理

交活动和宫廷奢侈消费等因素造成了财政上的巨额赤字，从而影响到国王权威的施行和政府的正常运转，并危及国家的长治久安。显然，只有依靠稳定而庞大的财政收入提供资金支持，才能巩固王朝的统治根基，维护专制统治的长期延续，并满足和保证王室的奢华之需，这就需要刺激和扶持国内工商业的发展。因此，都铎国王们青睐于所有凡能增加国库收入的做法。例如，专利权可以授予宫廷宠臣和债权人们来还债和作为奖赏；关税征收权可以出卖给包税人；虽然谷物出口被长期严令禁止，但在国际市场上粮价上扬之时，谷物依然可以允许高价出口。客观地讲，上述都铎君主们的种种做法虽是封建时代统治阶层的一种本能化常态反应，但也暴露出鲜明的投机性和保守性。显然，许多此类措施都属于权宜之计，旨在解决燃眉之急，它们追求的目标并非找到长久的解决之道，而是竭力减轻王国的痛苦。①

同时，都铎经济政策集中体现和实践着上述指导方针和原则。首先，作为都铎经济政策的组成部分，工商业治理本质上也仅是维护都铎国家秩序和安全的利用工具而已。其最终目标是维护都铎君主们的专制统治，维持正常的统治秩序，巩固都铎王朝的统治基础。其次，工商业治理也在一定程度上反映出此种保守性。

以最为稳妥、安全的方式来管理和监督社会经济生活，这是指引都铎工商业国家治理的主导思想。为了确保王国太平无虞，在物价飞涨时各种生活用品需要规定最高限价；每年需要由治安法官精心厘定工人的法定最高工资，以防止工人利用物价上涨强迫和要挟雇主为其涨工资；为了保证工业部门有足够合格的劳动力并消灭社会上的流民和乞丐，需要强制年轻人去充当七年学徒；等等。总之，所有都铎工商业治理措施都要优先满足于确保王国的和平与国王的安全这一首要目标。

严格地讲，16世纪英国国王们通过工商业立法对经济活动进行治理、促进工商业发展的真实意图，就是因为这样会增加王国和他们自己的力量，从而对王国和国王总体上有利。因此，在16世纪，经

---

① Wallace Notestein, *The English People on the Eve of Colonization*, 1603–1630, p.183.

第六章　工商业领域国家治理之影响及其评价

济的发展处处受到国家的严密控制，时刻带着16世纪英国国家权力所强加的"紧箍咒"。

关于都铎英国对外贸易政策的实质，有人指出："但不论是促进作用还是壮观的对外贸易都不能归功于亨利，因为他并没有明确的商业政策，他甚至偶尔会出于政治考虑而牺牲贸易。那些推动经济繁荣的经济手段并不是亨利七世的杰作……他不仅避免战争，而且还签订了一些促进贸易的条约——1490年与丹麦签订的条约、1496年与荷兰的条约、1497年与法国的条约以及1499年与西班牙的条约。这些条约不是一个寻求创立经济政策的现代国王的产物；而是一个心存担心的中世纪国王的产物，他想增加税收、保证伦敦的地位、鼓励运输和海军以保卫自己的王国。"①

而伊丽莎白女王的铸币改革虽然一方面使货币成色恢复到原来的标准，但另一方面却导致英国民众付出了高昂代价。由于政府以远远低于法定的价格收购回炉重铸的货币，实际上等于变相盘剥了民众。正如布罗代尔所批评的那样："伊丽莎白的改革因此没有收到立竿见影的成果，它反而让人觉得像是一副枷锁，因为用劣质改铸的良币数量不敷正常流通所需。"② 而"控制货币，它原是统治者的责任去支持受到破坏的商业信用，却扰乱了货币兑换的等价，失去签订契约的基础"③。

所以从上述角度来看，16世纪工商业国家治理又具有鲜明的保守性。

二　矛盾性

都铎王朝时期处于从封建社会向资本主义社会过渡的时代，"是瓦解中的封建君主制和萌芽中的资产阶级君主制"政权，④ 反映在都

---

① [美]克莱顿·罗伯茨等：《英国史》上，第261页。
② [法]费尔南·布罗代尔：《15至18世纪的物质文明、经济与资本主义》第3卷，顾良等译，生活·读书·新知三联书店1993年版，第408—409页。
③ [意]卡洛·M. 奇波拉主编：《欧洲经济史》第1卷，第294页。
④ 《马克思恩格斯全集》第21卷，人民出版社1965年版，第459页。语句出自恩格斯《关于"农民战争"》（1884年），《马克思恩格斯全集》第Ⅱ版相关部分暂未出版。

铎政府的政策体系上，则体现出旧的封建因素和新的资本主义成分混杂共生、自相矛盾的特征。而工商业立法作为都铎政府政策的重要组成部分也就不可避免地带有这种特征，其具体表现为封建的传统工商业道德伦理与重商主义所信奉的财富和利益至上原则的矛盾对立。

这种封建的传统工商业道德伦理是中世纪社会经济条件所滋生的产物，其主要特征被学者概括为：一种诚实的生产，一种公道的价格，一种公平的工资，一种合理的利润。[1]

具体来说，所谓诚实的生产，指在工业部门中追求一种诚实的生产，保证向国内和国外消费者提供质优价实的商品，而要达到这一目标，就需要对生产过程、工艺、产品的规格，以及质量等实行严格的规定和控制。其目的是维护英国出口产品在国外良好的声誉，从而保证国家的商业地位。

所谓公道的价格，指在市场交易活动中，应依据商品的实际成本来确定商品的价格，不得随意人为抬高价格，因为"任何被认可的惯例价格或者由行政主管当局所公布的任何价格都是公正的，也就是说一个有清晰良知的人所可能接受的或要求的价格"，而"支付或接受超过公正价格的任何金额都是一种罪恶"[2]。所以为实行保护消费者利益的政策，政府严禁囤积居奇等投机行为，严厉打击中间商。

所谓公平的工资，即保证工人劳动所获的工资应该与其生活成本相适应，而不得超过生活支出。为确保形成和确定这种公平合理的工资，需要由国家厘定生产者的工资，通过限制生产者的收入以维护雇主的利益。所谓合理的利润，指要求商人们在商业活动中诚实守信地经营牟利，要合理取利，不得牟取暴利，损害消费者的利益。

对此，奇波拉认为，由于竞争在实际中总是受到限制，而且人们也感到有必要控制中间商的活动，在一些情况下政府便试图采取行动去保护消费者。第一种方式就是控制销售价格。在自由市场交易中，作为民众主食的面包的价格很容易波动，因而政府总是对其加以控

---

[1]　W. Holdsworth, *A History of Law*, Vol. 4, p. 316.
[2]　[英]约翰·克拉潘：《简明不列颠经济史：从最早时期到一七五〇年》，第251页。

第六章 工商业领域国家治理之影响及其评价

制。啤酒的价格也受到了监督。为了维护消费者的利益，对外贸易受到了一些管制，中间商在国内与对外贸易中的活动受到控制。地方当局也试图控制价格，例如，1549年伦敦市市议会下令委派几位下院议员每周检查肉铺与鱼市，以使百姓每花一文就能买到一文钱之货。①

事实上，中世纪的立法者们所追求的实际上是一种道德上的理想状态，这种理想状态是当时较为落后的社会生产力，匮乏的物质生活产品等客观经济条件的产物。在该种社会经济状况下，工业生产者的弄虚作假、以次充好等行为，会影响到整个国家的商业信誉，从而导致国家利益受损；商人们囤积居奇、投机牟利的行径，会破坏和扰乱市场秩序，加重穷人们的生计负担，引发社会动荡；工人们索取过高的工资，既会增大雇主们的经济负担，还会导致物价的上涨。因此，上述这些自私贪婪、唯利是图之举都为时人所不齿和深恶痛绝。立法者们出于维护社会稳定和秩序的需要，并在一定程度上顺应民意，针对上述行为制定了一系列法规并要求严格执行。

进入16世纪，源于中世纪的这种立法理念和思想尚未消逝，仍然潜移默化地影响着当时的经济立法者。所以，尽管所处的时代不同，但中世纪的和都铎时代的立法者们的指导思想却在许多方面如出一辙。譬如关于国家对经济的治理，他们一致认为，"再没有比一个管理不善而混乱的贸易对一个管理良好的国家危害更大的东西了"。因而他们都鼓吹强化对工业品生产制造领域的监督，对工业制成品的质量制定专门的法规，禁止以次充好等欺诈行为，都致力于保障生产真材实料的商品；他们都主张实行强制性的七年学徒制，以培养工人精熟的技艺，从而为各个工业部门提供一种充足的劳动力供给，因为国王和王国的最大力量和富源，就是从众多靠技艺生活的人身上来的，所以应该更加小心谨慎地使这大多数的人民群众能够努力工作，因为人数众多和技艺高超的地方，必定是商业繁荣和国家富庶的。②他们都主张禁止和打击商人垄断和囤积居奇，维持公正的价格，以维

---

① ［意］卡洛·M. 奇波拉主编：《欧洲经济史》第2卷，第97页。
② ［英］托马斯·孟：《英国得自对外贸易的财富》，第12页。

护消费者的利益；他们都反对雇工联合起来要求提高薪资，以维护雇主的利益，来维护一份所谓合理的工资。总之，他们都主要是着眼于维护英国消费者和国内贸易的利益。所以 16 世纪工商业经济立法在某些方面仍然继承了中世纪的法规或者立法的思想导向。

同时，因为这两种立法思想有如此之多的共同点，因此有可能对中世纪的一些国家和地方执行机构加以改造以适应 16 世纪的需要。例如，工商业立法的主要执行机构，如枢密院、治安法官等在都铎王朝之前就已存在，都铎政府则将它们逐步改造成为得力的执行工具。

到了 16 世纪中后期，中世纪立法者的上述道德目标已经在逐步被以增强国家实力为主要宗旨的重商主义政策所取代，但上述道德目标仍在某些条件下发挥着作用，所以，当时的立法导向因为在这两种思想之间踌躇不决而经常显得混乱和前后不一致。[①] 例如在粮食出口的开放和限制问题上，有时为了获得高额的关税收入而允许出口；而有时又出于政治和外交等各方面原因完全禁止粮食出口，政策经常摇摆反复。

但在 16 世纪的英国，传统的社会价值取向和道德理念在 16 世纪商业大潮的冲击下已经日益落伍和过时了，因为当时的工商业面貌和道德观念已经发生了巨大变化。而这一切在很大程度上是 16 世纪欧洲新的政治态势的产物。

当时欧洲各国君主开始积极对本国的工商业部门实施管制，加强监控，增强国家力量，以保护自身来抗衡现实的和潜在的对手，因为他们都视国家实力是衡量所有经济活动的最高标准。都铎国家当时制定法令的目标主要是为了鼓励和吸引外国人消费英国的产品，以增加国家的出口。外国消费者和海外贸易取代国内消费者和国内贸易成为政府关注的中心问题。为此，16 世纪政府除加强对海外贸易的管制，还将外贸限定于规约或合股公司，授权它们监督出口商品的质量，维护英国商品在国外的声誉。[②] 在英国国内，追求最大的利润成为所有人的宗旨。由于对外贸易的扩展，资本积累加快；工商业阶级把他们

[①] W. Holdsworth, *A History of Law*, Vol. 4, p. 318.

[②] W. Cunningham, *The Growth of English Industry and Commerce in Modern Times*, Cambridge：Cambridge University Press, Vol. 2, 1921, pp. 239 - 240.

第六章　工商业领域国家治理之影响及其评价

的资金投入到任何可能为他们带来利润的产业中。人口的过快增长推动了物价的上升。地主们纷纷提高地租,或驱逐他们的佃户、建立牧场以从羊毛上面获取最大的利润;雇工们联合起来要求更高的工资。商人们逃离城市以躲避行会强加在他们身上的种种限制和经济剥削。所有的人都渴望获得财富。金钱事实上成为当时英国的真正统治者,是所有权力背后的终极权力。上至国王下到平民百姓都陷于追逐金钱的狂热之中。人们日益重视的是英国人和英国的物质利益,因此这种传统的工商业道德已经明显不符合重商主义时代的"时宜"了,因而其最终被抛弃的结局是不可避免的。这方面最典型的例证即高利贷现象。

在由中世纪向近代过渡转变的时代氛围下,在利益驱动下,发放高利贷取息现象不仅没有消失,反而在某些条件之下潜滋暗长并逐渐大行其道。

12世纪以后,西欧的城市和商业日渐复兴,高利贷迅速发展,"商人们在经营高利贷而进地狱,和因为遵守教会的禁令而沦为乞丐之间别无选择"[1]。教会难以控制这种趋势。同时,教会和国王的联盟关系也开始松动,世俗国王不仅看到了商业发展带来的好处,而且他们和上层屡屡与商人发生借贷关系,故此,有些国王和上层鼓励甚至公开支持高利贷活动,逐渐使得禁令受到挑战和动摇。据记载:"当时的君王也借债并且也付高利,教皇也举债,也付高利。"[2]

英国亦是如此,"尽管英国政府的法律和基督教会的法律同时并存,13世纪的柯尔辛(Caursines)人却仍在进行在当时观念中被认为是高利贷性质的货币借贷交易,14世纪的伦巴底人也仍在从事这种活动。他们用以逃避基督教法庭的惩罚的办法特别有趣,这可见于后来确实大大削弱了高利贷禁令之威力的一个理论的发展上,这个理论就是以利息一词的原义为根据的利息理论"[3]。16世纪时,加尔文教允许商人为彼此之间的借贷设定利息。英格兰和苏格兰在15、16及17世纪通过了许多法律,以执行统一的利率,并将规定高利息率

---

[1] G. G. Coulton, *The Medieval Village*, New York: Dover Publications, Inc. 1989, p. 327.
[2] [英]约翰·克拉潘:《简明不列颠经济史:从最早时期到一七五〇年》,第252页。
[3] 巫宝三主编:《欧洲中世纪经济思想资料选辑》,第236页。

的借贷行为定为高利贷罪加以惩罚。于是，为了逃避这种惩罚，也为了能获得所禁止的高利率，人们便求助于其他许多方法。由此，在英格兰盛行这样一种做法：允许用土地租赁作为借款报酬，且租期必须足够使放贷方能从土地的收益中回收其贷款和利息。这种做法规避了教会对高利贷的惩罚，进而使抵押权通过一定的租赁年限而得到实现。①英国史家约翰·克拉潘也指出："一种为人人所熟悉并已普遍实行的、而且象在中世纪情况下任何投资一样安全的投资形式，却始终没有受到谴责。这就是从某个庄园或小块城市土地的租金中取得'租金抵欠'的一种办法——垫款一百镑每年收取10镑，这差不多是一种正常的行情。"②

近代早期的英国堪称一个商人的国度。商业的发展，推动了社会的进步。商业活动带来的可观利润，使越来越多的人投资于商业，无形中壮大了商人阶层的社会力量。在这一时期，英国商人已经成为一支人数众多、阵容庞大的重要社会力量，他们利用雄厚的经济实力不断向政治靠拢，对社会政治生活产生影响，在英国政治舞台上扮演了重要的角色，对英国社会的转型起到了举足轻重的作用。

所以，尽管自中世纪至近代都铎时期，政府为了抑制和打击高利贷行为，颁布了相关的法令，并责令各级官员严格执行，而且对不法商人惩罚也不可谓不严厉，但结果却不很理想。这是由于，任何针对少数人行为的法令都不可能制止整个社会普遍的利益诉求，都铎时期人们所尊崇的"合理利润"理念只是一种脱离实际生活的理想状态。尽管都铎时期的反高利贷措施在一定程度上保护了借债人的利益，但对高利贷的限制也严重损害了商人放贷者阶层的利益，从而与都铎政府所追求的促进贸易和商业的繁荣与发展的重商目标相矛盾，因而其效果既是有限的也是不可能长久的。所以，1571年的英国议会恢复了一项1552年被废止的亨利七世时期的法令，从而使高利贷合法化。对此有人指出："由犹太人传入的高利贷业现如今几乎被所有的基督

---

① ［英］戴维·M. 沃克：《牛津法律大辞典》，第1149页。
② ［英］约翰·克拉潘：《简明不列颠经济史：从最早期到一七五〇年》，第253页。

徒熟练掌握了，这种生意是如此的普遍，以致于无偿出借金钱的人通常被视为白痴。"①

从上面的分析来看，16世纪工商业国家治理这一行为自身又有着一定的矛盾性。

三　落后性

16世纪英国的经济政策在很大程度上受到了重商主义政策的影响。而这种重商主义政策是由中世纪的城市政策演变而来的。②

这种城市政策在当时的主要功能是保证城市的供给，因而也被称为供给政策（Policy of Provision）或生活品政策。③之所以如此，是由于中世纪英国的经济发展水平还较低，生产生活资料的供给缺乏保障。

这种中世纪的供给政策的主要表现形式为：

首先是足食政策，即保证粮食的供给。为了实现这一目标，政府严格控制食品销售，对食物的质量、价格实行监督，由政府设立专门的机构组织和管理粮食贸易。垄断商和投机者的囤积居奇、投机牟利行为遭到政府严禁，规定粮食出售必须在市场上按稳定价格进行。④政府不断强化粮食市场管理。在粮食出口上，实行限制和大多数情况下予以禁止的政策。⑤

其次，由于生产资料匮乏，所以必须对生产资料的进出口加以控制，尤其是原材料的出口。

再次，在生活生产物品匮乏而国内供应有限的情况下，必须延揽外商，吸引外国商品进入以保障国民的需要。为了吸引外商，早在亨利三世（1216—1272年在位）时期，汉萨同盟商人就获准设立特别

---

① [英] 阿萨·勃里格斯：《英国社会史》，第149页。
② [德] 伟·桑巴特：《现代资本主义》第一卷，李季译，商务印书馆1958年版，第241页。伟·桑巴特曾说："在实际上，重商主义最初并非别的东西，不过是在较大的领域中扩大的城市经济政策罢了。"
③ [德] 伟·桑巴特：《现代资本主义》第一卷，第242页。
④ [意] 卡洛·M. 奇波拉：《欧洲经济史》第1卷，第279页。
⑤ P. J. Bowden, *The Economic History of Medieval England 1150–1500*, London: Frank Cass Publishers, 1980, p. 328.

机构，并豁免进口税。以后的国王也继续通过授予各种优惠待遇的方式来招揽外商。这种优渥外商的政策作为供给政策的组成部分，在当时对满足国家供给方面起了一定作用。

到了中世纪后期，随着英国经济的发展，商人实力的增长，这种城市政策的主要特征——保护主义①，开始凸显出来。

从本质上来看，这种中世纪的城市是封建社会经济体的组成部分，其带有显著的封建性，而城市的这种封建性又通过其所奉行的经济政策体现出来。这一时期的城市经济政策并非人们通常所认为的那样，即要求统一和扩大国内市场，改善各地交通状况，实行全国统一的度量衡等等，而是具有强烈的地域封闭性和自私狭隘性。其出发点是维护本地区和本城市的局部利益，而国家整体的利益及其他地区的利益则与其无关痛痒。其所追求的主要目标，一是保证城市有充足和稳定的生活和生产资料供应，其中最重要的是粮食的供给；二是维持自己对本地区市场的完全控制和垄断，防止和排斥其他地区和外来商人的竞争。中世纪的城市之所以奉行这种经济政策，实际上是在当时社会经济发展水平较低、城市工商业还较弱小、市场有限和交通不够便利等特定条件下的一种本能性反应。在许多时候，为了维护本行业和本城市的垄断利益，中世纪的城市工商业者出于这种本能的自卫意识而采用各种手段来排斥、打击外来竞争者。

所以有人指出："在中世纪，经济自发地沿着传统经验设定的道路成长，才不曾有什么精心规划的原则。无论在贵族领地还是自由城镇，基本上，一个经济体系的目标和范围都局限于本地。贵族考虑的是维持封臣的效忠，为他们提供充足的衣食和武器。对绝大多数城镇来说，首要大事是供应城镇自身及其管辖的地域，使生活必需品不至匮乏……这些城镇活跃而富裕，一般来说，它们的经济政策是自由贸易与保护主义的混合。农产品和制造业必需的原料可以自由输入，可能跟它们竞争的制造业产品不行；任何生活与工业的必需品都不允许

---

① ［比］亨利·皮朗：《中世纪欧洲经济社会史》，乐文译，上海人民出版社1964年版，第195页。

第六章　工商业领域国家治理之影响及其评价

出口，工艺流程保密，工匠不许离开城镇。"①

在中世纪早期，这种保护主义政策尚仅能在城市范围内发挥作用，因为当时工商业者的实力和影响还不大。他们的这种排外要求因而经常遭到抵制，他们被迫通过游说议会，借助请愿、抗议等方式向国王施压，迫使国王提供支持，施行保护主义政策和法令。到了15世纪后期，王室与城市工商业者的经济利益依靠商品经济这一纽带，逐渐联为一体。同时，由于经济民族主义的兴起，国王的民族国家责任感意识逐渐强化，城市的保护主义政策最终上位升级为国家的保护主义，以前仅是偶尔颁行的保护主义政策和法令开始经常化了。它们之间并无性质上的差异，只是政策实施的范围扩大了而已。

这种保护主义在金银等贵金属和货币方面表现为重金主义，有的西方学者也称之为重金保护主义。为了保证国内有最充足的贵金属储备，政府历来奉行禁止外流的政策。在禁止金银外流的同时，政府也严格禁止货币外流。

这种保护主义也严格限制了原材料的出口，因为它们的出口无疑会增强敌对国家的力量。

这种保护主义出于控制民族经济发展自主权的需要，要求限制和打击外商势力，以保护英国商人利益。从14、15世纪起，英国政府对外商采取了寄宿主制度（Hosting of aliens）②、税收歧视等种种限制性政策。到了16世纪末，随着国家实力的增强，政府终于下决心将以汉萨同盟商人为首的外商驱逐出英国，真正赢得了国家的经济自主权。

作为中世纪城市政策衍生物的重商主义自然也就继承并发展了这种保护主义特征。到了16世纪，此种保护主义打着重商主义的旗号，在政府对工商业的治理过程中更是被发挥得淋漓尽致，而16世纪工商业治理则作为这种保护主义政策"看得见的手"在当时的工商业生活中得到了充分运用。

但是，在16世纪后期，这种保护主义政策也日益暴露出了其保

---

① ［法］G. 勒纳尔、G. 乌勒西：《近代欧洲的生活与劳作（从15—18世纪）》，第6页。
② 英国历史上针对外商所实行的一种人身限制措施。其要求所有来英经商的外商必须寄居在当地居民家中，并要遵守英国的商业法规，寄宿主有权对其商业活动进行监视。

有形之手：16世纪英国工商业领域的国家治理

守落后性。因为其毕竟是中世纪自然经济条件下的产物，随着社会经济的前进和发展，这种原本为城市工商业者所利用的自我保护政策渐渐失去了其存在的历史依据。

例如，由于粮食生产率的提高，粮食产量的增多，中世纪的足食政策显然已没有意义了；再如，到16世纪末，因为美洲金银的大量流入，国内储量的日益充足，再继续限制贵金属的外流，实行重金保护主义已毫无价值了，等等。

但在16世纪工商业国家治理中，这种保护主义城市政策还不时发挥着作用。关于这一点，前面已多有触及，这里就不再赘述了。

所以，从当时的社会发展潮流来看，16世纪工商业国家治理这一行为已逐渐落伍于时代之后了。

因此，亚当·斯密也曾对当时占统治地位的英国式以及大陆式的重商主义进行过批判。他以自由竞争论批评了英国中古时期长期奉行的最高工资和"价格革命"期间及其之后的高物价政策，"他不相信维持贫苦劳动者的低工资是进行大规模生产和卓有成效的出口的前提条件……他既谴责了工场手工业家关于不越过最低工资和维持高物价的约定，又批驳了政府对这样一些意图予以支持的态度。在斯密看来，这样一些措施只能妨碍那种可以自发地达到目的（增加国民财富）的事物自然进程"。在对外经济方面，他认为"把在自己国内费力和高价生产的商品送到国外去廉价出售，这是最愚蠢的。自由交换可以自动促成必要的平衡。而保护关税只能把资本和劳动引导到本来不会去的方向，这就意味着产品成本提高，从而削减福利"。他否定保护关税和进出口禁令的价值。认为关税壁垒只能引起其他国家以同样的壁垒进行自卫，因此不仅打击了外国的进口，而且更影响了自己的出口，从而缩小了本来可以达到的商品流通的规模，减少了整个经济的投资，从而降低了本国的生产。他提出互利的经济和平的思想，主张国际交流有利于双方的生产，这种交流无论怎样频繁和广泛都不过分。①

---

① ［德］汉斯·豪斯赫尔：《近代经济史：从十四世纪末至十九世纪下半叶》，第275—276页。

结　　语

一　工商业国家治理在一定程度上维护了 16 世纪专制统治

16 世纪是英国最终成为一个主权国家的重要阶段。自 14、15 世纪起，英国的政局日趋安定统一；伦敦俨然崛起为全国的政治、经济和文化中心；现代英语在伦敦东中部方言的基础上悄然形成。英国已然日益具备了构成一个主权国家所需的诸项条件。至 16 世纪，通过亨利八世等君主推行宗教改革，建立国家教会圣公会，国王成为最高宗教权威，英国彻底摆脱了教皇的监督与控制，罗马教廷在英国的影响日渐衰微；经过系统化的政府改革，完成了国家机构及其职能的变革，强化了国王代表国家最高政治权威的权力；议会由于获得了在政治、经济、社会和宗教等国家生活领域中最高立法权威的地位，成为主权国家的标志与化身。英国由此逐步转变为一个统一强大的近代民族国家。

但是，英国君主专制在 15、16 世纪面临的内外形势又是极为严峻的。

在国内，继百年战争惨败之后，又进行了长达 30 年的封建混战，约克、林肯和诺福克郡农民相继起义，社会经济亟待休养生息，广大社会阶层盼望恢复安定、和平的秩序，这就需要强化国家机器。先说英国国内，自亨利八世执政以来，国家财政紧张，国库空虚，政府负债累累，捉襟见肘。这种局面的出现，主要由于挥霍无度的宫廷消费、频繁的外交活动、浩大的战争经费与行政开支。

再说英国的外部国际环境，专制王朝也面临着严重的威胁。英国

有形之手：16世纪英国工商业领域的国家治理

同哈布斯堡家族统治的西班牙间存在着极为深刻的矛盾，这种矛盾体现在双边的商业活动和海上活动中，表露在外交和宗教问题上。而亨利八世的离婚事件及其宗教改革、玛丽女王与腓力二世的联姻、英国海盗对西班牙金银船队的劫掠打击、欧洲列强之间错综复杂的争斗，则使两国的矛盾更趋激化。而且，法国与苏格兰也长期与英国处于敌对状态。总之，当时英国面临着严峻的内外压力。而都铎王朝在上述种种危机之下不但顽强地生存了下来，而且其生命力日益旺盛，经济社会发展取得了一定进步和成就。这事实上与16世纪英国政体的特征有着密切关系。

关于都铎王朝的专制政体，莫尔顿曾评论其是一种最为特殊的专制政体，即一种受到许可的专制政体。由于都铎君主们擅长于实现各阶级势力的暂时平衡，并以此种平衡为基础，赢得了来自强大而进步的各阶级的一齐支持，特别是商人和乡绅地主的大力支持。所以富豪们能够帮助政府安然度过最紧急的财政危机，乡绅们也甘愿充当义务性的治安法官。[①] 这样就使得都铎政体得以维系和存在。之所以如此，是因为都铎专制统治有能力对付国内外一切敌对力量，稳定社会经济秩序，为资产阶级以及新贵族提供安定和平的环境，有利于维护资产阶级和新贵族的利益。

在16世纪里，英国正由传统的封建王国向近代新兴资本主义国家过渡。当时英国社会各阶层心目中的理想愿景是，通过增强国家的实力，追求和实现国内政治、经济、社会的长期和谐发展。而要达到这一目标，就要求发展壮大工商业，要求建立统一的国内市场，要求统一度量衡、整合法规制度，要求确立稳定良好的社会秩序。而受制于当时的历史条件，如欲实现上述目标，唯有依靠强大的王权方有可能性。因为将王权与封建割据相比较，前者无疑代表了一种进步的力量，其象征着秩序，意味着统一。

同时，16世纪也是英国资本主义原始积累的重要时期。当时代表工商业资产阶级利益的经济思想体系的重商主义理论，成为占据主

---

① ［英］莫尔顿：《人民的英国史》，第179页。

导地位的经济政策。这种重商主义的政策主张，实际上反映了工商业资本家希望建立中央集权国家，消除封建割据，建立市场秩序，促进工业和海内外贸易，以确立和巩固资本主义生产关系的强烈要求。在重商主义的推动下，英国采取了一系列积累资本的措施，诸如海外殖民扩张、奴隶贸易等等。而正如马克思所论，"但所有这些方法都利用国家权力，也就是利用集中的、有组织的社会暴力，来大力促进从封建生产方式向资本主义生产方式的转变过程，缩短过渡时间"①。在当时的历史条件下，借助国家权力来加速封建主义生产方式向资本主义的生产方式转变，是唯一现实有效的手段。这时处于上升时期的资产阶级的政治家们清醒地认识到，如果不依靠国家的力量，要使工商业资产阶级在与仍然比较强大的封建主义生产方式的较量中逐步壮大乃至取胜的话，那将是一个极其缓慢的过程。在上述情况下，工商业资产阶级积极游说国王，促动其运用国家权力积极干预经济，并借助立法等方式建立一种新型的物质基础及其生产方式，以有利于巩固工商业资产阶级政权，最终树立自己在政治和经济领域的统治地位。

在16世纪英国，"法的统治"（Rule of law）的理念已在社会各阶层人士中间深入人心，尤其是正在成长中的资产阶级。16世纪常被视为英国资本主义发展和资产阶级社会产生的时代②。为维护自身的利益，伴随着工商业的发展而崛起的新兴资产阶级，要求世俗社会应以法律为基础，这种法律应该使世俗社会获得秩序和进步。③ 与此同时，出于财政方面以及巩固王室统治的需要，16世纪英国国王们也急需得到资产阶级的支持以建立强有力的国家，在这种背景下，王权与新兴资产阶级实现了结盟，专制主义国家权力成为保障资产阶级利益和工商业进步的重要推动力量，其结果是，一方面资本主义促进

---

① 《马克思恩格斯全集》第42卷《资本论》，人民出版社2016年版，第770页。
② [美] 爱德华·麦克诺尔·伯恩斯、菲利普·李·拉尔夫：《世界文明史》第2卷，罗经国等译，商务印书馆1995年版，第181页。
③ [法] 勒内·达维德：《当代主要法律体系》，漆竹生译，上海译文出版社1984年版，第38页。

了国家的建立，另一方面国家的建立者也帮助发展资本主义。①

同时，为了保障自身利益不受侵害，二者都要求建立一种新型法律秩序以维护社会秩序的稳定。在这种新型法律秩序之中，国王们关注于制订系统的法典并使法律一致化，并主张将法律交托这样一个官僚体系来执行，其以力争公平、各地方享有均等的升迁机会、受过良好训练为特征。②该法律秩序要求，一方面，整个国家的社会经济生活要由国家权力纳入严密的法律规制框架之内；另一方面，国家管理权力必须永远在法律的形式下行使。③该法律秩序所追求的最终目标，即在全社会中间建立"法的统治"，所有国家社会事务和人们的活动都务必并且只接受法律的统治。

正是在前述背景下，根据英国的历史和政治传统，都铎议会发布了诸多法令，都铎君主们也凭借其特权颁布了众多的王室公告，这两种成文法成为当时英国规范和管理国家社会经济生活的法律工具。尽管就法律地位而言，王室公告低于并附属于议会法令和普通法，但这并未影响其在国家政治、社会经济生活中扮演一定的角色，特别是在社会经济领域，王室公告更是被作为一种政府治理手段加以充分利用。

在16世纪英国工商业领域中，国家治理的作用主要体现为直接治理和间接治理。前者包括对工业产品质量的监督，对货币和度量衡的监督和统一等等；后者则包括工资与价格厘定制度、以七年制学徒制为主的职业培训制度、基础设施发展制度（通过工业专利权以发展工业和军火业以及促进造船业、渔业等）等方面。上述治理职能通过国家治理在全国各地区和各工商业部门的具体实施得以实现。

在16世纪英国社会经济生活中，通过工商业立法的具体施行，

---

① [美] K. 巴基、S. 巴里克：《国家在非西方社会经济发展中的作用》，《国外社会科学》1993年第1期。

② [德] 马克斯·韦伯：《儒教与道教》，洪天富译，江苏人民出版社1995年版，第174—175页。

③ [美] 乔治·霍兰·萨拜因：《政治学说史》下册，刘山等译，商务印书馆1986年版，第731页。

结 语

它们就或直接或间接地起到了调控国家社会经济生活的效用,在一定程度上维护了国家经济结构的稳定,规范了各种经济行为,调和了各种错综复杂的社会经济矛盾,维持了社会经济秩序的和谐,为当时社会经济的顺利发展营造了有利有益的法制环境。

16世纪工商业王室公告受自身法律地位所限,主要是以国家议会法令的执行工具和辅助措施的面目出现在当时的社会背景之下,这或多或少地影响了其作用的发挥,但即使如此,它们对16世纪经济社会的发展仍然还是产生了种种影响。客观而论,这些影响自然有消极的一面,但积极面也很突出。

总体来说,这些工商业立法在一定意义上体现了重商主义的政策要求,维护了稳定有序的社会经济秩序,从而促进了英国资本主义的发展和前进。立法作为16世纪专制政体的一种重要的政策工具,通过它们在当时工商业经济生活中的长期性和强制式施行,就在一定程度上增强了都铎国家的经济实力,巩固了都铎国家的经济根基,维护了都铎政府的有效运转,强化了都铎国王的权威,从而在一定意义上加强和维护了都铎专制统治。客观地讲,在16世纪这一特定的历史前提下,都铎专制政体这一最为特殊的专制政体之所以能够存在和维持,其中应该包含这些工商业立法的"功劳"。

总之,16世纪英国政府以工商业立法等经济立法手段来鼓励发展工商业的重商政策,由于适应了当时经济发展的要求,因而得到了新兴资产阶级的支持,在一定程度上增强了国家的实力和财政收入,维护了英国君主们的专制统治,最终取得了一定的积极效果。

有学者指出:"尽管亨利七世没有给英国带来秩序,但是他开创了长期奋斗的历史长河,这种奋斗在都铎时期使英国成为欧洲最有秩序的国家之一。"① 这一评价对都铎国王们而言应该说是较为恰当的。

关于以都铎政府为典型的中世纪政府及其经济政策,奇波拉曾如此评价:"承认中世纪政府的经济政策在范围和效果两方面存在许多限制、并不是要去全盘否定在封建欧洲与中世纪后期欧洲之间的几个

---

① [美] 克莱顿·罗伯茨等:《英国史》上,第269页。

世纪中所获得的进步……这样，对政府在经济领域中确实负有广泛的责任和确实有'承担伟大的事业和保卫这个王国'的义务的信心增强了。保证商品的供应，鼓励贸易和扶植工业，保护本国人民的利益，提供良好的货币，维持'共同富裕'（即使只表现在储存金银块这种有形的形式中），所有这一切都可以看成对'共同利益'的贡献；在共同利益上，统治者既是保卫者又是监护者。他们的监护人职责常常是不完全的，前后不一致的，执行时也是眼光短浅的；但是否认政府在那个经济发展过程中所负的某些部分责任也是不公正的，就是那个经济发展把封建欧洲改造成远为进步的社会，而这个社会是早期现代世界的基础。"① 此评价客观而言是颇为公允的。

二 工商业国家治理效果的有限性

不容否认，16世纪工商业国家治理既具有上述积极影响，但也暴露出前面所列的那些明显的缺陷。具体来看，它们有的限制了资本主义经营的自由开展（如各种限价法令）；有的则鼓励行会式垄断经营（如授予个别同业公会商业特许权等）；还有的扼杀了商品经济萌芽（如打击商业垄断行为和限制零售商等）。之所以如此，这是由16世纪特定的经济状况所决定的。因为"一切政府，甚至最专制的政府，归根到底都只不过是本国状况的经济必然性的执行者"②。

从本质上来看，作为仍属于中世纪范畴的封建政权，都铎王朝必然要维护其封建经济的根本与基础。在16世纪英国，农业仍毫无疑问的是当时整个国家最为重要的产业，全国直接或间接地以农耕为生的多达总人口的4/5。同时，传统的农本经济仍然在国家经济结构中占据绝对的主导地位，因为存在着大量王室地产及其他封建收入、贵族势力、重农轻商的封建意识形态等等因素，这些都迫使都铎王朝仍需要继续奉行传统的农本政策。

然而都铎王朝毕竟并非中世纪一般的封建政权，"却是瓦解中的

---

① [意]卡洛·M.奇波拉主编：《欧洲经济史》第1卷，第294—295页。
② 《马克思恩格斯文集》第10卷，人民出版社2009年版，第626页。

结 语

封建君主制和萌芽中的资产阶级君主制"政权。都铎国家所推行的政策的出发点已远远超出了中世纪传统意义上的封建君主们的狭隘范围。对都铎王朝这一君主制政权而言,如何团结全民族的力量,保持国家在政治上的安定、军事上的强大和财源上的充足,成为都铎政府最基本的政策方针。这种政策方针在当时主要是通过重视和扶持工商业发展的重商主义政策体现出来的。

16世纪的英国经济正处于由农本向重商、由封建主义向资本主义的过渡当中。作为由封建主义向资本主义转变的新型君主制政权,一方面,都铎王朝为了维护自己的统治,必须保持新旧阶级的平衡,它必然一手伸向过去,从封建阶级传统政策中去寻找工具;另一方面,为了富国强兵、使自己显赫,它又要一手伸向未来,从新兴资产阶级武库中去寻找利器。所以它在鼓励本国工商业发展的同时,又推行了一些与重商原则对立的维护封建农本经济的政策。于是,在它的政策中形成了农本与重商因素并存的矛盾现象。这种矛盾现象集中体现在由工商业领域议会法令、王室公告等组成的都铎经济政策体系之中。

一方面,为了维护封建经济秩序,避免经济和社会动荡,抑制通货膨胀,需要由政府规定各种生活用品的最高限价;需要限制和打击囤积居奇的中间商人;需要每年由治安法官准确厘定各地工人的法定工资;为了保证毛纺织业等工业部门有充足的劳动力,并借此消减圈地运动产生的流民和乞丐,需要强制进行职业培训,强迫年轻人充当学徒等。

为了确保全社会中间只有一种诚实的生产,一种公正的价格,一种公平的工资,一种合理的利润,从而固守传统的封建工商业道德,必须要求所有工业部门中的工人都要进行诚实的生产,要对工业生产的各个环节加以严格的规制,从而保障国内和国外消费者的利益;为维护行会和雇主们的利益,保证正常的生产秩序,需要由治安法官每年为工人们规定与他们的生活支出相适应的"合理的工资";为了维持全社会只有一种"公平的价格",各地商品的价格应由国王的官员们统一规定,囤积投机的中间商务必严惩不贷;为维护消费者的利益,商人们要诚信经营,合理取利,不得牟取暴利。上述维护封建经

有形之手：16世纪英国工商业领域的国家治理

济秩序的政策导向在 16 世纪工商业治理过程中淋漓尽致地体现了出来。

但另一方面，处于重商主义时代的英国国王们也认识到如果不顺应资产阶级和新兴贵族发展工商业的要求，就难以维持其统治。为了维持和巩固自己的统治，都铎政府的政策重心逐渐由农本向重商转移，发展工商业成为都铎政府的主导政策。体现在议会法令与王室公告上，维护传统封建经济的措施逐渐减少，而促进资本主义工商业进步的重商措施则日益上升。但通过对整个 16 世纪工商业议会法令、王室公告体系的考察，可以发现这种矛盾性是始终存在的。

全面观之，受各种客观历史因素的制约和束缚，16 世纪的工商业国家治理，在当时既取得了一定的和暂时性的成效，但其实际效果又是较为有限的。

首先，如前所评，鉴于都铎王室公告的法律效力居于议会法令和普通法之下，执法者和民众在王室公告的具体执行过程中时时表现出疏怠情绪，从而在一定程度上影响了其对工商业经济的治理效果。

其次，当时某些特定的主客观因素也在一定程度上影响了工商业立法治理作用的发挥。首先是来自地方上代表乡绅势力的治安法官等执行环节的人为阻力。正如经济史家拉姆齐所云："这首先是来自地方上治安法官们或积极或消极的阻碍。法律的执行取决于乡绅们的兴趣，他们仅执行那些与他们的偏好和利益相一致的部分。他们也许肯去合作降低工资，但是绝不会去镇压圈地。此外，由于缺乏广泛而带薪的民政官员或常备军，政府的意愿也不能被强制推行。"[①] 同时，特许制度对王室公告执行造成的制度障碍等因素的掣肘，都使得王室公告的执行工作殊为艰难。上述因素也在一定意义上限制了工商业治理能力的发挥。

美国经济史家道格拉斯·诺思曾如是评断 16 世纪工商业立法等经济立法的实际影响："在试图发展一个综合的产业管理制度方面，

---

① P. Ramsey, *Tudor Economic Problems*, p. 165.

结　语

都铎王朝颁布的规章条例已证明是无效的。"① 不可否认，这一论断尽管有一定的合理性，但亦失于绝对武断。客观而全面地来看，16世纪经济治理，包括利用议会法令、王室公告等立法手段对工商业的监督管制，受当时客观历史条件的制约和束缚，其效果是较为有限的，但并非彻底和完全"无效的"。

为了抑制和打击粮食囤积及垄断行为，稳定价格，尽管"都铎政府在一个接一个的行业中对中间商实施了限制，有时通过特许制度，有时是绝对的禁止，不切实际地认为压抑中间商就可以使价格降低下来"②。各级官员被三令五申督促执行，而且对不法商人和渎职官员也严加惩罚，但结果却不甚理想。究其原委，这是因为整个社会普遍的物价上涨，是不可能依靠任何针对少数人特定行为的法令能够长期而有效地制止的。显而易见，都铎时期大众所尊奉的"公平价格"现象只是一种脱离人间烟火的理想状态。事实上，16世纪英国的物价飞涨，是因为国内外的农业歉收等客观因素所导致的，而既非源于唯利是图的商人们的不法行为，也非源于商品短缺。所以，随着后来农业年成的日渐增加，到了斯图亚特王朝以及汉诺威王朝早期，人们可以指望物价基本稳定，总的上涨趋势较为缓和，不至于令人不安，再未回到中世纪由于饥荒而发生物价波动的那种情况。③

都铎政府的限价措施，尽管在一定程度上有所缓和了当时民众生活资料匮乏等现象，但商人阶层的利益因为长期限制囤积和物价也严重受损，并与都铎政府所竭力谋求的推动国内贸易和商业繁荣与发展的重商主义目标相悖，因而其实际效果势必既是有限的，亦是不可能持久的。

都铎政府实行工资管制的思想基础和初衷是，认为价格低廉的劳动力有利于国家利益这一理念。在执政者看来，"廉价的劳动力及其随之而来的廉价商品，是扩大它们在国内或国外的消费的唯一手

---

① ［美］道格拉斯·C.诺思：《经济史上的结构和变革》，第154页。
② L. A. Clarkson, *The Pre-Industrial Economy in England, 1500－1750*, p.175.
③ ［英］约翰·克拉潘：《简明不列颠经济史：从最早时期到一七五〇年》，第261页。

段"①，因为劳动力价格的低廉必然增大对劳动力的需求。与此同时，由国家控制工资可以使劳动者免受过分的压榨并保护穷人，从而维护社会秩序的稳定。

然而，尽管由治安法官厘定的工资标准有着将较高的工匠工资压低到普遍水平的暂时性效果。但《学徒法令》以及一系列王室公告措施的颁行实际上并未也不可能彻底阻止工资的上涨趋势。② 其首要原因在于，此种工资标准未将不同等级的技能加以区分，过于划一简单，故而在实际执行过程中缺乏可操作性。其次，随着雇主们对劳动力需求的增加，前者为吸引更多能干的工匠而时常被迫需要超过法定的工资水平。如以16世纪后半期的白金汉郡为例，该郡当时付给工匠的工资有时竟然是政府规定工资的二倍。③ 因此，由季会法庭（治安法官组成）所确定的法定工资标准与社会上实际的劳动力价格往往存在差异。在有些地方，普遍的劳动力价格若与法定工资标准相违背，法定工资则往往难以执行。所以，尽管治安法官们尽心竭力地推行他们厘定的工资标准，但是常常于事无补。正如有学者曾评论的那样："尽管如此，1563年的法令到1814年才正式废止；不过，对工资的有效监督早在17世纪后半叶就几乎不存在了，关于七年学徒期的规定，在棉纺织业实际上只在约克郡保持下去。"④

16世纪都铎国家对英国最重要的手工业——毛纺工业的过分保护政策也弊端颇多。首先并未能够制止生产者的欺诈行为。因为"制造者们以焦急的心情忍受着这种狭隘而苛虐的保护，同时运用其全部智巧来欺骗那种他们所不断抱怨的监督。虽有法律的威吓，可是欺诈行为在业已取缔之时却又重新出现了"。所以，旨在保护消费者的诸多法令和王室公告目的并未完全达到。其次，也阻碍了技术进步。随着手工业生产的发展，都铎政府规定的种种严苛而繁琐的保护措施日益

---

① E. Lipson, *The Economic History of England*, Vol. 3, p. 273.
② E. Lipson, *The Economic History of England*, Vol. 3, p. 274.
③ E. Lipson, *The Economic History of England*, Vol. 3, p. 275.
④ [德]汉斯·豪斯赫尔：《近代经济史：从十四世纪末至十九世纪下半叶》，第154页。

结 语

束缚了手工业的持续发展，从而阻碍了技术改良和技术进步。故此有人评价道："正是这种过分的保护制度，使得毛纺工业中传统方法的各种改良遇到了最固强的障碍，因为特权总是最不利于创举和进步的东西。"①

在伊丽莎白女王时期的铸币改革过程中，因为政府以远远低于法定的价格收购回炉重铸的货币，导致英国民众付出了高昂的代价，虽然货币成色恢复到以前的标准。正如布罗代尔所评，因为用劣质改铸的良币数量不敷正常流通所需，因此伊丽莎白的改革没有收到立竿见影的成果，反而让人觉得像是一副枷锁。后来由于美洲白银大批运抵，从16世纪60年代开始遍布全欧洲，英国的货币改革才得到转机。②

国王们授予特许状、垄断权的这种"王室的恩赐"做法限制了其他商人的发展，不利于建立公平竞争的市场秩序，尽管其有利于享受特权的商人从事海外商业活动。

16世纪君主们把专卖权出卖给包买商以获得收入作为一种封建特权，它阻碍了工商业的发展。虽然通过出售专卖权获得的高额财政收入部分弥补了国家的财政亏空，但也产生了极为严重的经济方面恶果：首先，由于只有少数与宫廷密切联系的富商方能获得特许以经营工商业，所以它限制了工商业者的自由发展空间；其次，伤害了一般工商业者和劳动者的利益，因为获得生产和经营特权的工商业者凭借特权肆意抬高物价，并任意削减工人工资。

作为都铎政府所奉行的一项政治经济举措，就其本质而言，"政治性的四旬斋"政策仅是一项非常性举措与一种权宜之计，故而其实际后果既有效也有限。尽管除了促进国家实力增强的初衷之外，政府还试图缓解当时富人暴饮暴食、穷人食不果腹这种天壤之别的不公平现象，企图通过恢复和强化宗教斋戒以限制富人过度的消费，甚至希望富人们节衣缩食，以改善穷人缺吃少喝的状况，但客观上"这种消

---

① [法]保尔·芒图：《十八世纪产业革命：英国近代大工业初期的概况》，第61页。
② [法]费尔南·布罗代尔：《15至18世纪的物质文明、经济与资本主义》第3卷，第408—409页。

费本来应该是不可缺少的"①。因此，富人们势必抵制和反对该措施的长期施行，而穷人们也对之漠然置之，因其并未为他们带来多少实惠。正如有人所说："其作为重商主义政策的一部分从未获得很大的成就。因为不管控制消费的努力是如何的合理，施行这样的立法是有极大困难的。"② 所以"政治性的四旬斋"这一特定历史背景下的产物，自17世纪60年代被最后一次实施之后，就渐渐淡出了英国的社会舞台。

关于工商业立法的执行过程，有学者曾指出："但是法令性禁止的这种日益增多的范围与细节，却得不到执行机构的任何可以相比较的发展相配。更多的海关官员被委任；但这就是全部。治安法官大部分是迟钝的，他们抗议落在他们肩上的'成堆的法令'。尽管他们成为王室打击种种经济犯罪的主要武器，但是告密者们并非一直能轻易地促成最终裁决者——众陪审团来定罪，而陪审团的同情心可能更为紧密地与当地的违法者们而非闯进来的告密者们相连在一起。"③

所以，16世纪工商业国家治理实际上是不可能有效地控制所有16世纪国家的经济关系的。虽然工商业治理在执行上也取得了一定的成功，但这种成功是较为有限的，所以拉姆齐曾说："法令集仅是一部虔诚的愿望的记录而非真正的成就。"④ 尽管他的论断同道格拉斯·诺斯的看法一样都有偏颇之嫌，但它们都在一定意义上揭示出了包括工商业立法在内的所有16世纪经济立法以及经济治理实际效果的有限性。

三 几点结论

基于前面的史实考察，笔者最后有下列几点浅见：

首先，英国近代重商主义政策体系兼具当时欧洲大陆传统重商主义模式之共性与自身的民族特色，其是这种共性与个性的混合统一

---

① [意] 卡洛·M. 奇波拉主编：《欧洲经济史》第2卷，第100页。
② Philip W. Buck, *The Politics of Mercantilism*, p. 18.
③ Penry Williams, *The Tudor Regime*, p. 172.
④ P. Ramsey, *Tudor Economic Problems*, p. 165.

结　语

体。而促使工业革命前英国政府治理工商业的历史背景是复杂的，其是当时英国政治氛围、经济社会环境、欧洲诸强竞争的压力等内外多元因素共同作用的结果。

其次，工业革命前英国的工商业治理政策具有过渡性的特征。一方面受中世纪以来的历史传统的影响，体现出封建家长制式的绝对主义政府管制的特点，具有保守性的一面；另一方面也显示出向工业化福利政府转变的初步表征，逐步表现出重视民生的积极性的一面。而这种过渡性特征，又是由正处于从封建专制政体向近代新型民族国家转型的英国国家政府呈现出的过渡形态所决定的。

最后，导致都铎工商业国家治理的宏大理想与历史现实之间产生差异和出现种种矛盾的深层次原因，依然是英国学者小 W. H. 杜纳姆提出的所谓"都铎悖论"问题，正如该命题所揭示的那样，都铎封建王权专制与彼时工商业领域新兴资本主义发展所需的法治环境之间不可调和的矛盾，实际上是都铎时期王权与法治之间复杂关系的真实写照。

参考文献

一 英文文献
(一) 原始资料

Adams G. B. & Stephens, H. M., *Select Documents of English Constitutional History*, London: Macmillan, 1901.

Bland, A. E., eds., *English Economic History Select Documents*, London: G. Bell and Sons Ltd., 1914.

Brewer, J. S., Gairdner, J. and Brodie, R. H., eds., *Letters and Papers, Foreign and Domestic, of the Reign of Henry VIII, 1509 – 1547*, London: The National Archives.

Cave Roy C. & Coulson Herbert H., *A Source Book for Medieval Economic History*, New York: Biblo and Tannen, 1965.

Dasent, J. R., *Acts of the Privy Council of England*, London: H. M. Stationery Office, 1890 – 1907.

Elton, G. R., *The Tudor Constitution: Documents and Commentary*, Cambridge: Cambridge University Press, 1960.

Fisher, H. E. S. & Jurica, A. R. J., *Documents in English Economic History: England from 1000 to1760*, London: G. Bell & Sons Ltd., 1977.

Grafton, Richard, *Chronicle of the History of England*, London: Johnson, Vol. 2, 1809.

Hughes, P. L. & Larkin, J. F., *Tudor Royal Proclamations*, New Haven and London: Yale University Press, 3Vols, 1964, 1969, 1969.

Macpherson, D., *Annals of Commerce, Manufactures, Fishery and Navigation*, London: Mundell and Son, 1805.

Mitchell, B. R., *British Historical Statistics*, Cambridge: Cambridge University Press, 1988.

Prothero, G. W., *Select Statute and other Constitutional Documents*, Oxford: Clarendon Press, 1954.

Rich, E. E., *The Ordinance Book of the Merchants of the Staple*, Cambridge: Cambridge University Press, 1937.

Rothwell, H., *English Historical Documents 1189 – 1327*, London and New York: Routledge, 1975.

Steele, R., *A Bibliography of Royal Proclamations of the Tudor and Stuart Sovereigns and of Others published under Authority 1485 – 1714*, Vol. 2, Oxford: Clarendon Press, 1910.

Stephenson, C., *Documents of Constitutional History of England*, New York: Harper & Brothers, 1937.

Tanner, J. R., *Tudor Constitutional Documents, A. D. 1485 – 1603 with An Historical Commentary*, Cambridge: Cambridge University Press, 1930.

Tawney R. H. and Power, Eileen, *Tudor Economic Documents: Being Select Documents Illustrating the Economic and Social History of Tudor England*, 3 vols, London: Longmans, Green and Co., 1924.

The Statutes of the Realm, Buffalo, N. Y.: William S. Hein & Co., INC., 1993.

Willan, T. S., ed., *A Tudor Book of Rates*, Manchester: Manchester University Press, 1962.

Williams, C. H., *English Historical Documents 1485 – 1558*, London: Routledge, 1967.

（二）二手文献

Adair, E., "The Statute of proclamations", *The English Historical Review*, Vol. 32, No. 125 (Jan, 1917).

Alsop, J. D. , "Innovation in Tudor Taxation", *English Historical Review*, No. 390, 1984. and New York, 1927.

Anderson, Perry. , *Lineages of the Absolute State*, London: Verso, 1974.

Archer, Ian. , "The London Lobbies in the later Sixteenth Century", *The Historical Journal*, Vol. 31, No. 1 (Mar. , 1988).

Beard, Charles Austin. , *The Office of Justice of The Peace In England, In Its Origin and Development*, New York: Columbia University Press, 1904.

Beckett, J. V. , *The Aristocracy in England 1660 – 1914*, Oxford: Basil Blackwell, 1986.

Beier, A. L. , "Industrial Growth and Social Mobility in England, 1540 – 1640", *The British Journal of Sociology*, Vol. 26, No. 2 (Jun. , 1975).

Beresford, M. W. , "The Common Informer, the Penal Statutes and Economic Regulation", *The Economic History Review*, New Series, Vol. 10, No. 2, 1957.

Bindoff, S. T. , *Elizabethan Government and Society*, University of London: The Athlone Press, 1961.

Bindoff, S. T. , *Tudor England*, Harmondsworth, Middlesex: Penguin Books, 1950.

Bindoff, S. T. , *Wealth and Power in Tudor England*, London: Athlone Press, 1978.

Black, J. B. , *The Reign of Elizabeth 1558 – 1603*, Oxford: Clarendon Press, 1936.

Bowden, Peter J. , *The Wool Trade in Tudor and Stuart England*, London: Macmillan & Co Ltd. , 1962.

Bowden, P. J. , *The Economic History of Medieval England 1150 – 1500*, London: Frank Cass Publishers, 1980.

Braddick, Michael J. , *State Formation in Early Modern England, c. 1550 – 1700*, Cambridge: Cambridge University Press, 2000.

Brenner, Y. S. , "The Inflation of Prices in England, 1551 – 1660", *Economic History Review., 2nd ser., XV (1962 – 1963).

Brenner, Y. S., "The Inflation of Prices in Early Sixteenth-Century England", *Economic History Review.*, 2nd ser., XIV (1961 – 1962).

Brenner, Robert., *Merchants and Revolution: Commercial Change, Political Conflict, and London's Overseas Traders, 1550 – 1653*, Cambridge: Cambridge University Press, 1993.

Brewer, John & Styles, John, *An Ungovernable People*, London: Hutchinson, 1980.

Briggs, M. & Percy, P., *Economic History of England*, London: University Tutorial Press Ltd., 1934.

Buck, Philip W., *The Politics of Mercantilism*, New York: Henry Holt and Company, 1942.

Butt, R., *A History of Parliament, the Middle Ages*, London: Constable., 1989.

Carus-Wilson, E. M., *Essays in Economic History*, London: Edward Arnold (Publishers), 1954.

Cawston, G, Keane, A. H., *Early Chartered Companies: A. D. 1296 – 1858*, London and New York: Edward Arnold, 1896.

Challis, C. E, *The Tudor Coinage*, Manchester: Manchester University Press, New York: Barnes & Noble Books, 1978.

Challis, C. E., "The Debasement of the Coinage, 1542 – 1551", *The Economic History Review*, New Series, 20 Vols., No. 3 (Dec., 1967).

Chambers, J. D., *Population, Economy and Society in Pre-Industrial England*, London: Oxford University Press, 1972.

Chartres, J. A., *Internal Trade in England, 1500 – 1700*, London: The Macmillan Press Ltd., 1977.

Cheyney, Edward P., *A History of England: From the Defeat of the Armada to the Death of Elizabeth*, 2 Vols, New York: Longmans, 1926.

Chrimes, S. B., *English Constiututional Ideas in the Fifteenth Century*,

New York: Macmillan Company, 1978.

Chrimes, S. B. , *Henry VII* , London: Methuen, 1977.

Clark, Gregory, "The Political Foundations of Modern Economic Growth: England, 1540 and 1800. Details of the Study; Conclusion", *Journal of Interdisciplinary History*, 1996, 26 (4).

Clark, Gregory, "The Long March of History: Farm Wages, Population and Economic Growth, England 1209 – 1869", *The Economic History Review*, Volume 60, Issue 1, February, 2007.

Clark, G. N. , *The Wealth of England From 1496 to 1760*, Oxford: Oxford University Press, 1947.

Clark, Peter, Smith, AlanG. R & Tyacke, Nicholas. , *The English Commonwealth 1547 – 1640: Essays in Politics and Society Presented to Joel Hurstfield*, Leicester: Leicester University Press, 1979.

Clarkson, L. A. , *The Pre-Industrial Economy in England, 1500 – 1750*, New York: Schocken Books. , 1972.

Clarkson, L. A. , "English Economic Policy in the Sixteenth and Seventeenth Centuries: The Case of the Leather Industry", *Bulletin of the Institute of Historical Research*, Vol. 38, University of London, 1965.

Clay, C. G. A. , *Economic Expansion and Social Change: England 1500 – 1700*, Cambridge: Cambridge University Press, 1984.

Coleman, D. C. , *The Economy of England 1450—1750*, Oxford: Oxford University Press, 1977.

Coleman, Christopher and Starkey, David, eds. , *Revolution Reassessed: Revisions in the History of Tudor Government and Administration*, Oxford: Clarendon, 1986.

Coleman, D. C. & John, A. H. , *Trade, Government and Economy in Pre-Industrial England: Essays Presented to F. J. Fisher*, London: Weidenfeld and Nicolson, 1976.

Coleman, D. C. , *Industry in Tudor and Stuart England*, London: Macmillan Press, 1975.

Coulton, G. G., *The Medieval Village*, New York: Dover Publications, Inc. 1989.

Croft, Pauline., "Trading with the Enemy 1585 – 1604", *The Historical Journal*, Vol. 32, No. 29 (Jun, 1989).

Cross, Claire, eds., *Law and Government Under The Tudors*, Cambridge: Cambridge University Press, 1988.

Cunningham, W., *The Growth of English Industry and Commerce*, Vol. 1, Cambridge: Cambridge University Press, 1915.

Cunningham, W., *The Growth of English Industry and Commerce*, Vol. 2, Cambridge: Cambridge University Press, 1921.

Davies, Margaret Gay, *The Enforcement of English Apprenticeship: Study in Applied Mercantilism 1563 – 1642*, Cambridge, Massachusetts: Harvard University Press, 1974.

Davis, Ralph., *English Overseas Trade, 1500 – 1700*, Macmillan: The Macmillan Press Ltd., 1973.

Dean, D. M., "Public or Private? London, Leather and Legislation in Elizabethan England", *Historical Journal*, 31, 3, 1988.

Delloyd J. Guth & John W. Mckenna., *Tudor Rule and Revolution*, Cambridge: Cambridge University Press, 1982.

Dietz, F. C., *English Public Finance, 1558 – 1641*, New York: Frank Cass & Co. Ltd., 1964.

Dietz, F. C., *English Government Finance 1485 – 1558*, London: Frank Cass & Co. Ltd., 1964.

Donald, M. B., *Elizabethan Copper: The History of the Company of Mines Royal 1568 – 1605*, London: Pergamon Press Limited, 1955.

Donald, M. B., *Elizabethan Monopolies: The History of the Company of Mineral and Battery Works from 1565 to 1604*, Edinburgh and London: Oliver And Boyd Ltd., 1961.

Dowell, S., *A History of Taxation and Taxes in England*, Vol. 1, London: Frank Cass & Co. Ltd., 1965.

Dunham, William Huse Jr., "Regal Power and the Rule of Law: A Tudor Paradox", *The Journal of British Studies*, Vol. 3. No. 2 (May, 1964).

E. M. Carus-Wilson, *Essays in Economic History*, London: Edward Arnold (Publishers) Ltd., 1954.

Ehrenberg, R., *Das Zeitalter der Fugger: Geldkapital und Kreditverkehr im i6. Jahrhunder*, Jena: Gustav Fischer, 1922.

Elton, G. R., *The Tudor Revolution in Government: Administrative Changes Under Henry VIII*, Cambridge: Cambridge University Press, 1953.

Elton, G. R., "Government by Edict?", *The Historical Journal*, Vol. 8, No. 2. (1965).

Elton, G. R., "State Planning in Early Tudor England", *The Economic History Review*, New Series, Vol. 13, No. 3 (1961).

Elton, G. R., "Informing for Profit, 'A Sidelight on Tudor Methods of Law-Enforcement'", *The Cambridge Historical Journal*, Vol. 11, No. 2 (1954).

Elton, G. R., *England under the Tudors*, London: Methuen, 1974.

Elton, G. R., *Policy and Police: The Enforcement of the Reformation in the Age of Thomas Cromwell*, Cambridge: Cambridge University Press, 1972.

Elton, G. R., *Reform and Reformation*, Cambridge, Massachusetts: Harvard University Press, 1977.

Elton, G. R., *The Parliament of England, 1559 – 1581*, Cambridge: Cambridge University Press, 1986.

Elton, G. R., *Studies in Tudor and Stuart Politics and Government*, 4 Vols, Cambridge: Cambridge University Press, 1974 – 1983.

Everitt Alan, "The Marketing of Agricultural Produce", in H. P. R. Finberg, *The Agrarian History of England and Wales*, Cambridge: Cambridge University Press, 1972, Vol. 4.

Finberg, H. P. R., eds., *The Agrarian History of England and Wales*, Vol. 4, Cambridge: Cambridge University Press, 1972.

Fischer, David Hackett, *The Great Wave: Price Revolutions and the*

Rhythm of History, Oxford: Oxford University Press, 1996.

Fisher, F. J., "Influenza and Inflation in Tudor England", *Economic History Review*, 2nd ser., XVIII, 1965.

Fisher, D., "The Price Revolution: A Monetary Interpretation", *The Journal of Economic History*, Vol. 49. No. 4 (Dec., 1989).

Fisher, F. J., "Commercial Trends and Policy in Sixteenth-Century England", *Economic History Review*, 1940, Vol. 10, No. 2.

Fox, H. S. A. and Butlin, R. A., eds. *Change in the Countryside: Essay on Rural England, 1500 – 1900*, London: Institute of British Geographers, 1979.

Fritze, R. H., *Historical Dictionary of Tudor England, 1485 – 1603*, New York: Greenwood, 1991.

Fussner, F, S., *Tudor History and the Historians*, New York and London: BasicBooks, 1970.

Gillespie, J. E., *The Influence of Oversea Expansion on England to 1700*, New York: Columbia University Preos, 1974.

Goff, Jaques Le, *Your Money or Your Life: Economy and Religion in the Middle Ages*, New York, N. Y.: Zone Books, 1988.

Gras, N. S. B., *The Evolution of the English Corn Market*, Cambridge: Harvard University Press, 1926.

Gras, N. S. B., "The Early English Customs System: A Documentary Study of the Institutional and Economic History of the Customs from the Thirteenth to the Sixteenth Century", Cambridge, U. S. A.: Harvard University Press, 1918.

Grassby, R., *The Business Community of Seventeenth-Century England*, Cambridge: Cambridge University Press, 1995.

Graves, Michael A. R., *Elizabethan Parliaments, 1559 – 1601*, London: Longman, 1987.

Gunn, S. J., *Early Tudor Government, 1485 – 1558*, London: Macmillan, 1995.

Guth, D. J. & Mckenna, J. W. , *Tudor Rule and Revolution*, Cambridge: Cambridge University Press, 1982.

Guy, John, *Tudor England*, Oxford: Oxford University Press, 1988.

Haigh Christopher, *English Reformation: Religion, Politics, and Society under the Tudors*, Oxford: Clarendon Press, 1993.

Hariss, G. L. , *King, Parliament, and Public Finance in Medieval England to 1369*, Oxford: Clarendon Press, 1975.

Harrison, J. F. C. , *The Common People: A History From the Norman Conquest to the Present*, London: Croom Helm, 1984.

Hasler, P. W. , *The House of Commons 1558 – 1603*, Vol. 1, London: Secker & Warburg, 1981.

Heal, Felicity & Holmes, Clive, *The Gentry in England and Wales, 1500 – 1700*, Houndmills: The Macmillan Press Ltd. , 1994.

Hearnshaw, F. J. G. , *Sea-Power and Empire*, London: George G. Harrap and Co. , 1940.

Heaton, Herbert, *The Yorkshire Woollen and Worsted Industries from the Earliest Times up to the Industrial Revolution*, Oxford: The Clarendon Press, 1920.

Heckscher, Eli F. , *Mercantilism*, 2 Vols, London: George Allen & Unwin Ltd. , 1935.

Heinze, R. W. , *The Proclamations of the Tudor Kings*, Cambridge: Cambridge University Press, 1976.

Herbruck, Wendell. , "Forestalling, Regrating and Engrossing", *Michigan Law Review*, Volume 27, No. 4, Feberuary, 1929.

Hewins, W. A. S. , "The Regulation of Wages by the Justices of the Peace", *The Economic Journal*, Vol. 8, No. 31, Sep. , 1898.

Hibbert, Francis Aidan, *The Influence and Development of English Gilds*, Cambridge: University Press. 1891.

Hicks Michael, *Revolution and Consumption in Late Medieval England*, Woodbridge: The Boydell Press, 2001.

Hirst Derek, *Authority and Conflict: England 1603 – 1658*, London: Edward Arnold, 1986.

Holderness, B. A., *Preindustrial England Economy and Society, 1500 – 1750*, London: Dent, 1976.

Holdsworth, W. S., *A History of Law*, Vol. 4, London: Methuen & Co. Ltd., 1924.

Holt, J. C., *Magna Carta*, Cambridge: Cambridge University Press, 1965.

Hoskins, W. G., *The Age of Plunder*, London: Longman, 1976.

Hoskins, W. G., *Provincial England. Essays in Social and Economic History*, London: Macmillan and Co., 1963.

Hoyle, R. W., "Crown, Parliament and Taxation in Sixteenth-Century England", *The English Historical Review*, Vol. 109, No. 434 (Nov., 1994).

Hughes, Edward, *Studies in Administration and Finance 1558 – 1825*, Manchester: Manchester University Press, 1934.

Hurstfield, J., *Freedom, Corruption and Government in ElizabethanEngland*, Cambridge, Mass.: Harvard University Press, 1973.

Jack, Sybil M., *Trade and Industry in Tudor and Stuart England*, London: George Allen & Unwin Ltd., 1977.

Jones, G., *The Gentry and the Elizabethan State*, Swansea: The Christopher Davies (Publishers) Ltd., 1977.

Keir, David Lindsay, *The Constitutional History of Modern Britain, 1485 – 1937*, London: Adam and Charles Black, 1950.

Kelsall, R. K., *Wage Regulation under the Statute of Artificers*, London: Methuen, 1938.

Kinney, A. F, & Swain, D. W., eds., *Tudor England: An Encyclopedia*, New York: Taylor and Francis, 2001.

Kosminsky, E. A., *Studies in the Agrarian History of England in the Thirteenth Century*, Oxford, 1956.

Lipson, E., *The Economic History of England*, Vol. 1, London: Adam and Charles Black, 1942.

Lipson, E., *The Economic History of England*, Vol. 3, London: Adam and Charles Black, 1943.

Lipson, E., *The History of The Woollen and Worsted Industries*, London: Adam and Charles Black, 1921.

Loach, J., *Parliaments under the Tudors*, Oxford: Clarendon Press, 1991.

Macchi, V., eds., *Standard Italian and English Dictionary*, Great Britain, 1972.

Maitland, F., *The Constitutional History of England*, Cambridge: Cambridge University Press, 1908.

McArthur, E. A., "The Regulation of Wages in the Sixteenth Century", *The English Historical Review*, Vol. 15, No. 59 (Jul., 1900).

McArthur, Ellen A., "A Fifteenth-Century Assessment of Wages", *The English Historical Review*, Vol. 13, No. 50 (Apr., 1898).

Mckisack, M., *The Fourteenth Century 1307 - 1399*, Oxford: Clarendon Press, 1959.

Millar, Gilbert John, *Tudor Mercenaries and Auxiliaries*, *1485 - 1547*, Charlottesville: University Press of Virginia, 1980.

Minchinton, W. E., *Wage Regulation in Pre-industrial England*, Newton Abbot: David & Charles, 1972.

Mingay, G. E., *The Gentry-The Rise and Fall of a Ruling Class*, London: Longman Group Ltd., 1976.

Mitchison, R., *A History of Scotland*, London: Taylor & Francis Group, 1970.

Moir, Esther, *The Justice of The Peace*, Middlesex: Penguin Books Ltd., 1969.

Morris, T. A., *Tudor Government*, London: Routledge, 1999.

Neale, J. E., *Elizabeth and her Parliaments*, *1559 - 1581*, London: Jonathan Cape, 1953.

Neale, J. E., *Elizabeth I and Her Parliaments 1584 – 1601*, London: Jonathan Cape, 1957.

Neale, J. E., *Queen Elizabeth*, London: Cape, 1934.

Nef, J. U., *Industry and Government in France and England, 1540 – 1640*, New York: Cornell University Press, 1964.

Nef, J. U., "Prices and Industrial Capitalism in France and England, 1540 – 1640", in E. M. Carus-Wilson, *Essays in Economic History*, London: Edward Arnold (Publishers) Ltd., 1954.

Nef, J. U., "The Progress of Technology and The Growth of Large-Scale Industry in Great Britain, 1540 – 1640", *Economic History Review*, Orig. Ser. Vol. 5, 1934 – 1935.

Nef, J. U., *The Rise of The British Coal Industry*, Vol. 2, London: Gordge Routledge and Sons Ltd., 1932.

Notestein, Wallace, *The English People on the Eve of Colonization, 1603 – 1630*, New York: Harper & Row Publishers, 1962.

Osborne, Bertram., *Justices of the Peace 1361 – 1848*, Dorset: The Sedgehill Press, 1960.

Outhwaite, R. B., *Inflation in Tudor and Early Stuart England*, London: Macmillan & Co. Ltd., 1969.

P. Anderson, *Lineages of the Absolute State*, London: Verso, 1974.

Picard, Liza, *Elizabeth's London: Everyday Life in Elizabethan London*, London: Weidenfeld & Nicolson, 2003.

Plucknett, T. E. T. A., *A Concise History of Common Law*, London: Butterworth & Co. Ltd., 1940.

Pollard, A. F, *The Political History of England*, V, 1485—1547, London: Longmans, 1906.

Pollard, A. F., *Factors in Modern History*, London: Constable & Company Ltd., 1932.

Pollard, A. F., "Council, Star Chamber, and Privy Council under the Tudors: I. The Council", *The English Historical Review*, Vol. 37.

No. 147, (Jul., 1922).

Pollard, S. & Crossley, D. W., *The Wealth of Britain 1085 – 1966*, London: Batsford, 1968.

Ponko, V., "The Privy Council and The Spirit of Elizabethan Economic Management, *1558 – 1603*", *Transactions of the American Philosophical Society*, Vol. 58, No. 4, 1968.

Postan, M. M., eds., *The Cambridge Economic History of Europe*, Vol. 3, London: Cambridge University Press, 1979.

Postan, M. M., eds., *The Cambridge Economic History of Europe*, Vol. 2, Cambridge: Cambridge University Press, 1952.

Powell, Ken and Cook, Chris., *English Historical Facts 1485 – 1603*, London: Macmillan Press, 1977.

Price, William Hyde., *The English Patents of Monopoly*, Cambridge & Harvard University Press, 1913.

Pulman, Michael Barraclough, *The Elizabethan Privy Council in the Fifteen-Seventies*, Berkeley and Los Angeles: California University Press, 1971.

R. Grassby, *The Business Community of Seventeenth-Century England*, Cambridge: Cambridge University Press, 1995.

Rabb, Theodore K., *Enterprise & Empire: Merchant and Gentry Investment in the Expansion of England 1575 – 1630*, Cambridge, Mass.: Harvard University Press, 1967.

Ramsay, G. D., *The Wiltshire Woollen Industry in the Sixteenth and Seventeenth Centuries*, Oxford: Oxford University Press, 1943.

Ramsay, G. D., *English Overseas Trade in the Centuries of Emergence: Studies in Some Modern Origins of the English-Speaking World*, New York: St Martin' Press, 1957.

Ramsay, G. D., *The English Woollen Industry*, *1500 – 1750*, London: Macmillan, 1982.

Ramsey, P. *The Price Revolution in Sixteenth Century England*, London: Methuen & Co. Ltd., 1971.

Ramsey, Peter. , *Tudor Economic Problems*, London: Victor Gollancz Ltd. , 1963.

Rappaport, Steve. , *Worlds within Worlds: Structures of Life in Sixteenth-Century London*, New York: Cambridge University Press, 1989.

Read, C. , *Mr. Secretray Cecil and Queen Elizabeth*, London: Jonathan Cape, 1955.

Read, Conyers, "Profits on the Recoinage of 1560 – 1561", *The Economic History Review*, 1936.

Read, Conyers, *The Government of England under Elizabeth*, Washington: Folger Books, 1960.

Rogers, J. E. T. , *A History of Agriculture and Price in England*, Oxford: Oxford Unirersigy Press, 1863.

Rogers, James E. Thorold. , *Six Centuries of Work and Wages, The History of English Labour*, London: George Allen & Unwin Ltd. , 1884.

Rose, J. Holland, eds. , *The Cambridge History of British Empire*, Vol. 1, New York, Cambridge: Cambridge University Press, 1929.

Rowse, A. L. , *The England of Elizabeth: A Structure of Society*, London: Macmillan & Co. Ltd. , 1951.

Scott, W. R. , *The Constitution and Finance of English, Scottish and Irish Joint-Stock Companies to 1720*, V. 1, Cambridge: Cambridge University Press, 1912.

Seabourne, Gwen, *Royal Regulation of Loans and Sales in Medieval England: Monkish Superstition and Civil Tyranny Rochester*, N. Y. : The Boydell Press, 2003.

Seeley, J. R. , *The Expansion of England*, Boston: Roberts Brothers, 1909.

Simpson, A. , *The Wealth of the Gentry, 1540 – 1660*, Cambridge: Cambridge University Press, 1961.

Simpson, John A. , *The Oxford English Dictionary*, Volume 8, Oxford: Clarendon Press, 1933.

Singman, Jeffrey L. , *Daily Life in Elizabethan England*, London: Greenwood Press, 1995.

Slavin, A. J, *Tudor Men and Institutions-Studies in English Law and Government*, Baton Rouge: Louisiana State University Press, 1972.

Smith, Alan G. R., *The Government of Elizabethan England*, London: Edward Arnold, 1967.

Stone, Lawrence, "Elizabethan Overseas Trade", *Economic History Review*, New Series, Vol. 2, No. 1, 1949.

Stone, Lawrence., *The Crisis of the Aristocracy, 1558 – 1641*, Oxford: Oxford University Press, 1967.

Stone, Lawrence., "Social Mobility in England, 1500 – 1700", *Past and Present*, No. 33, April 1966.

Stone, Lawrence., "State Control in Sixteenth-Century England", *Economic History Review*, No. 2, Vol. 17 (1947).

Stubbs, W., *The Constitutional History of England*, Oxford: Clarendon Press, 1896.

Stubbs, W., *The Constitutional History of England*, Vol. 3, Oxford: Clarendon Press, 1926.

Swanson, R. N., *Church and Society in late Medieval England*, New York: Basil Blackwell, 1993.

Tawney, R. H., "*The* Rise of the Gentry, 1558 – 1640", *The Economic History Review*, Vol. 11, No. 1, 1941, in E. M. Carus-Wilson, *Essays in Economic History*, London: Edward Arnold (Publishers) Ltd., 1954.

Tawney, R. H., *Studies in Economic History: The Collected Papers of George Unwin*, London: Macmillan. 1927.

Tawney, R. H., *The Agrarian Problem in the Sixteenth Century*, New York: Longmans, Green & Co., 1912.

Thirsk, Joan., "Industries in the Countryside", in F. J. Fisher ed., *Essays in the Economic and social History of Tudor and Stuart England*, *The Journal of Modern History*, New York: Cambridge University Press, 1961.

Thirsk, J., *Economic Policy and Projects-The Development of a Consumer Society in Early Modern England*, Oxford: Clarendon Press, 1978.

Thirsk, J., *The Agrarian History of England and Wales*, Vol. 8., Cambridge: Cambridge University Press, 1967 – 2000.

Unwin, George., *Industrial Organization in the Sixteenth and Seventeenth Century*, Oxford: The Clarendon Press, 1904.

Unwin, George., *Studies in Economic History*, London: Macmillan, 1927.

Unwin, George., *The Gilds and Companies of London*, London: Frank Cass & Co. Ltd., 1963.

Wagner, D. O., "Coke and the Rise of Economic Liberalism", *The Economic History Review*, Vol. 6, No. 1 (Oct., 1935).

Wagner, J. A., *Historical Dictionary of the Elizabethan World*, Phoenix, Ariz: Oryx Press, 1999.

Walker, J., *British Economic and Social History, 1700 – 1980*, Plymouth: Macdonald and Evans, 1981.

Wall, Alison., *Power and Protest in England 1525 – 1640*, London: Arnold, 2000.

Wiebe, G., *A History of the Price Revolution in Sixteenth and Seventeenth Centuries*, Leipzig: Duncker & Humblot, 1895.

Wikinson, B., *The Constitutional History of Medieval England*, London: Adam and Charles Black, 1937.

Willan, T. S., *Studies in Elizabethan Foreign Trade*, Manchester: Manchester University Press, 1959.

Willan, T. S., *The Inland Trade, Studies in English Internal Trade in the Sixteenth and Seventeenth Centuries*, Manchester: Manchester University Press, 1976.

Williams, Penry, *The Tudor Regime*, Oxford University, 1979.

Williamson, J. A., *Maritime Enterprise, 1485 – 1558*, New York: The Macmillan Company, 1913.

Woodbine, George E., "The Language of English Law", *Speculum*,

Vol. 18, No. 4, 1943.

Wrightson, K., *English Society 1580 – 1680*, Oxford: Routledge, 2003.

Wrigley, E. A., R. S. Davies, J. E. Oeppen, and R. S. Schofield, *English Population History from Family Reconstruction*: *1580 – 1837*, Cambridge; New York: Cambridge University Press, 1997.

Wrigley, E. A., *The Population History of England 1541 – 1871*: *A Reconstruction*, London: Edward Arnold Ltd., 1981.

Youngs, F. A., *The Proclamations of the Tudor Queens*, Cambridge: Cambridge University Press, 1976.

Zeeveld, W. G., *Foundations of Tudor Policy*, Cambridge: Harvard University Press, 1948.

二 中文文献

［比］亨利·皮雷纳：《中世纪的城市》，陈国樑译，商务印书馆1985年版。

［比］亨利·皮朗：《中世纪欧洲经济社会史》，乐文译，上海人民出版社1964年版。

［德］马克斯·维贝尔：《世界经济通史》，姚曾廙译，上海译文出版社1981年版。

［德］马克斯·韦伯：《儒教与道教》，王容芬译，商务印书馆1995年版。

［德］伟·桑巴特：《现代资本主义》，李季译，商务印书馆1958年版。

［德］贡特尔·希施费尔德：《欧洲饮食文化史：从石器时代至今的营养史》，吴裕康译，广西师范大学出版社2006年版。

［法］G. 勒纳尔、G. 乌勒西：《近代欧洲的生活与劳作（从15—18世纪）》，杨军译，上海三联书店2012年版。

［法］保尔·芒图：《十八世纪产业革命：英国近代大工业初期的概况》，杨人梗等译，商务印书馆1983年版。

［法］费尔南·布罗代尔：《15至18世纪的物质文明、经济和资本主义》，顾良等译，生活·读书·新知三联书店1993年版。

[法] 费尔南·布罗代尔:《资本主义论丛》,顾良等译,中央编译出版社1997年版。

[法] 勒内·达维德:《当代主要法律体系》,漆竹生译,上海译文出版社1984年版。

[美] K. 巴基、S. 巴里克:《国家在非西方社会经济发展中的作用》,《国外社会科学》1993年第1期。

[美] 爱德华·麦克诺尔·伯恩斯、菲利普·李·拉尔夫等:《世界文明史》第2卷,罗经国等译,商务印书馆1995年版。

[美] 布莱恩·唐宁:《军事革命与政治变革:近代早期欧洲的民主与专制之起源》,赵信敏译,复旦大学出版社2015年版。

[美] 查尔斯·蒂利:《强制、资本和欧洲国家(公元990—1992年)》,魏洪钟译,上海人民出版社2007年版。

[美] 戴维·米勒、韦农·波格丹诺主编:《布莱克维尔政治学百科全书》,邓正来译,中国政法大学出版社2002年版。

[美] 道格拉斯·诺思、罗伯斯·托马斯:《西方世界的兴起》,厉以平等译,华夏出版社1999年版。

[美] 道格拉斯·C. 诺思:《经济史上的结构和变革》,厉以平译,商务印书馆1992年版。

[美] 哈罗德·J. 伯尔曼:《法律与革命》,贺卫方等译,中国大百科全书出版社1993年版。

[美] 克莱顿·罗伯茨等:《英国史》,潘兴明等译,商务印书馆2013年版。

[美] 乔治·霍兰·萨拜因:《政治学说史》,刘山等译,商务印书馆1986年版。

[美] 伊曼纽尔·沃勒斯坦:《现代世界体系》,郭方等译,高等教育出版社1998年版。

[德] 汉斯·豪斯赫尔:《近代经济史:从十四世纪末至十九世纪下半叶》,王庆余等译,商务印书馆1987年版。

[苏] A. 古列维奇:《中世纪文化范畴》,庞玉洁等译,浙江人民出版社1992年版。

［苏］波梁斯基：《外国经济史·资本主义时代》，郭吴新等译，生活·读书·新知三联书店1963年版。

［苏］列宁：《列宁全集》第28卷，人民出版社2017年版。

［意］卡洛·M. 奇波拉主编：《欧洲经济史》，徐璇等译，商务印书馆1988年版。

［英］E. E. 里奇、C. H. 威尔逊主编：《剑桥欧洲经济史》第5卷，高德步等译，经济科学出版社2002年版。

［英］F. E. 霍利迪：《简明英国史》，洪永珊译，江西人民出版社1985年版。

［英］G. R. 波特：《新编剑桥世界近代史》第三卷，中国社会科学院世界历史研究所译，中国社会科学出版社1988年版。

［英］W. J. Ashley：《英国经济史及学说》，郑学稼译，幼狮文化事业公司1974年版。

［英］阿萨·勃里格斯：《英国社会史》，陈叔平等译，中国人民大学出版社1991年版。

［英］埃里克·罗尔：《经济思想史》，陆元诚译，商务印书馆1981年版。

［英］安东尼娅亚·弗雷泽编：《历代英王生平》，杨照明等译，湖北人民出版社1985年版。

［英］彼得·克拉克：《欧洲城镇史，400—2000年》，宋一然等译，商务印书馆2015年版。

［英］查尔斯·达维南特：《论英国的公共收入与贸易》，朱泱等译，商务印书馆1995年版。

［英］戴维·M. 沃克：《牛津法律大辞典》，李双元等译，法律出版社2003年版。

［英］杰佛雷·乔叟：《坎特伯雷故事》，方重译，上海译文出版社1983年版。

［英］克里斯托弗·戴尔：《转型的时代：中世纪晚期英国的经济与社会》，莫玉梅译，社会科学文献出版社2010年版。

［英］肯尼思·O. 摩根：《牛津英国通史》，王觉非等译，商务印书馆1993年版。

[英] 劳伦斯·斯通：《贵族的危机：1558—1641年》，于民等译，上海人民出版社2011年版。

[英] 雷蒙德·威廉斯：《漫长的革命》，倪伟译，上海人民出版社2013年版。

[英] 莫尔顿：《人民的英国史》，谢琏造等译，生活·读书·新知三联书店1958年版。

[英] 佩里·安德森：《绝对主义国家的系谱》，刘北成等译，上海人民出版社2001年版。

[英] 屈勒味林：《英国史》，钱端升译，商务印书馆1933年版。

[英] 施脱克马尔：《十六世纪英国简史》，上海外国语学院编译室译，上海人民出版社1958年版。

[英] 罗伊·斯特朗：《欧洲宴会史》，陈法春等译，百花文艺出版社2006年版。

[英] 托马斯·孟：《英国得自对外贸易的财富》，袁南宇译，商务印书馆1965年版。

[英] 亚当·斯密：《国民财富的性质和原因的研究》上下卷，郭大力等译，商务印书馆2014年版。

[英] 伊丽莎白·拉蒙德编：《论英国本土的公共福利》，马清槐译，商务印书馆1989年版。

[英] 约翰·F. 乔恩：《货币史：从公元800年起》，李广乾译，商务印书馆2002年版。

[英] 约翰·克拉潘：《简明不列颠经济史：从最早时期到一七五〇年》，范定九等译，上海译文出版社1980年版。

陈曦文、王乃耀主编：《英国社会转型时期经济发展研究（16—18世纪中叶）》，首都师范大学出版社2002年版。

陈曦文：《英国十六世纪经济变革与政策研究》，首都师范大学出版社1995年版。

程汉大：《英国政治制度史》，中国社会科学出版社1995年版。

程汉大主编：《英国法制史》，齐鲁书社2001年版。

程汉大、于民：《在专制和法治之间——"都铎悖论"解析》，《世界历史》2002 年第 5 期。

初明强：《英国历史上的重商主义及其社会历史作用》，《历史教学》1987 年第 2 期。

辜燮高：《11—17 世纪英国的钱币问题》，《南开大学学报》1956 年第 1 期。

顾銮斋：《中西中古社会赋税结构演变的比较研究》，《世界历史》2003 年第 4 期。

顾銮斋：《中西中古税制比较研究》，社会科学文献出版社 2016 年版。

郭方：《英国近代国家的形成》，商务印书馆 2007 年版。

郭守田主编：《世界通史资料选辑》（中古部分），商务印书馆 1981 年版。

何勤华：《英国法律发达史》，法律出版社 1999 年版。

何顺果：《特许公司——西方推行"重商政策"的急先锋》，《世界历史》2007 年第 1 期。

洪明：《试析英国都铎王朝的重商政策》，《华中理工大学学报》（社会科学版）1995 年第 4 期。

侯建新：《农民、市场与社会变迁》，社会科学文献出版社 2002 年版。

侯建新：《社会转型时期的西欧与中国》，高等教育出版社 2005 年版。

姜守明：《英帝国史·英帝国的启动》第 1 卷，江苏人民出版社 2019 年版。

蒋孟引：《蒋孟引文集》，南京大学出版社 1995 年版。

蒋孟引主编：《英国史》，中国社会科学出版社 1988 年版。

金志霖：《英国行会史》，上海社会科学院出版社 1996 年版。

李新宽：《国家与市场：英国重商主义时代的历史解读》，中央编译出版社 2013 年版。

李云芳：《16 世纪英国都铎政府经济政策综述》，《广州师范学院学报》（社会科学版）1998 年第 10 期。

林琳：《英国都铎时期的"食鱼日"政策评述》，《重庆科技学院学报》（社会科学版）2008 年第 5 期。

林振草：《论英国都铎王朝的重商主义》，《贵州大学学报》（社会科学版）1995 年第 4 期。

林钟雄：《欧洲经济发展史》，三民书局1965年版。

刘城：《英国中世纪教会研究》，首都师范大学出版社1996年版。

刘景华：《十五、十六世纪英国城市劳动者和城市资本向农村的转移》，《世界历史》1986年第7期。

刘景华：《外来移民和外国商人：英国崛起的外来因素》，《历史研究》2010年第1期。

刘景华：《乡村工业发展：英国资本主义成长的主要道路》，《历史研究》1993年第6期。

刘景华主编：《走向重商时代：社会转折中的西欧商人和城市》，中国社会科学出版社2007年版。

刘新成：《都铎王朝的经济立法与英国近代议会民主制的起源》，《历史研究》1992年第2期。

刘新成：《英国都铎王朝议会研究》，首都师范大学出版社1995年版。

马克垚：《英国封建社会研究》，北京大学出版社1992年版。

梅俊杰：《自由贸易的神话：英美富强之道考辨》，上海三联书店2008年版。

孟广林：《英国封建王权论稿》，人民出版社2002年版。

戚国淦、陈曦文：《撷英集：英国都铎史研究》，首都师范大学出版社1994年版。

齐思和、林幼琪选译：《中世纪晚期的西欧》，商务印书馆1962年版。

钱乘旦、许洁明：《英国通史》，上海社会科学院出版社2002年版。

钱乘旦等：《英帝国史》全8卷，江苏人民出版社2019年版。

丘日庆主编：《各国法律概况》，知识出版社1981年版。

沈汉、刘新成：《英国议会政治史》，南京大学出版社1991年版。

沈汉、王建娥：《欧洲从封建社会向资本主义社会过渡研究：形态学的考察》，南京大学出版社1993年版。

施诚：《中世纪英国财政史研究》，商务印书馆2010年版。

王超华：《中世纪英格兰工资问题研究》，中国社会科学出版社2021年版。

王晋新、姜德福：《现代早期英国社会变迁》，上海三联书店2008

年版。

王晋新:《近代早期英国国家财政体制散论》,《史学集刊》2003年第1期。

王晋新:《近代早期英国社会结构的变迁与重组》,《东北师范大学学报》2002年第5期。

王军:《16—18世纪英国特许公司研究》,博士学位论文,东北师范大学,2011年。

王军:《商人冒险家公司与英国海外贸易的转型》,《历史教学问题》2011年第5期。

王乃耀:《英国都铎时期经济研究》,首都师范大学出版社1997年版。

王神荫等撰:《简明基督教百科全书》,中国大百科全书出版社上海分社1992年版。

魏蕴华、翟云瑞:《试析都铎王朝重商政策之利弊》,《辽宁师范大学学报》(社会科学版)1989年第5期。

巫宝三主编:《欧洲中世纪经济思想资料选辑》,傅举晋等编译,商务印书馆1998年版。

吴于廑主编:《十五十六世纪东西方历史初学集续编》,武汉大学出版社1990年版。

徐浩:《英国中世纪的法律结构与法制传统》,《历史研究》1990年第6期。

徐浩:《中世纪西欧工商业研究》,生活·读书·新知三联书店2018年版。

薛惠宗:《十五—十七世纪英国乡村工商业的发展与其早期近代化》,《世界历史》1987年第6期。

阎照祥:《英国史》,人民出版社2003年版。

阎照祥:《论英国都铎专制君主制的有限性》,《史学月刊》1999年第3期。

尹虹:《十六、十七世纪前期英国流民问题研究》,中国社会科学出版社2003年版。

张乃和:《16世纪英国财政政策研究》,《求是学刊》2000年第2期。

张乃和：《16世纪英国早期重商主义特征的历史考察》，《史学集刊》1999年第1期。

张乃和：《大发现时代中英海外贸易比较研究》，吉林人民出版社2002年版。

张乃和主编：《英国文艺复兴时期的法律与社会》，黑龙江人民出版社2007年版。

张卫良：《英国社会的商业化历史进程1500—1750》，人民出版社2004年版。

赵秀荣：《1500—1700年英国商业与商人研究》，社会科学文献出版社2004年版。

赵秀荣：《对16、17世纪英国乡村工业发展的微观考察——兼论乡村居民职业结构的变化》，《首都师范大学学报》（社会科学版）2003年第2期。

郑云瑞：《普通法的令状制度》，《中外法学》1992年第6期。

朱寰主编：《工业文明兴起的新视野：亚欧诸国由中古向近代过渡比较研究》，商务印书馆2015年版。

朱寰主编：《亚欧封建经济形态比较研究》，东北师范大学出版社2002年版。

朱孝远：《近代欧洲的兴起》，学林出版社1997年版。

后　　记

　　英国史家约翰·克拉潘曾说过："'历史是一件无缝的天衣'，而在它的经济和社会方面，比在其他方面往往更难发现类似接缝那样的痕迹。"

　　本书所探讨的问题属于英国中古晚期、近代早期经济社会史领域，而欲洞察16世纪英国工商业领域国家治理这一问题，除了需要熟稔都铎王朝经济社会史之外，还需具备都铎政治史、法律史等等相邻学科的知识储备，其跨学科性强，研究难度颇高，所以从事这一研究工作确似要编织一件无缝的历史天衣，其中的辛酸甘苦唯有笔者自知。

　　本书是笔者主持的国家社会科学基金项目"16世纪英国工商业国家干预研究"的结项成果，今天终于要面世了，自己心里却五味杂陈，颇为复杂。多年来，它与我苦乐相伴，时常让我欢喜让我忧。无数的挑灯夜战，无尽的资料整理，无休止的文稿校对，N次的怅然欲弃与默默自勉，N次的自我否定与自我肯定……时下众人皆云的不忘初心，可能是本书得以完成的动力之源吧。

　　该成果历经岁月蹉跎和种种曲折最终得以完成，需要感谢诸多师友的指点和帮助。业师中国社会科学院世界历史所郭方先生，始终关心我的研究进展，殷殷师恩，令人难忘！向荣教授、阎照祥教授、俞金尧研究员等师长多次为我答疑解惑，悉心指点，让我感动；自己与牛津大学访学时的合作导师斯蒂文·冈教授的往来邮件，时时给予我力量与能量。感谢家人，爱人和孩子伴随我从大西北"转战"大上

后　记

海，我们守望相助，一起适应着"魔都"节奏，共同成长。家人对我比黄金还要宝贵的信心、理解和支持，让我不敢懈怠，唯有砥砺前行。

本书得以出版，需要感谢中国社会科学出版社耿晓明诸先生，她们的专业精神，为该书增色不少。感谢如她们一样为本书付出心血的其他"幕后英雄"。感谢所有帮助过笔者的师友！

笔者一直有一个愿望，即将这本小书献给敬爱的父亲，以报他数十年来勉励我勤奋进取潜心治学之厚望，然而在本书即将杀青付梓之际，父亲却遽然离世，令我悲痛难抑，遗憾不已。现在唯有以这些迟到的文字来告慰父亲的在天之灵！愿他开心！

柴　彬

2022 年 8 月 15 日于上海寓所